高等法律职业教育系列教材
审定委员会

主　任　　万安中

副主任　　许　冬

委　员　　（按姓氏笔画排序）

王　亮　刘　斌　刘　洁　刘晓晖

李忠源　陈晓明　陆俊松　周静茹

项　琼　顾　伟　盛永彬　黄惠萍

高等法律职业教育系列教材

狱内侦查工作实务

YUNEI ZHENCHA GONGZUO SHIWU

主 编 ○ 王 亮

副主编 ○ 李亚可 周亚萍

撰稿人 ○（以撰写内容先后为序）

王 亮 向 锐 张 辉

周亚萍 王秋桐 周小凤

曾德梅 李亚可 江焕辉

中国政法大学出版社

2018 · 北京

图书在版编目（ＣＩＰ）数据

狱内侦查工作实务/王亮主编. —北京:中国政法大学出版社,2018.1（2022.1重印）
ISBN 978-7-5620-8030-5

Ⅰ.①狱… Ⅱ.①王… Ⅲ.①监狱－刑事侦查学 Ⅳ.①D918

中国版本图书馆CIP数据核字(2018)第008175号

出　版　者	中国政法大学出版社
地　　　址	北京市海淀区西土城路 25 号
邮　　　箱	fadapress@163.com
网　　　址	http://www.cuplpress.com (网络实名：中国政法大学出版社)
电　　　话	010-58908435(第一编辑部) 58908334(邮购部)
承　　　印	北京鑫海金澳胶印有限公司
开　　　本	787mm×1092mm　1/16
印　　　张	14.75
字　　　数	306 千字
版　　　次	2018 年 1 月第 1 版
印　　　次	2022 年 1 月第 3 次印刷
印　　　数	7001～12000 册
定　　　价	43.00 元

总　序
Preface

　　高等法律职业化教育已成为社会的广泛共识。2008年，由中央政法委等15部委联合启动的全国政法干警招录体制改革试点工作，更成为中国法律职业化教育发展的里程碑。这也必将带来高等法律职业教育人才培养机制的深层次变革。顺应时代法治发展需要，培养高素质、技能型的法律职业人才，是高等法律职业教育亟待破解的重大实践课题。

　　目前，受高等职业教育大趋势的牵引、拉动，我国高等法律职业教育开始了教育观念和人才培养模式的重塑。改革传统的理论灌输型学科教学模式，吸收、内化"校企合作、工学结合"的高等职业教育办学理念，从办学"基因"——专业建设、课程设置上"颠覆"教学模式："校警合作"办专业，以"工作过程导向"为基点，设计开发课程，探索出了富有成效的法律职业化教学之路。为积累教学经验、深化教学改革、凝塑教育成果，我们着手推出"基于工作过程导向系统化"的法律职业系列教材。

　　《国家中长期教育改革和发展规划纲要（2010～2020年）》明确指出，高等教育要注重知行统一，坚持教育教学与生产劳动、社会实践相结合。该系列教材的一个重要出发点就是尝试为高等法律职业教育在"知"与"行"之间搭建平台，努力对法律教育如何职业化这一教育课题进行研究、破解。在编排形式上，打破了传统篇、章、节的体例，以司法行政工作的法律应用过程为学习单元设计体例，以职业岗位的真实任务为基础，突出职业核心技能的培养；在内容设计上，改变传统历史、原则、概念的理论型解读，采取"教、学、练、训"一体化的编写模式。以案例等导出问题，根据内容设计相应的情境训练，将相关原理与实操训练有机地结合，围绕关键知识点引入相关实例，归纳总结理论，分析判断解决问题的途径，充分展现法律职业活动的演进过程和应用法律的流程。

法律的生命不在于逻辑，而在于实践。法律职业化教育之舟只有驶入法律实践的海洋当中，才能激发出勃勃生机。在以高等职业教育实践性教学改革为平台进行法律职业化教育改革的路径探索过程中，有一个不容忽视的现实问题：高等职业教育人才培养模式主要适用于机械工程制造等以"物"作为工作对象的职业领域，而法律职业教育主要针对的是司法机关、行政机关等以"人"作为工作对象的职业领域，这就要求在法律职业教育中对高等职业教育人才培养模式进行"辩证"地吸纳与深化，而不是简单、盲目地照搬照抄。我们所培养的人才不应是"无生命"的执法机器，而是有法律智慧、正义良知、训练有素的有生命的法律职业人员。但愿这套系列教材能为我国高等法律职业化教育改革作出有益的探索，为法律职业人才的培养提供宝贵的经验、借鉴。

2016 年 6 月

前　言

　　《狱内侦查工作实务》是一本以监狱罪犯又犯罪活动的预防、控制和专门调查等方面为内容，为提高学习、训练狱内侦查技能而编写的实用性与操作性很强的教材。

　　通过对本教材的学习与训练，可使学生获得有关狱内侦查的基本知识，了解和掌握狱内侦查工作的基本方法与技能，并能够在司法实践中灵活地加以运用。

　　本书作为司法高等职业院校教材，在确定实用性专门人才培养目标的同时，根据现代教学论的观点，确定本教材有两个基本结构：一是知识结构；二是能力培养结构。力求做到知识要"精"，技能要"管用"，注重教材的可操作性，突出对学生技能的训练。将工作任务设计成学习任务，以体现"工学结合"的理念，并体现"任务＋能力""任务＋训练"的特色。

　　本书力求突出以下特点：一是基本理论的"少而精"。本书在编写过程中精简了狱内侦查的基本理论知识，对学生应知应会的内容，尽可能地用通俗、易于理解的语言表述出来。二是强调能力的培养。本教材在编写过程中注重学生分析问题、解决问题能力的培养，使其不单要掌握、理解狱内侦查的基本理论知识，更重要的是能够运用狱内侦查的原理去分析、解决在司法实践工作中出现的问题，如通过运用案例分析、教学互动等，把所学知识融会贯通。三是教材的通用性。本书不仅可作为刑事执行专业学生的指定教材，也可作为监狱战线同志研究狱内又犯罪侦查相关问题的参考书籍。四是体例新，形式多样化。本教材采用"学习目标、工作目的、工作内容、工作程序、能力训练"的全新体例。在编写中我们还设置了"知识链接"等小专栏，这种知识拓展方式使教师在备课、学生在阅读时，能更广泛地涉猎相关知识。通过能力训练使学生在模块化的训练项目中掌握分析问题、解决问题的基本方法，给学生更多运用知识的空间，有助于调动学生的学习积极性和主动性。

本书由王亮任主编，李亚可、周亚萍任副主编，曾德梅、周小凤、向锐、张辉、江焕辉、王秋桐参编。具体写作及分工如下（以撰写工作任务先后为序）：

王　亮：工作任务一、九

向　锐：工作任务二

张　辉：工作任务三

周亚萍：工作任务四

王秋桐：工作任务五

周小凤：工作任务六

曾德梅：工作任务七

李亚可：工作任务八

江焕辉：工作任务十

王亮对全书进行了修改、统稿与整理。

应该指出，现代任何一本著作或教材都不可能纯属独家创作，只能说作者有不同程度的创新，本教材亦不例外。因此，我们要特别感谢那些为本教材提供原始研究成果和参考文献的同行和朋友们。凭借与他们所进行的讨论，或通过拜读他们的作品，使得我们的狱内又犯罪侦查观念产生了深刻的变化。

本教材得以顺利出版是得到了中国政法大学出版社、广东司法警官职业学院的大力支持和密切合作，在此一并表示感谢！欢迎广大读者和专家对本教材提出批评和建议。

编　者

2017 年 7 月

工作任务一

狱内侦查工作概述

一、狱内侦查工作

刑事案件侦查是指根据法律规定享有侦查权的机关，如公安机关、人民检察院、监狱、军队保卫部门、海关走私犯罪侦查部门等，对于发现、控告、检举、自首的材料，在管辖范围内进行审查，认为有犯罪事实，需要追究刑事责任的，决定立案侦查或审查的活动。狱内侦查工作是指监狱机关依法对在押罪犯的又犯罪活动所进行的预防、控制和专门调查的一项专门工作。狱内侦查工作是监狱工作的重要组成部分，是保卫国家和人民生命财产安全、维护正常监管秩序、保障监狱安全的重要措施。

（一）狱内侦查工作的任务

狱内侦查工作的主要任务，是在监狱党委和行政首长领导下，依靠全体监狱人民警察，运用公开监管控制与秘密侦查相结合的手段，开展调查研究，了解、掌握罪犯思想动态和行为动向，及时发现敌情线索；严密防范、控制罪犯中可能发生的暴狱、行凶、脱逃、纵火等各种预谋犯罪活动；查清犯罪嫌疑线索，侦查破获罪犯中已发生的各类案件；对重新犯罪的嫌疑分子进行预审、结案；对侦查终结的案件依法移送人民检察院审查起诉；依法深挖在押罪犯未交代的余罪及其他犯罪线索，及时转送给有关司法机关。

1. 预防犯罪，努力减少狱内案件的发生。预防犯罪，是狱内侦查工作的首要任务，是减少狱内又犯罪发生的一项重要措施。在预防犯罪中，狱内侦查部门应结合侦查破案，运用隐蔽斗争与公开监管控制相结合的手段，开展调查研究，了解、掌握在押罪犯思想动态和行为动向，及时发现敌情线索；严密防范、控制罪犯中可能发生的暴狱、行凶、脱逃、纵火等各种预谋犯罪活动，减少狱内案件的发生。

2. 侦查破案，揭露和打击狱内又犯罪活动。侦查破案，是刑事侦查部门的一项重要任务，也是狱侦部门同狱内又犯罪活动作斗争的重要手段。各级狱侦部门要紧紧依靠各级党政组织的领导，运用党和国家赋予的侦查权力，积极侦查，迅速破案，努力提高破案率。对于特大案件，特别是严重暴力犯罪案件，要快速反应，抓住战机，集中优势兵力，速战速决，力争发现一起侦破一起；对于重大案件，要积极组织专案侦查，进行专案专办，应根据案件的不同情况综合运用各种侦查措施和手段，及时获取罪证，迅速破案；对于一般案件，要积极依靠监区或分监区广泛获取侦查线索，认真查破。

预防犯罪和侦查破案是狱内侦查工作任务的两个方面。预防犯罪主要侧重于"防"，即依靠、组织全体监狱人民警察，采取各种防范措施，减少刑事案件的发生。侦查破案主要侧重于"打"，即依靠全体监狱人民警察与专门工作相结合，获取罪证，及时破案，依法揭露和打击刑事犯罪。预防犯罪和侦查破案既有联系又有区别，只有将两方面有机地结合起来，才可以互相促进，更有效地与狱内又犯罪活动作斗争。

（二）狱内侦查工作的方针

狱内侦查工作应当贯彻"预防为主，防破结合，及时发现，迅速破案"的方针。

1. "预防为主"是狱内侦查工作的基点。预防为主，是指在预防犯罪和打击犯罪、预防狱内又犯罪案件和侦破狱内又犯罪案件的关系上，应把预防犯罪、预防狱内又犯罪案件放在主要的地位。预防为主，就是要对未来的狱内又犯罪态势作出科学的预测，采取相应的措施，争取主动，摆脱被动的局面，凡事"预则立"，早做工作，防止问题的发生。狱内侦查工作由于处于监狱行刑的特殊环境，而且所面对的都是正在服刑的罪犯，因此，罪犯发生各种又犯罪的可能性要比社会上的可能性大。如果在战略上不确定先发制人、预防为主、防患于未然的指导思想，不仅难以引导狱内侦查工作对狱内又犯罪活动实施积极的预防和严密的防范，而且势必形成被动消极的工作局面，预防和打击狱内又犯罪活动就会处于放松、疏漏的状态，最终导致狱内又犯罪案件发生的恶性循环。预防为主，不是单纯的消极防范，而是要求狱侦部门在监狱党政领导下，深入调查研究，摸清犯情动态和特点，主动、积极地发现线索及隐患，采取超前的相应措施，加强监狱的要害部位和重要场所的控制和保卫，最大限度地减少狱内案件的发生，尤其是要有效地控制或避免狱内大案要案或突发事件的发生。

2. "防破结合"是狱内侦查工作的关键环节。"防"，是指狱内侦查部门与监狱相关部门协同作战，对狱内又犯罪活动所制定和采取的疏而不漏的预防工作制度与防范应对措施；"破"，是指狱内侦查部门对狱内正在预谋或已经实施的犯罪活动的及时揭露和打击。"防破结合"重点在于"防"，"破"在于快和准。严密的防范不仅可以降低狱内发案率，而且还可及时发现犯罪线索和物证，为侦破案件提供条件；而及时侦破案件，威慑与打击狱内犯罪，又具有特殊预防的作用。防、破结合属于辩证的统一体，二者相辅相成、相互促进、共同作用于狱内侦查工作。

3. "及时发现"是狱内侦查工作的基本要求。及时发现，是指对狱内又犯罪活动的早期发现，是狱内侦查工作运用公开和隐蔽的侦查手段主动调查的结果。只有及时发现，才能做好针对性的预防工作，或将狱内又犯罪活动制止在预谋阶段，或迅速侦破案件，及时打击狱内又犯罪。狱内侦查部门要依靠全体监狱人民警察，深入调查研究，准确、及时地分析狱情动态和敌情动向，慎重梳理狱内信息，卓有成效地物建、布控耳目，对有重新犯罪倾向、迹象及重点监控的罪犯，能及时发现和控制其思想动态和行为动向，切实做到敌动我知；对已发案件，要组织力量快速侦破，从重从快从严地予以打击。及时发现，就是要使狱内侦查工作在积极主动状态下运行，做到快速反应，克敌制胜。所以，在狱内侦查工作实践中，必须紧紧围绕着"及时发现"开展狱内侦查工作的各项业务活动，只有这样，才能真正做到理论与实践相结合，实现预防与侦破的结合与统一。

4. "迅速破案"是狱内侦查工作的目的。迅速破案，是狱内侦查部门对已经暴露或发现的敌情与狱内又犯罪活动，要及时进行查证、勘验，获取罪证，尽早查获又犯罪嫌疑人的一项工作要求。

发生又犯罪案件后，狱内侦查部门应当快速作出反应，查明案情与又犯罪事实真相，尽快确定、查获又犯罪嫌疑人，这体现了刑事侦查工作中速战速决的指导思想。从狱内又犯罪活动的发现和狱内案件的发生看，尽快确定、查获又犯罪嫌疑人既是狱内敌情和狱内又犯罪活动的暴露，同时又是狱内侦查破案、打击又犯罪活动以及进行预防的有利时机。狱内侦查部门只有不失时机地作出快速反应，集中强有力的侦破力量迅速破案，才能及时查获各种犯罪证据，利用现实的典型案例对在押罪犯进行生动的法制教育，达到最终预防犯罪的目的。反之，如果案发后狱内侦查工作拖拖拉拉，不仅不能"稳、准、狠"地打击狱内又犯罪活动，同时还会影响到司法机关的威严与社会形象，甚至会助长狱内又犯罪的发生与蔓延。

总之，"预防为主，防破结合，及时发现，迅速破案"的狱内侦查工作方针，既对狱内侦查工作作了宏观上的概括要求，同时又对狱内侦查的具体任务作了微观上的规范要求，集中体现了狱内侦查的指导思想和工作宗旨。

（三）狱内侦查工作的原则

狱内侦查工作的基本原则是依据国家法律和党的政策制定的，是狱内侦查工作人员履行职务活动应该遵循的基本原则，是对业务思想和业务行为的规范。狱内侦查作为刑事诉讼活动的一个重要阶段，它的一切活动都必须严格遵守《刑事诉讼法》所规定的基本原则。狱内侦查工作的基本原则主要有：

1. 实事求是的原则。实事求是，一切从实际出发是辩证唯物主义的思想路线。狱内案件侦查工作中的实事求是原则就是要求侦查人员从每个具体案件的实际情况出发，以搜集的证据为依据，研究具体的人与犯罪事实之间的联系，从而作出证实一定人犯罪或否定一定人犯罪的结论。

在侦查中坚持实事求是的原则必须做好以下几点：

（1）在分析问题、研究问题时要忠于事实真相，不夸大，不缩小，不先入为主，不主观臆断，不偏听偏信，不感情用事，不为假象所迷惑。

（2）在了解情况、搜集证据时应当重证据、重调查研究，不搞逼供。证明被审查人有罪的证据要搜集，证明被审查人无罪的证据也要搜集。决不能用威逼、引诱、欺骗或肉刑、变相肉刑的手段，逼迫被审查人招供，也不能一听被告人交待问题就轻易相信，更不能仅仅根据口供就破案捕人。

（3）在检查监督发现错误时应当有错必纠、接受监督。侦查部门应当接受来自多方面的检查和监督。一方面来自人民检察院的法律监督；另一方面来自上级业务部门的业务监督，还有来自群众的监督。由于主客观条件的影响，在侦查工作中发生错误是难以完全避免的，如果发生错误造成错案，应当立即纠正，不应当立案的，应当立即停止侦查，错拘错捕的，应当立即释放。

2. 依法办案的原则。依法办案，是狱内侦查部门在办理案件过程中，严格遵守《刑事诉讼法》的法定程序和其他法律法规，做到以事实为根据，以法律为准绳，有法必依，执法必严，违法必究，严禁刑讯逼供，非法办案，保障公民合法权利，包括犯罪嫌疑人的合法权利不受侵犯，以保证办案的客观性和公正性。重证据，不轻信口供。要尊重客观事实，根据客观事实认定案情和处理案件。为了保证侦查人员正确处理案件，防止其主观片面地认识案件事实，避免冤假错案的发生，在侦查破案的过程中，必须依法办案，保障犯罪嫌疑人的合法权利。

依法办案要求狱内侦查人员要学法、懂法。狱侦人员要全面领会《刑法》《刑事诉讼法》《监狱法》和其他有关法律法规的基本内容和精神实质，能准确地划分罪与非罪、此罪与彼罪、轻罪与重罪的界线，能充分理解各种刑罚的适用范围；狱侦人员要深刻认识加强社会主义法制的重要意义，不断强化法制观念，自觉维护法律尊严，提高执法水平。

3. 迅速及时的原则。迅速及时，是指狱内侦查部门接案后必须快速采取有效措施，部署和开展狱内侦查工作。快速反应，及时应对，以快制快，是狱内侦查工作基本规律的必然要求。针对狱内犯罪现场痕迹、物证容易遭受破坏，犯罪信息稍纵即逝和受害人、其他知情人员的记忆随着时间的推移易于模糊淡化，犯罪嫌疑人有犯罪和逃避惩罚的经验等情况，案件侦破工作要抓住战机，从犯罪信息的搜集到立案、侦破、结案和移送都应迅速及时，尽量减轻或避免狱内又犯罪及突发事件造成的危害后果。

快速反应，就是指狱内侦查部门在接到报警后，能够迅速出击，果断决策，及时制止、控制犯罪和犯罪后果，部署侦查，缉获犯罪嫌疑人。

快速反应是"主动进攻、先发制敌"指导思想的具体化。狱内侦查部门担负着同犯罪分子作斗争的重大而艰巨的任务。要想取得斗争的胜利，抓住战机是关键，而要抓住战机就必须要"快速反应"，行动迅速。许多案件在刚刚发生的时候，如果反应快速，就能够抓住战机，扩展线索，及时破案，如及时找到目击者或者提供线索的人，获取有关的证据，为侦查破案创造条件。但有的时候，就是因为"慢了半拍"，丧失战机，造成了侦破困难。可见，在侦查工作中只有快速反应，以快制快，方能克敌制胜，取得侦查工作的主动权。

落实快速反应原则，当然要求处置中的一切行动都要神速果断，到现场要快，勘查现场要快，判断决策要快，落实查缉措施要快。但是，快速反应不仅仅是一个动作快的问题，它应该符合使多种因素迅速构成整体合力的要求，如情报的准确性，决策的正确性，战斗组织的有效性，战术的可行性，各参战人员的协调性，装备的适应性，后勤保障的及时性等，没有这些因素作基础，就无法实现快速反应。为此：一是要强化快速反应作战体系建设，以提高紧急处置和应变能力；二是要建立和完善快速反应机制，保证快速反应得以实施；三是要有灵敏的情报信息系统，保证信息畅通；四是要提高狱内侦查人员的政治、业务素质和运用警用技能的能力，保证能够应付各种紧急情况；五是配备必要的、现代化的通信、交通工具和武器、侦查器材、设备，并始终保持性能良好，随时出动。

4. 严格保密的原则。从事狱内侦查工作的人员对接手侦办的案件，除主管领导外，不能对任何其他人员泄露案情进展及物证获取情况。在对又犯罪嫌疑人采取隔离或禁闭措施期间，除直接承办案件的狱内侦查人员外，其他人员一律不能提审，特殊情况须经狱内侦查部门领导同意，并由办案人员陪同才能对嫌疑人进行谈话教育。狱内侦查人员在侦办案件期间，非案件需要不得接触嫌疑人的亲朋好友，对任何人都不能透露案件进展情况。对狱内重、特大案件，团伙或组织犯罪的案件，在组织精干侦查力量的同时，要及时向上级主管机关及检察机关报告，组成联合专案组，分工负责，互相配合。专案侦办期间实行"垂直领导"，必要时可将重大犯罪嫌疑人押往异地关押及审讯。对已获取的各类物证，狱内侦查人员要及时拍照并妥善保管，非专案人员严禁借阅卷宗或借、动用物证。

二、狱内案件的管理

（一）狱内案件的管辖范围

狱内发生的各类案件由监狱负责侦破，特大案件和涉及两个以上监狱的重大案件，由省（自治区、直辖市）监狱管理局负责指导和协调侦破，涉外案件和跨省（自治区、直辖市）的案件，由司法部监狱管理局负责指导和协调侦破。

（二）立案和审批制度

1. 立案。立案是狱内侦查部门进行侦查活动的最初法律程序，是刑事诉讼活动的开始。狱内案件的立案应符合立案标准，严格执行审批手续。凡是符合立案标准的案件，都应立案侦查，不得采取"不破不立"的错误做法。为了防止立案中的混乱现象，达到正确立案的要求，必须严格执行司法部统一颁布的《狱内刑事案件立案标准》（〔司法部第 64 号令〕）规定的立案标准（见附录二）。

狱内侦查部门对报案、控告、举报和自首的材料。应当迅速进行审查，认为有犯罪事实，需要追究刑事责任时，应当立案；认为没有犯罪事实或犯罪事实显著轻微，不需要追究刑事责任时，不予立案。

2. 立案的审批制度。狱内一般案件和重大案件的立案、结案或销案由监狱分管领导批准；特大案件立案、结案或销案由省（自治区、直辖市）监狱管理局分管领导批准。特大案件和部分有规定的重大案件，应报司法部监狱管理局备案。

（三）狱内案件侦查责任制

狱内案件侦查责任制是监狱各级狱内侦查部门根据狱内案件的犯罪情节和后果严重程度不同，实行分级管理的制度。

一般案件原则上由监区或分监区直接查处，狱内侦查部门负责指导和协调侦破。如果监区或分监区确实不具备查破案件条件的，则由狱内侦查部门负责查处。

重大案件由各监狱负责侦破，省、市、自治区监狱局的狱内侦查部门负责指导和协调侦破，并视其需要，可直接参与重大案件的侦查工作。

涉及两个以上监狱的重大案件，由省、市、自治区监狱局直接组织侦查，或指定一个监狱为主组织联合侦查，监狱局进行指导和协调侦破。

涉外案件和跨省（自治区、直辖市）的案件，由司法部监狱局负责指导和协调侦破。

对于在押罪犯与监狱内部工作人员或狱外人员勾结犯罪的案件，主犯是监狱在押罪犯的，侦破工作以监狱为主，必要时，请当地公安机关协助；主犯是监狱内部工作人员或狱外人员的，监狱应配合当地公安机关侦破。对在押犯判决时没有被发现的罪行，由监狱将有关案卷材料移送人民检察院处理。对监狱在押罪犯与境内外敌对势力勾结的案件，监狱应配合国家安全机关进行侦查。

（四）案件的报告制度

监狱发生特大、重大案件或发现重大敌情应立即报告省（自治区、直辖市）监狱管理局，省（自治区、直辖市）监狱管理局应按有关规定迅速报告司法部监狱管理局。不准以任何理由避重就轻或隐瞒不报。

一般案件的立案，报监狱的狱内侦查部门。

重大案件、特别重大案件要及时报省（自治区、直辖市）监狱局的狱内侦查部门。

特别重大案件，省（自治区、直辖市）监狱局接到报案后，必须先用电话报司法部监狱局，随后报送《立案报告表》。侦破工作的进展情况要及时续报。

破案后，要先用电话报告司法部监狱局，随后报送《破案报告表》和破案总结。

各监狱的狱内侦查部门每季度要按时向省（自治区、直辖市）监狱局的狱内侦查部门报送《狱内案件统计季报表》，监狱局汇总后，在规定时间内向司法部监狱局报送全省的《狱内案件统计报表》。

三、狱内侦查组织机构与队伍建设

（一）狱内侦查组织机构设置

狱内侦查工作机构，是监狱的一个重要的职能机构。它担负着运用隐蔽手段与各项监管改造相结合的措施，了解掌握犯情、敌情，预防与侦破狱内案件、防范与打击狱内犯罪的任务。因此，狱内侦查机构的设置，要适应侦查工作任务的要求和同狱内犯罪作斗争的实际需要，建立一套严密的体制，坚持必须重点加强基层狱内侦查工作机构建设的原则，自上而下，都应当设置狱内侦查专门机构。监区、分监区一般设狱内侦查组或狱内侦查干事；监狱设置狱内侦查科；省（市、区）司法厅（局）监狱管理局设置侦查处；司法部监狱管理局设置相应的狱内侦查处。此外，省级以上监狱管理局应建立侦查技术检验、鉴定和研究机构，以适应狱内对敌斗争的需要。

（二）狱内侦查机构的职责分工

各级狱内侦查工作机构根据分工的不同，其职责也有所不同。

1. 司法部监狱局狱内侦查机构即狱内侦查处的主要职责。

（1）调查、汇集、研究分析全国在押犯又犯罪的情况、特点和规律；制定防范与打击狱内又犯罪活动的对策、措施和规划，组织交流工作经验。

（2）依照国家有关法律，草拟狱内侦查工作方面的规章条例、实施细则等，经过监狱局、司法部领导审核后发布实施。

（3）掌握全国监狱的特大、重大和恶性案件的发案情况以及其他重大又犯罪活动的情况，督促、检查、指导侦查破案工作。

（4）直接承办上级交办的案件和有关事项。

（5）向全国各地监狱通报狱内又犯罪的情况。向基层提供有关狱内侦查工作的信息支持和咨询服务。

2. 省（市、区）司法厅（局）监狱局的狱内侦查机构的主要职责。

（1）调查、汇集、研究分析管辖范围内的在押犯又犯罪情况，敌情动向和规律；制定狱内侦查工作计划、规划；针对狱内重新犯罪活动的具体情况，提出工作措施和对策。

（2）深入实际，调查研究，总结交流工作经验；传达贯彻上级领导机关和业务领导部门的批示、意见、通知、通报等。

（3）掌握管辖区内狱内重大、特大案件的发、破案情况，以及其他的又犯罪的活动情况，检查、指导、参与侦破有关案件；根据有关规定，及时向上级领导机关和业务领导部门及当地党政领导机关报告狱内重大、特大案件的发、破案情况。

（4）对管辖区内发生的危害严重以及其他危害特大、重大恶性案件，及时组织所属单位做出快速反应，采取果断应急措施，防止危害扩大，尽快破案。

（5）向所属单位发出有关敌情和狱内又犯罪新动向以及狱内案件等方面的通报，加强狱内侦查工作的信息交流。

（6）经常督促和积极开展以加强隐蔽力量建设为中心的业务基础建设；完成狱内侦查工作统计汇总工作，及时向上级业务领导部门提出统计报告。

3. 监狱狱内侦查机构的职责。

（1）制定狱内侦查工作计划，深入调查，及时掌握在押罪犯中的敌情和狱内又犯罪活动情况；认真贯彻落实上级领导机关和业务领导部门的工作部署和意见。

（2）总结工作中的经验教训，写出专题报告和典型案例，及时、准确地完成有关狱内又犯罪案件的侦查统计报告，按时向上级报告又犯罪活动的新情况和新特点。

（3）负责侦破本单位狱内又犯罪案件，并承办上级交办的有关事项。

（4）认真做好耳目的物色、建立、使用和管理，危险分子和要害、重点部位的调查掌握与严密监控，以及有关狱内侦查工作资料的登记、建卡、立卷、归档等各项业务基础建设，预防狱内又犯罪案件的发生。

（5）及时、准确地完成有关狱内侦查的统计、报告。

（6）做好狱内侦查科学技术方面的建设，努力提高现场勘查、物证提取、讯问等侦查技术技能，提高各种证据的利用率。

（7）指导监区、分监区对狱内一般案件的查破以及控制耳目的物色建立和掌握使用，并对监区、分监区监狱人民警察进行狱内侦查工作业务知识的培训。

（三）狱内侦查队伍建设

各省（自治区、直辖市）监狱管理局和监狱领导应有专人分管狱内侦查工作，并设立狱内侦查工作专门机构，配备适量的狱内侦查干警。

1. 狱内侦查人员的必备素质。狱内侦查干警的基本条件：立场坚定，政治思想好；作风正派，秉公执法；机智勇敢，吃苦耐劳；钻研业务，爱岗敬业；身体健康，心理素质良好；具有一定实践经验、专业技能和文化水平。

狱内侦查干警必须严格遵守《人民警察法》和《监狱法》，熟悉国家有关法律、法规和政策，掌握狱内侦查工作的各项专业知识和技能，注重理论与实践相结合，努力提高自身的政治素质和业务素质。

2. 狱内侦查人员的管理。监狱应保持专职狱内侦查干警的相对稳定，确需调动的，应征求省（自治区、直辖市）监狱管理局有关业务部门的意见。

省（自治区、直辖市）监狱管理局和监狱应当采取多种形式，对狱内侦查干警进行政策、法律和业务培训。

对积极预防犯罪或参与侦破重特大案件的有功人员，应给予奖励和表彰，并可以按照《人民警察警衔条例》的有关规定，提前晋升警衔。

对违法乱纪或玩忽职守，贻误战机，造成严重后果的干警，应视情节给予行政处分。

四、狱内又犯罪

(一) 狱内又犯罪的概念

狱内又犯罪，是指罪犯在狱内服刑期间实施了危害社会的依照《刑法》应受刑罚处罚的行为。狱内又犯罪除具有社会一般犯罪的特征外，还具有以下特征：

1. 犯罪主体的特定性。即狱内犯罪主体必须是狱内罪犯，包括死缓犯、无期徒刑犯、有期徒刑犯。除此之外，任何人都不能成为狱内犯罪的主体。

2. 犯罪地域的限制性。根据法律对狱内侦查权的规定，又犯罪行为只有发生在监狱范围之内，才能称为狱内犯罪。监狱范围一般是指监狱围墙以内的空间范围和监狱围墙以外的监狱能够管理支配的空间范围，包括监狱的农田、矿山、道路以及押送罪犯的囚车等。

3. 犯罪时间的有限性。即犯罪行为的发生必须是在服刑期间。服刑期间是指罪犯自被刑罚执行机关收押之日至罪犯刑满之日，且在监狱接受惩罚和改造的期间。

(二) 狱内又犯罪的类型

狱内犯罪是特殊领域内的一种犯罪现象，因受到犯罪主体、空间和时间范围的限制，狱内犯罪类型与社会上犯罪类型有较大区别。根据刑法的规定，狱内犯罪有以下几种常见类型：

1. 脱逃。脱逃是狱内发案最多的一种犯罪类型，也是罪犯逃避惩罚的首选犯罪形式。有些罪犯为了达到脱逃目的，往往采用集体脱逃、使用暴力强行越狱等形式，造成严重危害后果。因此，脱逃案件是监狱防范的重点，狱内侦查部门应尽可能把脱逃犯罪活动消灭在预谋阶段。

2. 盗窃。虽然在监狱特定环境内盗窃财物的数额不一定很大，但发案多，危害面广，具有常发性，严重干扰监管秩序，影响其他罪犯的改造。因此，必须加强对盗窃案件的防范和控制。

3. 伤害。伤害具有突发性的特点，多发生在暴力性犯罪罪犯之间，是狱内的常发案件。近几年伤害案件呈上升趋势，应引起高度重视，加强防范，减少狱内不安定因素。

4. 破坏监管秩序。破坏监管秩序是在押罪犯抗拒改造的一种突出表现，他们往往对刑罚惩罚不满，敌视监管场所，出于报复、泄愤的目的，聚众闹事，冲击办公场所，破坏监管设施，殴打监管人员。监狱对此类犯罪应严格防范控制，防止一些罪犯借机脱逃、暴动、行凶。

5. 杀人。杀人案件是危害最大的一种犯罪案件，不仅严重影响监管秩序，而且还严重威胁人的生命。因此，杀人案件历来是监狱防范控制的重点和难点。

6. 聚众斗殴。聚众斗殴案件是狱内罪犯为报私仇、拉帮结伙、称王称霸或以其他动机而聚众打架斗殴，严重影响改造秩序的案件。此类案件往往造成多人受伤，严重影响改造秩序。监狱应加强对此类案件的防范。

7. 破坏生产经营。破坏生产经营案件是在押罪犯出于报复泄愤或其他个人目的，毁坏机器设备，残害耕畜或以其他方法破坏生产经营的案件。此类犯罪案件虽占比例不大，但其危害性很大，不仅影响生产，而且会造成重大损失。因此，预防打击此类犯罪活动，也是监狱的一项重要任务。

8. 其他案件。狱内除上述常见案件外，还有危害国家安全、绑架人质、放火案、强奸案、诈骗案、组织越狱案、传授犯罪方法案等。这些案件虽然发案数量较少，但也不可轻视，一旦发生，同样会造成严重后果。所以，也要有针对性地做好防范控制工作。

（三）狱内又犯罪的特点

1. 作案成员的特点：

（1）作案成员原犯罪性质主要集中于三类罪犯：财产型罪犯、暴力型罪犯、性犯罪的罪犯。

（2）又犯罪性质主要为脱逃、盗窃、破坏监管秩序、凶杀伤害。

（3）刑期 10 年以上的重刑犯多。

（4）又犯罪时的年龄以 35 岁以下的青壮年犯居多。

2. 狱内犯罪行为方式的特点。狱内犯罪活动的特点并不是固定不变的，而是随着在押罪犯的年龄结构、文化结构以及犯罪类型的变化而变化。当前，狱内犯罪活动的特点主要有以下几个方面：

（1）连续性和反复性。狱内又犯罪的成员，绝大多数是惯犯、累犯以及反改造顽危犯，他们的恶习深，劣性难改。入监后，他们的反社会心理和不良品质未得到改变，在行动上拒绝接受监督教育，只要一有机会就进行各种又犯罪活动。他们的又犯罪活动，是他们原有的犯罪心理和犯罪行为在狱内的延伸和发展。也有一些罪犯在入监以后由于受到严格的监督教育，曾有过改好的愿望，也有一定的行动，但由于缺乏毅力经不起时间的检验和他犯的引诱，一遇适当的"气候"条件又进行犯罪活动。

（2）报复性和疯狂性。有的在押罪犯对自己的犯罪行为受到刑罚处罚极为不满，反感情绪和反社会意识并存，仇恨和报复心理强烈，往往把办理过他们案件的司法人员、管教干警和罪犯中改造积极分子视为仇敌，总想寻找机会实施报复，这些人胆大妄为，手段残忍，不计后果，只要一有机会，就以十分凶残的方式疯狂地进行报复，甚至以死相拼，以此来发泄自己的所谓仇恨。

（3）盲目性和突发性。一些青少年罪犯，由于头脑简单，自控能力差，易受引诱和蛊惑，他们常常感情用事，极易冲动，再加上他们过惯了无拘无束、放荡不羁的生活，其行为往往具有盲目、胆大的特点，犯罪预谋时间较短，有的甚至没有任何预谋，而是一触即发，带有明显的"盲目性"和"突发性"。

（4）隐蔽性和欺骗性。在押罪犯中那些阴险狡猾的又犯罪分子，为了逃避侦查和法律的惩罚，在进行又犯罪活动时，往往利用各种各样的方式方法伪装、掩盖自己的犯罪动机、目的和行为。他们善于见风使舵，当面一套，背地一套，有的还是改造积极分子、值星员、安全员等，具有较大的两面性、隐蔽性和欺骗性。

（5）纠合性和集团性。在押罪犯中的又犯罪分子，为了达到犯罪目的，往往互相串联，纠合成各种各样的小群体、小团伙，他们频繁接触，称兄道弟，拜把结盟，互相依附，以壮大组织力量。特别是团伙犯罪，他们根据自己所处的特殊环境，在较长的预谋过程中，拉拢犯罪成员，并进行组织分工，活动十分隐蔽诡秘，具有极大的危险性和破坏性。

（四）狱内又犯罪的基本规律

1. 狱内又犯罪的一般规律。狱内犯罪的规律是各类狱内犯罪之间、犯罪与反犯罪之间的本质关系。狱内犯罪作为特定环境中的犯罪现象，与监狱的存在、罪犯主体的原犯罪意识、心理、行为习惯、监管环境有着密切的联系，并表现出一定的规律性。

（1）狱内犯罪与监狱长期并存规律。阶级社会犯罪的必然存在决定了狱内犯罪的必然存在，同时狱内犯罪还有主客观两方面的原因：一是罪犯方面的原因，即狱内斗争的必然性与不可避免性。惩罚与反惩罚，改造与反改造的斗争，是监狱机关与在押罪犯之间一种特殊斗争的表现。这种斗争是经常的、大量的、长期的；二是监狱工作中存在的薄弱环节容易被罪犯利用。我们的斗争手段还比较落后，还不能完全适应罪犯变化的情况，所以说狱内犯罪在某种程度上很难避免。认识这一规律，对于指导狱内侦查工作有重要意义，它告诉我们狱内犯罪具有可控制性、预防性的特点，但狱内犯罪的发生是不可避免的，只要监狱长期存在，狱内犯罪也将长期存在，我们要做好与狱内犯罪作长期斗争的思想准备，同时还要下大力做好防范和打击工作，从而减少狱内犯罪的发生。

（2）原犯罪意识和犯罪心理延续、强化规律。罪犯入狱后，其身份和地位发生了变化，而有些在押犯的犯罪意识和心理却没有发生同步改变。在罪犯的意识和心理中，犯罪意识和犯罪心理占据很大的比重，这些意识和心理来自于入监前，并且顽固地影响着入狱后的改造活动。犯罪意识和犯罪心理具有历史延续性，这些犯罪意识和犯罪心理在未得到彻底改造之前，还会成为又犯罪的主观因素，这种主观因素在诱发犯罪的外部条件作用下，就会使原犯罪意识和犯罪心理得到强化，从而促使又犯罪行为的发生。由此可见，狱内犯罪确实是原犯罪意识和犯罪心理延续、强化的结果。

这一规律，揭示了罪犯在入狱后，必须有一定时期的改造，才能逐渐减弱和消除其原犯罪意识和犯罪心理。狱内侦查部门对又犯罪活动要加强防范和控制，必须有针对性地做好罪犯的思想教育工作，培养他们树立正确的人生观、道德观、价值观，养成良好的行为习惯。

（3）受监管环境制约规律。监管环境是狱内犯罪的客观因素，是罪犯在改造过程中所处的环境诸因素的总和。它包括罪犯的家庭、社会渗透、监管场所及相关设施、防范控制措施和监狱警察管理等五个方面的因素。这五个方面的因素都不同程度地影响着狱内犯罪。良好的监管环境，不仅能够促进罪犯的改造，而且能预防狱内犯罪。良好的监管环境包括在押罪犯的亲属经常探视、规劝、勉励，社会进行帮教，拒绝原犯罪同伙的引诱，及时打击牢头狱霸，不搞超体力劳动，不断改进罪犯的生活条件，加强监管设施建设，秉公执法，对罪犯感化教育等，这些都是改造罪犯的积极因素，这些积极因素能使罪犯逐渐消除原犯罪思想，不再产生新的犯罪动机，使有犯罪动机的罪犯没有犯罪的条件，从而使狱内犯罪不能发生或减少发生。相反，不良的监管环境能促使罪犯产生又犯罪动机，促使狱内犯罪的发生。

这一规律告诉我们，监管环境对狱内犯罪有直接影响，并制约着狱内犯罪。不良的监管环境能促使狱内犯罪的可能发生，良好的监管环境能遏制、预防狱内犯罪的发生。因此，我们在工作中要努力创造良好的监管环境，最大限度地减少诱发狱内犯罪的消极因素。

2. 狱内又犯罪的特殊规律。要综合分析狱内某类案件或某种案件，不同时期、不同地区、不同单位发生的案件，均有自己特殊的表现规律，认识和把握这些特殊规律，对我们搞好针对性的防范工作具有重要意义。

（1）从狱内犯罪的季节、时间规律看：第二、四季度是狱内案件的多发季度；夜间和节假日是狱内犯罪的多发时间段。脱逃、强奸犯罪多发生在夏秋两季；杀人、伤害犯罪多发生在炎热季节；盗窃犯罪多发生在春冬季节；监狱是农业单位的，脱逃犯罪多发生在白天；监狱是工业单位的，脱逃犯罪多发生在夜晚。

（2）从狱内犯罪类型规律看：脱逃、盗窃、破坏监管秩序、伤害及杀人犯罪是多发类型。

（3）从狱内犯罪的空间规律看，重刑犯监狱多发生暴力脱逃、杀人案件；女犯监狱多发生盗窃和诈骗案件；少年犯管教所多发生伤害案件；从具体部位看，禁闭室、接见室、监狱大门、监舍围墙、伙房、仓库等处，是案件的多发区域。

（五）当前狱内突发重特大案件的类型特点

1. 狱内突发重特大案件的类型。监狱突发性重特大案件，主要有以下几种类型：

（1）危害国家安全案件。资料显示，罪犯中发生危害国家安全方面的犯罪，约占狱内重特大突发性案件的1.5%。如1996年7月15日，某自治区某监狱罪犯中的民族极端分子策划预谋并实施的集体暴狱事件。此次事件中，12名凶犯抢劫各类枪支14支，子弹430余发。共死亡30名人员，其中武警战士5人，公安干警2人，解放军战士1名，监狱警察1名，当地群众6人，靠拢政府犯人6名，追捕中击毙凶犯9名（另有 2 名在逃，1 名被击伤后抓获），干警、群众及其他人员受伤的共 14 名。又如某省某监狱破获的以蒋×、袁×、陈×为首的 13 名罪犯成立旨在推翻中国共产党的"中国八三党"的案件。该案内部成员分工明确，组织严密，设计了三套密码，拟定了详尽的反动计划，蒋×还对其成员进行了擒拿格斗、绑架等技能训练。该案被监狱机关及时侦破。再如某自治区某监狱 2 名少数民族罪犯，密谋抢夺枪支脱逃后，妄图与社会上的民族分裂分子勾结，筹集资金，购买武器，然后要进行所谓的"解放某监狱、某监狱和某监狱"的案件，该案被及时侦破。

（2）暴力袭警案件。此类案件直接侵害的主体是监狱人民警察的生命安全，直接威胁监狱机关的执法安全。统计资料显示，罪犯中发生的暴力袭警案约占狱内重特大突发性案件的 15.2%。暴力袭警案件的主要形式：

第一，报复袭警。如某省某监狱罪犯李×，在车间劳动中，为工具问题与他犯争执撕打吃了亏，认为干警处理问题不及时而怀恨在心，顺手拿起劳动扳手朝正在劳动现场办公的干警头部猛击，致该干警头部粉碎性骨折，当即昏迷。又如某省某监狱罪犯宗×，因对干警廖×心怀不满，蓄意行凶报复，遂将廖妻打成重伤后跳楼自杀。

第二，野外脱逃袭警。如某省某监狱李×等 5 名罪犯，在劳动现场用铁锹将带队干警邓×打倒后，抢去邓×的五四式手枪一支，随后又劫持当地农民小船集体脱逃。

第三，夜间杀害值班干警。如某自治区某监狱门卫干警早晨 8 时多接班时，发现大门紧闭，无人应答，砸开门后发现 2 名值班干警已经被杀害，经查，是 4 名罪犯夜间所为。又如某省某监狱 3 名禁闭犯，将值班干警骗进禁闭室，掐昏后反锁室内，然后集体脱逃。

第四，脱逃罪犯在被追捕中袭警。如某省某监狱 2 名罪犯强行越过电网脱逃，在追捕中，罪犯引爆炸药，干警关×当场牺牲，干警李×身负重伤。

第五，利用个别外出之机袭警。如省某监狱罪犯在干警带其外出看病途中，与事先埋伏在外的狱外同谋一起，将干警击伤，绑住手脚，以胶带封住其口眼后，乘摩托车脱逃。

第六，强奸杀害女干警。如省某监狱的零星劳动罪犯潘×，在办公区劳动时，趁机窜进广播室，企图强奸女广播员武×，在遭到反抗时将武×杀害。

第七，抢劫钱款袭警。如省某监狱罪犯吴×，窜进大队财务室行窃时，被干警查×当场发现，吴犯遂持刀行凶，干警查×被刺成重伤，经抢救无效死亡。

（3）行凶杀人、强奸杀人、伤害致死案件。统计资料显示，此类案件发生的频率相对较高，约占狱内重特大突发性案件的 16.7%。主要表现为：

第一，报复杀人。如某省某监狱罪犯马×，因怀疑同监罪犯吴×、毕×向干警打自己的"小报告"，于是怀恨在心，在当夜凌晨，将二犯用铁器打死并自杀身亡。

第二，对原判不服纵火杀人。如某省某监狱罪犯曾×，因对原判严重不服，趁其他犯人在车间午休之机纵火，并在干警与犯人救火之机，将罪犯梁×连刺 12 刀，后又刺伤前来制止的 2 名罪犯。

第三，集团斗殴重大伤害。如某省某监狱 11 名外省籍罪犯，与 10 名广东籍罪犯发生集体斗殴，手持菜刀、角铁、扳手、剪刀、木棍等凶器，当场打死 1 人，打伤 9 人。

第四，因刑期长而心理绝望杀人。如某省某监狱无期徒刑罪犯刘×，心理绝望，于大年初二凌晨 5 时将同监罪犯侯×打死，将罪犯于×打成重伤（后经抢救无效死亡），随后爬上屋顶跳下自杀身亡。又如某省某监狱汽车修理间无期徒刑罪犯姚×，因得知其父患了癌症，加之自己因违纪未得到减刑，内心极度绝望，于是窜到车间油料寄存处，用铁锤将保管员罪犯蔡×击倒后，用铁链将自己与蔡×一起锁在铁管子上，点燃残油，将自己与蔡犯同时烧死。另如某省某监狱罪犯张×因家人不来探望，心理绝望，又与罪犯吕×等发生口角矛盾，于是产生了杀人念头，用锅炉钢钎打死 3 名犯人，重伤 1 名犯人。

第五，为泄私愤而行凶杀人。如某自治区某监狱炊事犯李×，与他犯闹纠纷，为泄私愤，经 10 多天预谋，盗取杀猪刀一把，将罪犯刘×和正在睡觉的罪犯胡×杀死。又如某自治区某监狱罪犯张×被同监的肖×等 4 名罪犯殴打，因此怀恨在心，于次日凌晨 4 时，用砖头将熟睡中的肖×砸死。

第六，致人死亡后畏罪自杀。如某省某监狱罪犯董×等 3 人殴打罪犯刘×成重伤，后经抢救无效而死亡，三犯自知法网难逃，随之共同自杀（2 死 1 重伤）。另外，罪犯在劳动中引发纠纷，而以劳动工具作为凶器，互致伤残或死亡的案件更是时有发生。

第七，零星劳动罪犯强奸杀人。如某省某监狱监外零星劳动罪犯符×，趁在外劳动之机，将当地一名女青年杀害后奸尸。

第八，利用优惠接见杀妻。如某省某监狱罪犯张×，因平时改造表现较好，经领导批准给予优惠接见，夜间与妻子同居时，因家庭债务纠纷发生争执，一怒之下，遂将其妻用绳索勒死。

（4）暴力越狱案件。统计资料显示，罪犯中发生的暴力越狱案件约占狱内重特大突发性案件的 10.8%，而且呈上升趋势。已发生的暴力越狱案件的形式，主要有以下几种：

第一，疯狂杀人冲监。如某省某监狱 2 名罪犯，深夜手持凶器，杀人冲监，企图暴力越狱，该监狱 10 余名罪犯挺身而出，勇敢地与凶犯展开搏斗，造成 2 人死亡，2 人受重伤，最终制服凶犯。又如某自治区某监狱罪犯覃×，借口生产设备损坏需要找人修理，与事先预谋好的罪犯王×、黄×一起，持刀窜至围墙缺口处，杀死杀伤 2 名看守缺口人员后脱逃。

第二，强抢车辆冲监。如某省某监狱罪犯曹×、王×二犯强抢正在监内维修的解放牌大货车，驾车冲向监狱大门，不顾看守人员和武警战士开枪射击，强行撞坏监狱大门后逃跑，大货车在逃跑途中还撞伤了 5 名群众。又如某省某监狱罪犯修×、方×借劳动之机，趁干警黄×不注意，用棍棒将其击昏（后经抢救无效死亡），二犯穿上雨衣伪装，骑上黄×的摩托车越狱。

第三，集体暴力冲监。如某省某监狱9名重刑犯（4名死缓、4名无期、1名判14年有期徒刑），分别手持匕首、铁棍、铁锤、修剪花木大铁剪等凶器，闯进接见室，疯狂行凶，并强行冲向通往监外的大门，接见室5名干警忠于职守，英勇搏斗，干警姜×身中6刀，光荣牺牲；干警曾×（女）、刘×、王×、李×身负重伤；杀伤工人1名；接见室4名勤杂犯因协助干警也被杀伤。监狱在组织围捕后击毙凶犯1名，捕获8名（其中击伤2名）。

第四，预谋杀害干警强行越狱。如某自治区某监狱禁闭室2名脱逃待加刑的罪犯与一名禁闭犯，利用集体放风之机，纠集预谋杀害值班干警和事务犯后脱逃。当得知只有干警赵×一人值班时，便撬开窗户进入值班室，将干警赵×杀害，后又将吃饭后返回的事务犯杀死，以床板搭脚，爬出狱墙逃跑。又如某省某监狱罪犯黄×、龙×事先预谋，故意制造机械故障，骗干警吴×查看机器时将其杀害，又将闻讯赶来的门卫王×杀害后脱逃。

（5）结伙脱逃案件。罪犯结伙脱逃犯罪，不仅对监管安全带来严重威胁，而且给社会安全带来严重的威胁。统计资料显示，发生罪犯结伙脱逃案件约占狱内重特大突发性案件的15.76%。结伙脱逃的形式，大致有以下一些类型：

第一，关禁闭罪犯集体脱逃。如某省某监狱禁闭室刘×等6名被关禁闭的罪犯，经密谋，利用室内便桶上的铁把手，挖通禁闭室的围墙集体结伙脱逃。同年内蒙古、湖北等地也相继发生多名禁闭犯从禁闭室集体脱逃的重特大案件。

第二，乘夜间劳动加班之机结伙脱逃。如某省某监狱罪犯龚×、张×、彭×等，利用夜间劳动加班，警力不足时，乘机将监狱的铁窗栏杆用氧焊切割机割断后结伙脱逃。

第三，外部接应和伪装后脱逃。如某省某监狱罪犯江×、何×、黄×等密谋，由江犯的妹妹在接见时送入假发套，再将两辆自行车放在监狱外的指定地点，随后三犯戴上假发，从劳动车间的屋顶上爬出，骑自行车结伙脱逃。另据某省统计，全省就曾先后多次查获罪犯利用接见、邮包等，密藏假发、地图、指南针、警服、迷药等事件。

第四，结伙挖地洞脱逃。如某省某监狱罪犯杨×、武×、翁×、张×、步×5人，预谋挖好一条从狱内小伙房直通墙外的长20米、宽0.45米、高0.35米的地洞后，结伙从地洞内脱逃。

第五，借助恶劣天气掩护脱逃。如某自治区某监狱罪犯马×、陈×等趁当晚刮大风、气候恶劣之机，用两根木棍捆住一把常用手钳，爬上监墙，剪断电网，结伙脱逃。另外，诸如偷盗警服、野外作业、零星劳动、看病就诊，或藏在货车内等待机会结伙脱逃的案件也时有发生。

据资料反映，某省曾在一年里就破获预谋团伙脱逃案达12起52人之多，其中脱逃团伙成员最多的达11人。从已经破获的预谋结伙脱逃案件中看，罪犯的密谋策划是十分险恶而诡秘的，如某自治区某监狱罪犯李×等4名罪犯为密谋脱逃制定了三套方案：①在劳动工地上杀害干警强行脱逃；②向家里要钱，买通干警后脱逃；③向进监的汽车司机购买汽油，制造火灾，趁混乱集体脱逃。该预谋犯罪虽未得逞，但给我们的警示是极为深刻的。

（6）劫持人质案件。监狱机关发生以劫持人质为手段的突发性重特大案件，近几年来比较突出。统计资料显示，此类案件近年发展较快，已占狱内重特大案件的8.3%，并呈继续上升趋势，应当引起高度重视。劫持人质案件的形式，主要有以下几种：

第一，劫持外来女工。如某省某监狱罪犯李×，利用在茶叶劳动现场劳动时，持自制刀子，将来监检验茶叶质量的女工劫持为人质，并要挟监狱为其提供枪支、汽车。后在武警部队的协助下，将李犯击毙，安全解救了人质。又如某省某监狱罪犯王×在劳动中突然手持锋利的单片裁缝剪刀，劫持正在检验服装质量的女技术员王×，企图强行脱逃，干警刘挺身而出与凶犯搏斗，身中7刀，在肠子被扎断的危险状况下，拼命与凶犯搏斗，奋力夺下凶器，解救了人质。

第二，劫持女干警。如某省某监狱罪犯杨×，持刀闯入监区办公室，劫持并用胶带捆住两名女干警，抢劫公款4万余元，要挟监狱为其提供摩托车和10万元现金。在当地公安机关和武警部队的协助下，最终将杨×击毙，安全解救了人质。又如某省某监狱罪犯袁×用水果刀将心理咨询科女干警劫持，后经两个多小时的多方营救，最终制服了罪犯，解救了人质。

第三，劫持带队干警。如某省某监狱干警武×带领罪犯在大豆田中锄草，罪犯李×突然从背后以左手挟住武×的脖颈，右手将镰刀架在武的脖子上，恶狠狠地说："带我们出去，不然就整死你。"武×奋力夺刀并将李犯摔倒在地，另一同谋罪犯丁×便挥刀向武×头部乱砍，武×在身负8处刀伤、右手3根手指被砍断的情况下，临危不惧，奋力与武警战士一起追捕二逃犯，最终将凶犯李×击伤，将凶犯丁×击毙。

第四，劫持同监罪犯。如某自治区某监狱罪犯郝×，以菜刀挟持一名罪犯，企图强行脱逃，监狱干警果断处置，最终将郝犯当场击毙。

第五，劫持拉货警车。如某自治区某监狱2名少数民族罪犯，藏在拉货的面包警车内的毛衣堆里，随车出了监狱，当车行至高速公路时，二犯窜出，用事先准备好的凶器，挟持了1名干警和1名女工，企图劫车脱逃，后被随车的2名干警、3名女工和司机一起制服。

（7）爆炸案件。监狱机关发生的爆炸案件，多数与罪犯所从事的劳动项目有关，有的需要接触社会才能发生，具有一定的特殊性。统计资料显示，此类案件约占狱内重特大案件的2.5%左右。狱内爆炸案的主要形式：

第一，以袭警为目的的自杀性爆炸案。如某省某监狱一监区全体干警在煤矿坑口办公楼召开第二季度生产会议，16时5分，罪犯王×身带炸药雷管闯入会议室，大叫

"我不想活了，你们也别想活"。并突然引爆炸药，致使在场的干警全部受伤，凶犯当场毙命。

第二，以报复社会为目的的自杀性爆炸案。如某省某监狱石料厂罪犯黄×携带雷管炸药脱逃，至襄樊市在公共汽车上引爆了炸药，当场炸死×人（含罪犯本人），炸伤×人。

第三，故意伤害致人死亡后引爆炸药自杀。如某省某监狱罪犯董×等三犯将罪犯刘×打成重伤后抢救无效死亡，三犯因畏罪而引爆炸药自杀，造成2死1重伤。

第四，罪犯之间矛盾激化引发爆炸案。如某自治区某监狱罪犯孔×，携带炸药闯入监舍，拖住罪犯管×引爆炸药，二犯当场炸死，室内7名罪犯被炸伤，其中2名重伤。

第五，追捕逃犯途中引发爆炸案。如某省某监狱2名罪犯，越过狱墙电网，强行脱逃，在干警追捕过程中，逃犯引爆身上炸药，导致参与追捕的干警关×不幸牺牲，干警李×身负重伤。

（8）其他重特大案件。狱内重特大案件的发生，具有偶然性、突发性，有些是因人、因事、因地区、因情势的不同而相应引发的。为此，有些狱内重特大案件的发生，具有其客观的内在特殊原因，这里不再具体列举案例。如：罪犯盗窃、抢夺枪支案；重大生产安全事故案；罪犯强奸妇女案；罪犯脱逃后杀人、抢劫案；民族极端分子哄监闹监案；罪犯与群众纠纷致人死亡案；狱内贩毒、吸毒案；警囚勾结违法犯罪案；干警体罚虐待致死罪犯案；等等。虽然案件的发生都具有一定的偶然性，但也同样给监管安全以及社会治安带来严重危害和恶劣影响，在具体防范中也应该引起我们的高度警觉。

2. 狱内重特大案件的涉案特点。狱内重特大案件涉案罪犯，主要以暴力型罪犯、数罪并罚罪犯、重大刑事犯居多。从调查的资料中能够发现，已经发生的狱内重特大案件的涉案罪犯中，此基本特点十分明显。

（1）暴力型罪犯占涉案罪犯的大多数。据统计，在119名狱内重特大案件涉案罪犯中，属于暴力型犯罪罪犯的就有82名，占狱内重特大案件的涉案罪犯的68.9%。统计资料显示，其暴力犯罪的案由主要有：故意杀人罪、故意伤害致人死亡罪、抢劫罪、强奸伤害罪、盗窃抢劫罪、故意伤害罪、抢劫强奸罪、抢劫伤害罪等。其中涉及抢劫类犯罪的暴力型罪犯的涉案人数尤为突出，占狱内重特大案件涉案的暴力型罪犯的51.2%，这与抢劫犯的暴力冲动性极强有很大关系。

（2）数罪并罚类罪犯比例突出。据统计，在119名狱内重特大案件涉案罪犯中，数罪并罚类的涉案罪犯有38名，占狱内重特大案件中涉案罪犯的31.9%。在这些数罪并罚类的罪犯中，同时有暴力犯罪的占95%以上，此类罪犯身上带有多种犯罪恶习，有的是被群众称之为"五毒俱全"的分子，反社会意识极为强烈，犯罪手段恶劣，心狠手辣，有的甚至到了丧心病狂的地步，这些罪犯，无论是对社会治安还是对监管安全，其危害程度都是相当大的。如某自治区某监狱发生的杀害 2 名干警、抢走警服的 4 名罪犯中：一名是强奸、流氓罪，判刑死缓；一名是强奸、抢劫罪，判刑 16 年；一名是拐卖人口、抢劫罪，判刑 20 年；还有一名是敲诈勒索、抢劫罪，判刑 17 年。其罪恶程度和反社会心理，由此可见一斑。

（3）狱内重特大案件的制造者普遍为重长刑期罪犯。统计资料显示，在涉案罪犯中，原判刑期 10 年至 20 年的，占 46.6%，是原判刑期在 10 年以下罪犯的 2 倍多。更为严重的是，涉案罪犯中原来被判处无期徒刑的罪犯，以及死刑缓期 2 年执行的罪犯，所占比例竟然高达 30.3%，由此可见，这些重刑期罪犯，罪行重、危害大、影响坏，入狱后，他们对自己的处遇死不甘心，对被法律机关判处重刑罚心存刻骨仇恨，耿耿于怀，在监狱机关强制改造的环境下，逐渐把这种仇恨转移到监狱干警的身上，寻机发泄，一旦有了某种"导火线"，或自认为有机可乘，他们就会丧心病狂地发泄内心仇恨，制造各种严重危害监狱安全、甚至危及干警生命的重特大突发性案件。

（4）狱内重特大案件的涉案罪犯大多为"问题罪犯"，其行为表现明显具有"两极性"。统计资料显示，在 200 余例狱内重特大案件中，案发前已经发现具有这样或那样严重问题的，或行为表现好坏明显属于"两极性"的罪犯达 110 名，占涉案总人数 227 人的 48.5%。其中案发前有重大余罪、重新犯罪、不服判决、绝食、是牢头狱霸、对抗管教、正在严管或关禁闭的"问题罪犯"达 63 人，在 110 名罪犯中占 57.3%；案发前属于干警比较信任的、所谓"表现较好"的、担任一定职务的、从事单独劳动或外宿劳动的有 21 人，占 19.1%。在以上"两极性"罪犯中，属于第二类的对象防范难度更大。比较典型的是某省某监狱一名协助内看守干警值班的罪犯，趁干警休息时，与关禁闭罪犯相勾结，撬开禁闭室外的挂锁，与 2 名关禁闭的罪犯一起集体脱逃。又如某省某监狱一名罪犯组长（死刑缓期 2 年执行），与前来监狱安排劳务加工的一名老板相勾结，藏在老板车内，由老板掩护脱逃。这些问题，的确值得我们深刻反思。

（5）监狱干警管理失误或违法执法，也是导致狱内重特大突发案件发生的一个不可忽视的因素。统计资料显示，在大量的狱内突发性重大案件中，由于干警执法不公、违法执法或管理失误，而导致罪犯矛盾激化或有机可乘的现象时有发生，约占狱内重特大突发性案件的 10.3%。其中，一是要特权，随心所欲，偏听偏信，处事不公，以势压人，导致矛盾激化；二是遇事头脑发热，行为粗暴，以硬碰硬，体罚虐待，甚至侮辱人格，导致矛盾激化；三是心胸狭窄，挟嫌报复，压制打击，给罪犯吃"小官司"，导致矛盾激化；四是缺乏警惕，轻敌麻痹，对罪犯使用不当，给罪犯以可乘之机；五是个体素质差，私心杂念较重，与罪犯界限不清，立场不稳，轻易被罪犯牵着鼻子走；六是平时工作不负责任，对罪犯中的矛盾和问题解决不及时，久而久之，矛盾积重难返，导致重特大突发案件的发生等。

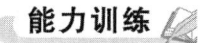

能力训练

【训练项目一】 狱内侦查工作的任务

一、训练目的

理解和掌握狱内侦查工作的任务，并能在实际工作中加以运用。

二、训练说明

请认真阅读下面给出的案例，分析在狱内案件侦破过程中如何完成狱内侦查工作的任务。

三、训练内容

案例：某年9月12日深夜，某监狱服刑人员刘×（34岁）及其同监舍的张×（50岁）在监舍中被杀。犯罪分子将被害人刘×和张×的贵重物品洗劫一空。为了转移侦查视线，犯罪分子用死者的鲜血在墙壁上写下了一行字迹："为李复仇"（李为已被处决的抢劫集团首犯）。案发后，经过深入地调查访问，发现被害人同监舍的周×是重要知情人，他向破案组提出了重大嫌疑人章×明，并列举诸多可疑之点。为了证实章×明是否为犯罪分子，破案组设计取得了章×明的字迹，并通过密搜、密取的方法获取了被害人刘×和张×被章×明洗劫的贵重物品。经笔迹鉴定，确认杀人现场墙上用血写成的字迹为章×明书写；经知情人周×辨认，密搜、密取所获贵重物品均为刘×和张×的。据此，证实章×明即为犯罪人。

【训练项目二】 狱内侦查工作的方针

一、训练目的

理解和掌握狱内侦查工作的方针，并能在实际工作中加以贯彻执行。

二、训练说明

请认真阅读下面给出的案例，并结合案例分析在狱内案件侦查工作中如何贯彻执行狱内侦查工作的方针。

三、训练内容

案例：2002年2月1日8时许，值班警察曾×像以往一样在车间生产现场进行例行巡查，当巡查至服刑人员王某工位时，只见王犯悄悄地向其扔了一张小纸片，曾×捡起纸片到值班室打开一看，上面写着："有人找我一起逃跑，我还没有证据，他正在注意我，我想把他谈的话录下来。"曾警官意识到事关重大，立即向上级领导汇报，监狱主管领导得知这一情况后随即组织有关科室分析研究，并抽调有关警察组成专案组，将该案件定为"0201"案，在当天中午和晚上分别将王犯所举报的梁某、林某两名涉案服刑人员隔离审查。2月2日监区在服刑人员中召开了坦白、检举动员大会，次日在外围调查时，涉案人员徐×向警察主动坦白。经过一个半月艰苦的审讯调查，一桩服刑人员重大预谋脱逃案得以告破。

服刑人员梁×（22岁，汉族，连平县人，故意伤害罪，判死缓，2000年2月23日入监）因感到刑期长，改造辛苦，日子难过，于2001年四五月间产生了逃跑念头。而在这一段时间狱内因新建厂房、教学楼、医院等建筑，基建工地场地大、工具材料多，正好可以为其充分利用。但梁某感到一个人势单力薄，难于实施脱逃，遂先后拉拢了林×、王×、徐×、饶×、胡×5名服刑人员参与逃跑。被拉拢的5名服刑人员均是重刑犯，其中被判无期的有3人，判死缓的1人，都是消极改造的服刑人员。主谋梁×在拉拢其他服刑人员和密谋的过程中，均采用"一对一"秘密谈话、"喝茶聊天"的方式进行活动，由梁×出面，并事先订立了"攻守同盟"。

在定下脱逃的决心后，梁×等人便利用看病、出收工等机会，对监狱围墙、武警哨兵活动规律、警察执行监管制度的情况进行认真的观察，认为监狱生活区的伙房、教学大楼工地、新建厂房基建工地距离围墙近、楼层高，且教学大楼、新厂房大楼均已接近完工，工地上仍留有较多的竹木，而监狱生活区的基建仓库内也有不少绳索、电线、钢筋、竹木等可利用之物。为了提高脱逃的成功率、扫清脱逃障碍，梁×等人还准备杀害值班警察，以获取警服，密谋将车间制衣劳动用的剪刀、布条，先行夹带回监舍，作为杀害警察的凶器。经过一番鬼鬼祟祟的密谋，这6名服刑人员准备利用晚上出工时，以装病请假或故意不出工等方式全部留仓，先将留仓的值班员逐一杀害。然后以有事报告为由，冲入警察值班室，由3名服刑人员对付1名警察，采用捆绑、重物击头或用电将2名值班警察杀害，脱下警服后将尸体藏入床垫下。由2名服刑人员身着警服冒充警察，带领其他4名服刑人员混出监区大门，从预先观察好的地点实施脱逃。

【训练项目三】 狱内侦查工作的原则

一、训练目的

理解和掌握狱内侦查工作的原则，并能在实际工作中坚持和遵守。

二、训练说明

请认真阅读下面给出的案例，并结合案例分析在狱内案件侦查工作中为什么要坚持和遵守狱内侦查工作的原则。

三、训练内容

案例：2001 年 1 月 30 日，某监狱五监区服刑人员聂×趁看病之机秘密向该区分管监管改造工作的黄副监区长口头报告：服刑人员武某近期多次拉拢自己，企图利用刑满出监服刑人员李某作外应，密谋策划从监舍围墙外再次挖地洞一起脱逃。

监区将情况立即上报监狱，监狱领导高度重视并连夜组织有关业务科室召开个案分析会，对情报的真伪进行了认真的分析讨论。与会同志一致认为：服刑人员武某系该监 1996 年 "10.7" 集体挖地洞脱逃大案的策划者、首犯。自从脱逃捕回被加刑后，仇视政府的敌对心理日益加剧，经常抗拒改造，多次受监狱禁闭处罚，由于刑期长，年龄大，对改造前途早已失去信心。现临近春节，思乡心切，极有可能狗急跳墙，"重操旧业"，拼死一搏。

鉴于案情重大、紧迫，个案分析会后，监狱迅速成立了以分管监管改造工作的副监狱长任组长，侦查科及监区有关警察为成员的专案小组，立即展开了调查。由于掌握的线索还十分有限，专案组结合实际拟定了初步的侦破思路和方向，即一是想方设法单独接触聂某，巩固其为我所用的心理，严密监视武某的一举一动；二是深入掌握案情的具体细节及涉案的其他人员，特别是与武某交往密切的服刑人员，做到一个不漏；三是搜集一切可以搜集的证据，为破案打下坚实的基础；四是针对武某狡诈、具有一定反侦查能力的特点，在严格保密的基础上，采用 "先剥笋壳" 清外围，最后突审 "中心开花" 的策略来达到破案目的。

为避免打草惊蛇，一切都按计划静悄悄地进行着……2 月 16 日，离服刑人员李某刑满出监还有两天，专案组以狱内正常调动为由将其调到二监区予以隔离并进行了讯问，经过苦口婆心的教育，李某供出了武某要其出监后赶快联系其妹妹来探监，而后再趁机将手机等违禁品混带入监舍以便里应外合的事实。考虑到李某刑满时间已到，专案组未对其再进行留置盘查。2 月 18 日，专案组以警察医生替聂某看病的身份，在五监区医务所与聂某秘密进行了接触。接触中得知：武某在 2000 年 4 月、10 月分别找过服刑人员郑某，失败后才于年初物色拉拢服刑人员李某。根据这一事实，专案组分析认为李某经教育出监后不会再来监狱与武某联系，更不会再替武某效力卖命；经过一段时间之后，武某一定还会物色其他目标来实施其罪恶的脱逃计划。

2001 年 5 月 20 日，聂某再次秘密汇报："近一个月来，武某频繁接触将于 5 月 22 日刑满出监的服刑人员梁某。18 日晚两人还利用放风之机在监舍一树下假装乘凉低声细语密谈了近一小时，望政府干部注意。"

专案组获悉情报后迅速作出了妥善安排。5 月 22 日，梁某刚兴高采烈、暗自庆幸地走出高墙电网下的监狱大门，就被专案组请到了警察办公室聆听 "出监教育"。迫于压力和良知，梁某终于承认了武某近一个月来拉拢他的事实，并交待了 18 日晚武某与其密谈的全部内容。原来，武某看到先前物色的李某出狱后久无音讯，便已意识到计划的失败。于是，迫不及待地又再次使出诈骗伎俩骗得梁某的信任，他要梁某出狱后找人帮其在监舍外挖地洞实施脱逃。上述事实，梁某供认不讳，并表示敢与武某当堂对质，以示自己的真诚悔改之意。

在掌握了大量证据、事实的基础上，专案组认为侦破此案的时机已经成熟，是该收网的时候了。于是于5月22日晚果断对武某实行隔离。审讯之初，武某气焰极为嚣张，态度十分恶劣，反而以警察有意整他为由，提出要写控告材料来威胁监狱。但当看到自己密谋的"线人"梁某出现在自己面前时，知道事情已败露，他再也控制不了自己的双腿，一下子就瘫在了地上。通过监狱强大的政策攻心，其顽固抵抗的思想防线顷刻崩溃，知道自己所干的一切逃不过警察的"法眼"，终于老实交待了预谋脱逃的全部事实经过：

"第一次脱逃被捕回被加刑后，我的内心极度不平衡，始终没有放弃脱逃的欲望。于是，我不断观察自己所处的监管环境，觉得要想成功脱逃仍然还是要靠里应外合挖地洞。因此设计了具体的实施方案：先以出监后提供巨额钱款为诱饵，物色一名将要刑满的服刑人员，拉拢后告诉自己的想法，并诱使其出监后到社会上雇请两个亡命之徒，假扮成当地农民，从关押监区伙房围墙后，以房顶上的避雷针作参照物挖地洞至自己所住的监舍床铺底下。为吸取第一次脱逃未及时离开监狱区域而被重新捕获的教训，此次脱逃计划中，我还特意要求外界必须在河对岸公路上准备好接应车辆。从脱逃意念产生开始，为达到自己的罪恶目的，我先后共拉拢物色过服刑人员7人，谁知到头来终究还是竹篮打水一场空……"

复习与思考

1. 什么是狱内侦查？
2. 狱内侦查工作的具体任务是什么？
3. 如何理解狱内侦查工作的方针？
4. 狱内侦查工作应坚持哪些原则？
5. 监狱狱内侦查机构的主要职责是什么？
6. 什么是狱内又犯罪？狱内又犯罪有哪些类型和特点？
7. 狱内又犯罪的一般规律是什么？
8. 狱内又犯罪的特殊规律有哪些？
9. 狱内重特大案件的涉案特点有哪些？

工作任务二

狱内侦查情报工作

学习目标

能力目标：能运用所学的知识对狱内侦查情报进行搜集、整理、存储、检索、分析和传递。

知识目标：了解和掌握狱内侦查情报搜集、整理、存储、检索、分析、传递的步骤方法。

工作目的

一、通过狱内侦查情报工作及早发现预谋犯罪活动，加强对狱内预谋案件的侦查

把又犯罪行为遏制在预谋阶段，就可以避免给国家和人民造成损失和危害。这是监狱对狱内侦查工作的要求，也是实现"主动进攻，先发制敌"的战略思想的体现。狱内侦查情报工作能够及时地发现、搜集和提供犯罪线索，特别是正在预谋中的犯罪活动的信息，从而使侦查工作处于主动，及时采取有效措施，制止犯罪活动的进一步发展。狱内侦查情报在预谋犯罪案件的侦破中所起的作用，是其他工作不可替代的。

二、通过狱内侦查情报工作提高侦查破案效率，保证破案质量

狱内侦查情报总是反映又犯罪活动的这方面或那方面的情况和线索，对于已发生的现行犯罪案件，只要能获取有关本案的犯罪信息，就能为侦破案件提供线索，为查明案犯提供条件，为证实又犯罪提供证据，为搜集物证提供方向，能确定侦查的重点和范围，达到迅速破案的目的。

三、通过狱内侦查情报工作进行科学决策，争取同犯罪活动作斗争的主动权

狱内侦查部门为了有效地打击又犯罪活动，必须密切掌握又犯罪活动的动向，研

究又犯罪活动发展变化的趋势及规律，从而有针对性地采取侦查谋略和侦查措施，争取斗争的主动权，并在预测又犯罪的基础上预防又犯罪。狱内侦查情报工作正是这样一项提供、反映又犯罪活动动向及发展趋势的工作。所以，它能为领导指挥机关进行科学决策提供依据。尤其是在当前又犯罪活动发展变化快、危害大的情况下，要争取斗争主动权，实现狱内侦查工作的主动性、创造性和预见性，"快速反应"，"超前认识"，开展狱内侦查情报工作就更为重要。

四、通过狱内侦查情报工作，推进狱内侦查工作现代化进程

狱内侦查情报分析是与狱内又犯罪作斗争中所产生和发展起来的行之有效的侦查手段，当前世界各国的监狱都广泛运用这一手段与又犯罪作斗争。为了适应同国际刑警组织及其成员国实现犯罪情报交流和合作的需要，提高与当前不断变化的又犯罪作斗争的能力，必须加强狱内侦查情报工作，实现狱内侦查情报工作的现代化，用先进的科学技术手段装备狱内侦查情报部门。这种现代化的狱内侦查情报工作，对于推动狱内侦查工作的现代化进程，促进狱内侦查人员的知识更新，有着现实和深远的意义。

✎ 工作内容

一、狱内侦查情报的搜集

狱内侦查情报，是指以公开与秘密的侦查措施、手段及其他方法获得的有关狱内又犯罪的一切线索和情况，以及对其分析研究的成果。

狱内侦查情报的搜集，是指狱内侦查部门运用公开与秘密的方法，通过各种途径发现和获取与狱内又犯罪活动有关的情况、线索，以及情报吸收的过程。

狱内侦查情报搜集活动是一个过程，它包括发现又犯罪信息、获取又犯罪信息和情报吸收三个环节。这三个环节依次构成了狱内侦查情报搜集的活动过程，缺少其中任何一个环节，情报的搜集目的就难以实现。

搜集狱内侦查情报必须遵循"及时迅速、客观准确、全面系统、持之以恒、遵守法制"的原则。

二、狱内侦查情报的整理和存储

狱内侦查情报的整理，是指情报分析人员在分析目标的指引下，将搜集到的情报信息按一定的标准进行排序，或是在情报信息系统中进行检索和查找，使有关的情报信息有序化，以便于对其进行分析。通过情报信息的整理，还能发现已有的情报信息是否足以支撑进行狱内侦查情报分析任务，如果通过整理发现还缺少某方面的情报信

息，就应当继续进行情报信息的搜集工作。

狱内侦查情报的存储，是指把大量杂乱无序的情报资料加以规范化整理，按一定的规则和科学方法组成各种信息资料体系并进行有序存放的过程。

对有一定保留价值的狱内侦查情报要进行科学的存储管理，以便根据需要随时进行检索。狱内侦查情报存储的直接目的是检索，没有情报的存储，就无所谓情报检索，更谈不上对情报的充分利用。因此，做好狱内侦查情报的存储是狱内侦查情报工作的一项重要内容。

三、狱内侦查情报的检索

狱内侦查情报的检索，是指在已存储的狱内侦查情报资料体系中查找符合情报用户需求的相关情报资料的过程。具体地说，就是将情报用户提问特征与所存储的情报资料的特征进行比较，将二者相一致的或比较一致的情报资料索取出来，以满足情报用户的需求。

狱内侦查情报的检索是一个查找过程；查找的对象则是符合情报用户特定需求的情报资料；检索的目的是满足情报用户的情报需求。

情报需求，是指情报用户在实践活动中为解决各种实际问题而产生的对情报的必要感和不满足感。如在侦破某一案件过程中，感到材料不足，即不满足于现有的情报，需要进一步索取有关的信息等。

情报用户，是指在狱内侦查、情报工作、组织管理等各种活动中，需要并利用情报的机关及其成员。

四、狱内侦查情报的分析

狱内侦查情报的分析，是为了打击、防范狱内又犯罪的需要，在广泛搜集、积累情报资料及必要的实地调查所获得的材料的基础上，运用科学的研究方法和必要的数据处理，对情报进行汇总、评估、综合和解释，从而得出用于指导狱内侦查工作实践的分析结果的一系列工作内容。

情报分析不是对单份情报的分析研究，而是一种情报资料的重组和开发工作。它是根据解决特定问题的需要把分散在各种情报资料上的相关信息进行定向选择和科学抽象的研究活动，其研究成果是情报工作和科技工作相结合的产物。

定向选择，就是根据特定需要，搜集与其相关的情报、资料（包括相关的统计数据）进行深层次的加工整理，使之知识密集化、综合化、系统化、准确化。

科学抽象，就是对定向选择的情报、资料进行分析、比较、综合、归纳、推理、判断，揭示其本质、规律和联系的思维过程。通过定向选择和科学抽象必然会形成新的情报或情报集合，即情报分析研究成果。

五、狱内侦查情报的传递

狱内侦查情报的传递，是指情报传递者借助于共同的符号系统和信号，通过一定的载体或媒介把情报传送给特定对象（接收者）的过程。

情报传递的构成有四个要素，即情报传递者、情报接收者、情报资料（即狱内侦查工作所需要的各种情报和资料）和传递媒介（即情报传递者与情报接收者双方都能认识和理解的语言、文字、图形等符号系统和信号），这四个要素是相互依存、相互作用、相互制约的关系。如果缺少其中任何一个要素，都构不成情报的传递。

🖊 **工作程序**

一、狱内侦查情报搜集工作程序

从狱内侦查情报工作的全过程看，搜集是全部工作程序中的第一个环节，也是最重要的环节。只有有效地开展狱内侦查情报的搜集工作，才有可能继续进行其他几个环节的工作，否则将无法建立起狱内侦查情报工作系统。没有大量的情报信息，就无法进行狱内侦查情报的整理、传递和使用工作。因此，搜集是全部狱内侦查情报工作的起点。狱内侦查情报搜集是利用情报的前提条件，是情报资料工作的首要环节和基础工作；所搜集的情报质量与数量直接影响和制约着狱内侦查工作的效能；所搜集的情报是揭露、证实犯罪和澄清犯罪嫌疑的依据。其基本工作程序如图 2 - 1 所示。

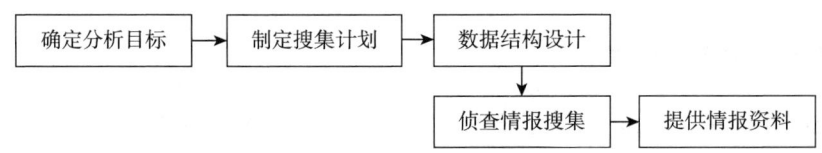

图 2 - 1　狱内侦查情报搜集工作程序

（一）确定分析目标

狱内侦查情报分析是以有效情报信息为基础，经过合理地统计和分析，得出有效结论的一项工作。通常是情报部门在收到分析请求或指令后，才开始进行相关的情报收集工作。因此，狱内侦查情报工作的起点是确定分析的目标和方向。

在实践中，一般分析目标的确定有两种途径：一是上级指挥官或决策者下达的指令，这类分析往往涉及一些比较宏观的分析，如对某一时间段狱内侦查情报的分析、对某一类案件特点的分析等；二是侦查办案人员向情报分析部门发出支援的请求，这类分析往往属于一些具体的战术性分析，如对某有组织犯罪案件中犯罪组织内部人员结构的分析、对某脱逃案件中脱逃路线的分析等。当然，有时狱侦部门就某些个案向情报部门提出支援请求时，只提供给情报部门一些与案件相关的简单线索和大概的分析目标，此时，狱内侦查情报分析部门就需要为侦查人员选择分析的具体目标，也就是分析的切入点。

确定分析目标是狱内侦查情报工作的基础，只有确定了具体的分析目标，情报分析人员及侦查人员才会明确下一步去搜集什么情报信息，围绕哪些又犯罪嫌疑人进行重点的调查。可见，分析目标的确定是狱内侦查情报分析工作的重要基础，它将影响狱内侦查情报分析人员和侦查人员下一步的信息搜集工作的方向和效率。

（二）制定搜集计划

情报搜集计划对于指导情报工作，保证情报搜集工作具有统一的实施步骤和目标，起着十分重要的作用。制定计划主要解决三个问题：

1. 确定狱内侦查情报搜集的内容。情报搜集者应当依据具体的实际工作需要，来确定搜集情报的内容和边界条件，明确搜集的方向，以便确定以后各项工作的步骤。狱内侦查情报资料搜集的内容主要包括：

（1）狱内在押罪犯的情报资料：

第一，又犯罪嫌疑人的基本情况。包括：现用名、曾用名、绰号、性别、年龄、民族、文化程度、籍贯、家庭地址、入狱前的工作单位及职业、专长、原犯罪行、刑期、所在监区、改造表现等基本情况。还应搜集其违反监规纪律及惩处情况。

第二，体貌特征。包括：身高、体型、脸型、指纹类型、足长、鞋号、耳、鼻、口、目等一般相貌及特殊体貌、体表标记等主要反映本人生理特征的基本情况。

第三，团伙作案中，还应当搜集同案犯的基本情况。

（2）案件情报资料。案件情报资料，是以已破获和未破获的犯罪案件为对象的案件情报集合。内容包括：

第一，实施又犯罪案件的基本情况。包括：案别、发案时间、地点、被害人或事主的姓名、性别、年龄、住址、单位、职业、报案时间、损失财物、人员伤亡情况、发现案件的过程、犯罪手段、作案工具、作案因素、侵犯的对象（人或物）、造成的危害后果（人员伤亡、财物损失）、销赃方式、方法、反侦查手段（如破坏现场的方法、伪装手段、毁灭罪证的方法等）、特殊技能、犯罪形式（如结伙犯罪、集团犯罪）等基本案件资料。

第二，从犯罪现场提取的各种痕迹、作案人遗留在现场的各种物品的种类、名称、数量和特征等。

第三，损失财物情况。包括：损失财物的名称、数量、品牌、规格、型号、颜色、价值、新旧程度、号码、标记及一些特殊的记号等。

（3）线索型侦查情报资料。线索型侦查情报，是指可供狱内侦查或调查的狱内又犯罪活动或与又犯罪嫌疑人有联系的可疑人、事、物等方面的情况和信息。内容包括：

第一，狱情通报、公安机关协查通报及通缉令。

第二，狱内犯罪集团和团伙活动情况资料。

第三，与狱内犯罪有关的可疑情况线索资料。

第四，在侦破狱内案件及狱情调研、排查危险分子工作中发现的犯罪活动线索资料。

第五，与狱内犯罪有关的各种可疑物品资料。

2. 选择情报的来源。情报内容不同，其来源亦各异。只有选择好情报的来源方向，才能确定到什么地方去搜集，以便用最少的代价就能获取到各种情报资料。如侦查破案的情报来源主要有作案现场、嫌疑人、知情人和各种物证，痕迹以及受害人和危害后果等。而某个时期的狱情动态的情报来源则主要是监所。确定了情报的来源，就可以明确搜集情报的范围，集中力量做好搜集工作。只有情报来源选得准确，搜集情报的效果才会提高。

3. 明确情报搜集的手段和方式、方法。采用何种手段搜集狱内侦查情报资料，不仅与所要搜集的情报内容和情报源有关，而且在有些情况下还涉及政策、法律和纪律问题，所以不可忽视。搜集情报是采用直接调查还是间接地从档案资料中进行二次搜集的方式，也直接影响到情报搜集工作的效率。如果明确搜集方式是进行直接调查，还应进一步确定采取何种调查方法和找什么调查对象；如果采用二次性情报搜集，也应选择出搜集对象、范围和方法。总之，事先明确了手段和方式、方法，在搜集情报的过程中才可以少走弯路，提高效率。主要的手段和方式、方法有：

（1）狱内侦查情报资料搜集的方式。狱内侦查情报的搜集，就其搜集的手段和途径而言，有公开和秘密两种方式。

公开方式，是指根据有关法律和法规采取公开的侦查调查措施获取情报的过程。主要途径有：

第一，狱情统计。狱情统计是监狱经常要进行的分开调查统计工作，通过狱情统计，对在押犯罪群体进行整体性观察、细致的扫描，从中发现规律性的变化，达到监测、预警目的。

第二，分析汇报。在罪犯的管教中经常要有一些汇报，其中蕴藏着许多有用的情报信息。

第三，检查信件。根据法律授权，监狱可以检查在押罪犯的信件，监狱应当重视这个权力，从大量的日常检查中发现情报信息。

第四，会见在场。罪犯会见亲属、监护人时，一般情况下要有管教干警在场负责监护，这是获取和了解罪犯情绪变化、家庭变故、思想动态等方面信息的重要阵地。

第五，会议或谈话。通过罪犯参加的各种会议，以及对罪犯进行的各种谈话，了解和发现罪犯的信息。

秘密方式，是相对公开方式而言的，它是指通过各种秘密途径，采取秘密侦查手

段获取情报的过程。这种方式适用于搜集重大、特大案件的情报。主要途径有：

第一，内线侦查。主要指使用秘密力量贴近、深入到狱内罪犯或罪犯团伙内部获取情报或将其团伙内部人员拉出来（为我所用）向我方提供情报。

第二，外线侦查。外线侦查是相对于内线侦查而言，主要是指采取秘密跟踪、守候的监控方式来获取情报。

采取秘密搜集情报的方式，要严格履行审批手续。在使用前要提出呈批报告，经主管业务的领导审批后方可使用。

（2）狱内侦查情报资料搜集的方法：

第一，观察法。观察法是指信息搜集者通过自身的感觉器官或借助于科学仪器有计划、有目的地感知被搜集对象（人、物、特定的空间等）所发出的信息的过程。运用观察法应把握四个主要环节：观察要同时配合积极的思维活动；观察必须目的明确；观察要全面、细致、客观；观察主体要充分发挥主观能动性。

第二，现场勘验法。现场勘验法是指狱内侦查部门运用科学技术方法对实施又犯罪行为的有关场所、物品、痕迹、人身、尸体等所进行的观察、提取、检验、记录和分析研究活动。现场勘验的方法有：现场照相法、测绘制图法、文字记录法、录像法等。通过运用这些方法来搜集与犯罪有关的人、事、物的情报和证据。因此，通过现场勘验可以搜集到视听型、文字型、实物型情报资料。

第三，调查访问法。调查访问法是指信息搜集者用口头的方式向有关人员调查了解狱内又犯罪的人、事、物等方面的情况、线索的一种方法。这种方法灵活、方便，情报来源广泛，可以获得有关人员方面、案件方面等情报、信息，是搜集情报常用的方法之一。根据获取情报的方式，可分为公开调查访问和秘密调查访问两种。

第四，秘密力量搜集法。即通过狱内耳目搜集情报资料的方法。狱内耳目由于受其自身身份的掩护，具有贴近狱内罪犯的条件，能够及时获得比较准确、重要的信息，因而使用秘密力量搜集情报是一种不可缺少的重要方法，也是搜集情报的一种秘密手段。

第五，侦查技术手段获取法。侦查技术手段获取法，简称技侦手段，是指狱内侦查部门运用科学技术方法和仪器设备对监狱的重点部位及狱内又犯罪集团和重大又犯罪嫌疑人所进行的秘密监视、控制，并由此发现和搜集情报的一种绝密手段。使用技侦手段获取情报应注意：严格按照规定的审批程序履行审批手续；使用技侦手段必须严格按照规定的使用范围，不准扩大；使用前，要仔细地做好调查研究；选派技术熟练的专门技术人员操作；在使用过程中，要做到细致、稳妥、安全、保密；使用技侦手段获取的情报，只准有侦查权的单位使用，并有专门人员保管，要存放于保险柜内，专门立档；技侦手段获取的证据材料，不准直接作为诉讼证据使用。如果必须使用时，要转换为符合《刑事诉讼法》规定的可以在法庭中公开使用的证据。

第六，搜查法。搜查法是指狱内侦查部门为了搜集证据，查获犯罪人，依照《刑事诉讼法》及有关法规，采取公开与秘密的方式对犯罪嫌疑人以及可能隐藏罪犯或者犯罪证据的人的身体、物品、住处和其他有关的地方进行搜查，以获取犯罪证据和查获犯罪人的常用方法。

第七，讯问法。讯问法是指狱内侦查部门依法对狱内又犯罪嫌疑人采取审问的方式获取所需信息的重要方法。通过讯问所获得的各种又犯罪事实和各种又犯罪线索等，都是人员、案件、犯罪组织、实物型、线索型等情报资料表卡中各项目所需要的内容。所以，通过讯问来获取各种情报资料，是一条重要的途径和重要的方法。但是，通过讯问所获得的情报，由于种种因素的影响，其中有的事实不一定完全准确，甚至是假口供。因此，要认真进行甄别，并通过其他渠道所获得的情报加以印证，确凿无误后，方可使用。

第八，情报交流法。主要是指通过监狱各级部门之间以及各部门与公安机关、检察机关、人民法院、国家安全机关等部门相互之间进行情报交流，从而获取各自所需情报的一种方法。

第九，原始材料复印法。为了保持原始材料的原貌或整体性，使用复印机或运用照相翻拍等技术将原始材料，如文字材料、照片、图表等复印或翻拍下来形成复印件。运用此法，搜集情报资料更加方便，可保持原材料的原貌。复印其他部门的原始材料，应征得原始材料所属单位的同意。

第十，狱内刑事登记法。狱内刑事登记，是狱内侦查部门的基础业务，是搜集、积累又犯罪情报资料的基本方法。狱内刑事登记法，是指对某些具有或可能具有侦查价值或刑事技术检验价值的客体所实施的各种登记制度的总称。例如，对重点罪犯的登记；对犯罪证据的登记；狱内犯罪案件登记等。信息化手段的使用，对狱内刑事登记信息的存储、检索、汇总、使用起到了非常重要的作用。

（三）数据结构的设计

狱内侦查情报有些是以数据形式反映出来的，搜集的原始情报有一部分就是各种各样的数据。为了便于以后的整理、存储、检索和使用等各项工作，在搜集以前，就应当按照搜集的目的和要求，特别是要考虑数据结构是否合乎计算机等先进设备的要求，从而设计出合理的数据结构，并按照这种结构去搜集数据。对不能用数据表示的原始情报，也要做到用词、用语规范化、统一化和标准化。

狱内侦查情报搜集的目的不同，数据结构的形式也不同。无论是进行直接调查还是二次搜集，都需要一个调查表，这种调查表就是一种数据结构。调查表一般由两部分内容组成，一个是数据项，一个是分类。作为数据设计，总的要求是既要包括所搜集的全部数据，又要便于以后的检索、存储和使用。由于狱内侦查情报搜集的对象处于动态的变化过程之中，数据也总是不断变化的，因而要求在进行数据结构设计时，保持相对的稳定性，以适应情报数据不断变化的需要。

（四）狱内侦查情报搜集

经过上面所述的必要准备，接下来就是进行狱内侦查情报的具体搜集。具体搜集

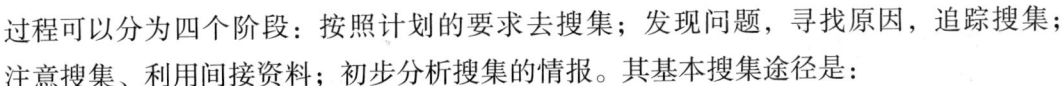

过程可以分为四个阶段：按照计划的要求去搜集；发现问题，寻找原因，追踪搜集；注意搜集、利用间接资料；初步分析搜集的情报。其基本搜集途径是：

1. 狱内又犯罪人员信息资料搜集途径。

（1）对于狱内正在服刑的罪犯，主要是通过公开监管和审查的途径强制性地从正面直接加以搜集。如通过公开正面讯问、观察、测量、捺印指纹、照相、录像、录音以及查阅罪犯档案资料，公开询问他们的亲属和知情人等方法进行搜集。

（2）对于在逃的罪犯，主要是通过调查访问监狱监管人员和办案人员、查阅有关档案资料、询问其亲属或知情人、讯问同案犯等方法进行搜集。

2. 狱内案件情报资料的搜集途径。

（1）通过接受报案、受理案件的过程和在这过程中形成的对报案人、案件发现人、被害人询问的记录材料等，获取案件基本情况方面的信息，包括案件发生、发现的经过等有关信息。

（2）通过对狱内犯罪现场的勘验以及现场勘验所形成的记录和现场分析材料，获得有关案件的性质、作案手段和特点、作案动机和目的、作案时间和地点、各种痕迹和物证资料，以及作案人遗留在现场的物品等方面的信息。

（3）通过现场调查，特别是对事主、被害人及其家属、目击证人的询问以及形成的询问记录材料，可以获得有关案件发生、发现的经过，作案手段、特点，作案人的体貌特征，造成的人员伤亡和被盗、抢、骗财物的数量特征等方面的信息。

（4）通过采取有关的侦查措施、手段及其形成的记录获取有关案件的基本情况和作案人的体貌特征、衣着打扮等信息。

（5）通过查阅案件侦查过程中形成的案情分析报告，可以获得更加全面的信息。

（6）通过破案后对又犯罪嫌疑人的讯问、讯问中形成的有关记录和结案报告，可以获得更确实的犯罪实施过程及作案手段特点等方面的信息。

3. 线索型侦查情报资料的搜集途径。

（1）通过建立并使用狱内耳目开展秘密侦查来发现和获取。

（2）通过日常狱情调研工作来发现和获取。

（3）通过对危险分子的排查和监控工作来发现和获取。

（4）结合侦破具体案件来发现和获取。

（5）从又犯罪罪犯的交代材料和讯问记录中发现和获取。

（6）通过对重点罪犯的管理来发现和获取。

（7）通过罪犯的坦白、检举材料来发现和获取。

（8）通过罪犯往来的信件及家属接见中来发现和获取。

（9）通过社会有关方面获取和搜集。

（10）其他可供利用的途径。

（五）提供侦查情报资料

这是狱内侦查情报搜集工作的最后一步，也是情报搜集工作的具体成果。它要求情报搜集者将所获得的情报以文字或者其他形式整理出来，提供给情报处理部门。究竟采取什么形式，要从搜集的情报内容出发，并将情报资料与搜集计划进行对比分析，如果不符合要求，还要继续进行补充搜集。

二、狱内侦查情报的整理和存储工作程序

通过各种手段和方法对情报进行搜集后，所获得的情报往往是大量的、零散的、杂乱无序的。这会给监狱机关在进行后期的检索、分析和应用时造成很大的不便，因此要想充分发挥前期所搜集到的情报的价值，必须要对情报信息资料进行科学的整理。

对狱内侦查情报进行整理后，需要采用科学合理的方式对情报进行存储，存储后才便于后期狱内侦查部门进行情报的检索工作。对狱内侦查情报进行整理和存储，都是为了有效地利用狱内侦查情报。狱内侦查情报的整理存储，是狱内侦查情报工作的重要内容，科学地整理、存储狱内侦查情报，对于提高狱内侦查情报的使用效率，促进狱内侦查情报交流，实现狱内侦查情报共享，具有十分重要的意义。其基本工作程序如图2-2所示。

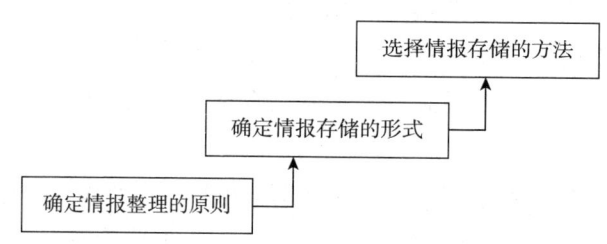

图2-2 狱内侦查情报整理和存储工作程序

（一）确定情报整理的原则

情报的整理是指把通过各种途径和方法搜集到的大量的、无序的情报信息，按照一定的规则进行分类、登记、加工，使用标准化的情报检索语言对情报特征进行规范化的概括和表述，最后以某种载体形式存储到狱内情报系统中。狱内侦查情报分析人员在分析目标的指引下，将搜集到的情报信息按照一定的标准进行排序，便于日后的检索和查找，使有关的情报信息有序化。

狱内侦查情报人员在情报整理过程中应当遵循以下原则：

1. 标准化原则。标准化原则要求在狱内侦查情报整理过程中，必须遵循一定的规范和原则，符合由权威机关规定的统一规格，使狱内情报的存储、检索、分析和传递有序化。这些规范包括：代码标准化；著录格式标准化；标引语言规范化；有关情报加工规范化的国家标准和公安部颁布的标准。

2. 程序化原则。狱内侦查情报的整理，应当按照一定的秩序和步骤来进行，一般来说，在不同的监狱检索系统中，情报整理的程序和方式也不尽相同。

3. 快速检索原则。狱内侦查情报的整理，必须适应对情报系统的快速检索的要求。根据狱内侦查工作特点和犯罪情报使用的时效性，必须建立一个反应迅速、高效的情报检索系统。为了增强狱内情报整理对快速检索的适应性，必须把整理过程中的各个环节建立在科学的基础上。

4. 及时性原则。整理后的情报资料，应当便于扩充维护，即在内容上便于增加、删除和修改，在情报载体和存储设备上便于维护和更新。这能够保证狱内情报资料工作的连续性，克服情报资料"老化"，使之始终具有生命力和实用性的价值。如在资料库结构设计时就应当考虑有一定的容量，且具有一定的扩充能力，选择设备时要考虑设备的更新转化情况等。

5. 复查、验收原则。狱内犯罪情报的整理是一项复杂、细致的工作，稍有误差就会造成情报系统的混乱，导致存储和检索的脱离。所以在情报整理的后期，应建立复查、验收制度，这是保证整理质量的重要一环，对不符合质量标准的情报资料，不纳入犯罪情报系统。

（二）确定狱内侦查情报存储的形式

情报的存在、传递，均要依附于某种载体。情报寄附在载体上的过程，实质上就是情报存储的过程。所以，情报载体是情报存储的物质基础。根据记录情报的手段和载体材料的不同，情报存储通常可分为：纸介质存储、声像存储、电子计算机存储、光盘存储和实物存储等。

1. 纸介质存储，是指将情报内容用文字、图形等方式加以表述并记录在纸质材料（载体）上的一种存储形式。纸张是存储情报最常用的介质，其优点是输入（记录）容易，阅读方便，易于携带和易于传递。但是，用纸介质存储情报，其存储密度低、体积大、存放占据的空间大。

2. 声像存储，是指用摄影、录音、录像等技术将情报内容记录在胶卷（片）、录音带、录像带等介质（载体）上的一种存储形式。声像存储情报具有许多优点，它具有很强的直观性和客观性，而且便于携带和传递，也便于复制，同时具有存储密度大、占据空间小，且保存期长等优点。在刑事诉讼中，"声像资料"是重要的证据之一。因此，在狱内侦查情报工作中利用声像技术存储情报是不可缺少的形式之一。

3. 计算机存储，是指用电子计算机的内、外存储器存储情报的一种方式。计算机存储与其他存储形式相比，其优越性在于：检索速度快、便于情报管理、具有一定的处理功能、存储容量大、可以实现情报共享等。

4. 光盘存储，是运用激光束记录（写入）和再现（读出）信息的存储形式。使用光盘存储信息具有的特点是：存储容量大、密度高、体积小、易于保存和携带并易于复制，可大量拷贝；使用方便灵活，可随机存取与快速检索，特别是它可以实现原文、原样的情报检索；可以存储与显示多种信息；坚固耐用、不受病毒感染、抗环境污染能力强、使用寿命长；应用广泛，光盘能与电子计算机、传真机、激光扫描器等数字化设备相联，在情报信息管理、文字、图像的存储、检索以及数据库的建设方面都具有广泛的应用前景。

5. 实物存储，是以与各类刑事案件有关的各种物品作为存储介质直接存放起来的一种存储形式。主要包括在犯罪现场提取的各种痕迹制模、作案人遗留在现场的各种物品，通过侦查措施、手段获取的各种物证，以及供物证技术鉴定中的同一认定所用的样品样本等。实物存储既包括"实物"，也包括原"实物"的原始记录。"实物"是以各种实物形象为表现形式的情报，"实物"以其存在的状况、形状、质量、特性等来证明案件事实。在侦查实践中，实物被称为实物证据，又可泛称为物证。物证在刑事诉讼中是被广泛采用的一种证据。

（三）选择狱内侦查情报存储的方法

1. 分类组织法。分类组织存储，是指根据情报资料的内容特征和外部特征分门别类加以组织使之各成体系，并使每份情报资料在其体系中都有自己的位置和相应号码。该号码被称为该篇情报资料的分类号。分类号的亲疏关系反映了情报资料在内容上的亲疏关系。这样，内容相同的情报资料集中在一起，相近的联系在一起，不同的区别开来，就成了一个有条理的系统。

情报资料分类工作是一件十分细致的技术性工作，是一种复杂的思维劳动过程。当收到每份情报资料后，需要经历浏览、分类、归类（即类号标引）等步骤，如图2-3所示。

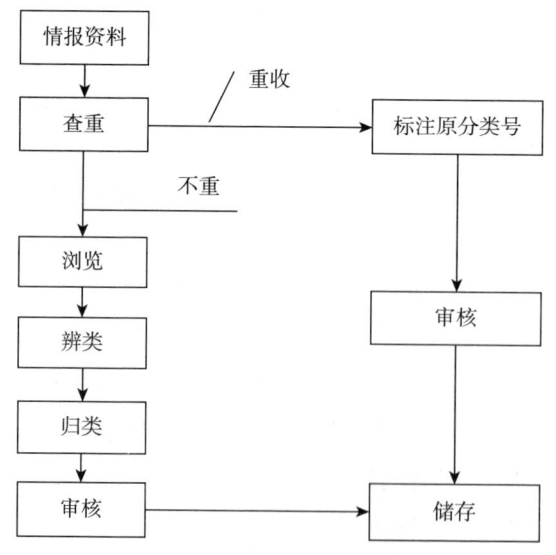

图 2-3 情报资料分类步骤

（1）浏览。浏览情报资料的目的在于，通过阅读对每份情报资料的内容有所了解，以揭示每份情报资料的内容、性质和用途等特征，把相同的情报资料归到一起而把不同的情报资料区别开来，为分类情报资料打下基础。同样，通过浏览把重复的情报资料挑选出来，避免重复存储。

（2）分类。分类即辨别类属，决定类别。它是在对情报资料内容、性质分析的基础上得出的这一情报资料的本质属性并把它归入相应的类别。

（3）归类。归类也叫类号标引，就是把情报资料的主题，根据分类规则，在分类表中找到适合的类目给情报用户以相应的类号。经过确定类目、类号标引，使不同时期搜集的情报资料因为经过类号标引而得到集中，整个情报资料就不会杂乱无章而变成了有组织、有条理的体系。

2. 主题法。主题法是以表达概念的语词来揭示情报资料内容主题的方法。主要包括：标题法、元词法、键词法和主题词法。

（1）标题法。标题法，也称传统式主题法，是主题法中最早的一种类型。它是以标题作为文献内容标识和检索的依据。所谓标题，不是指情报资料的篇名，而是指从自然语言中选取的、经过规范化处理的、表示事物概念的完整的名词术语，如盗窃案、作案特点、作案手段等。标题是按字顺（或音顺）排列的，并以标题表的形式体现。在标题之间可以互相参见，但不构成某种属分关系。

（2）元词法。元词法，也称单元词法。它是以单元词作为文献内容标识和检索的依据。所谓元词，是指从自然语言中选取的、经过规范化处理的、具有独立概念的、最基本的词汇单元，即在词的概念上不能再分的名词术语，如"情报""资料"等。如果把"情报"分为"情"和"报"或把"资料"分为"资"和"料"，都不能表达完整的概念，失去标引意义和检索意义。元词是按字顺（或音顺）排列的，并以元词词表的形式体现。在元词之间一般不建立词间关系。

（3）键词法。键词法，也称关键词法，它是以关键词作为情报资料内容的标识和检索的依据。所谓关键词，简称键词，是从情报资料的标题正文或摘要中抽出来的，能表达情报资料主题内容而又具有实际意义的词语。即对揭示和描述情报资料主题来说，是那些重要的带关键性的语词。键词是未经规范化的，亦无键词表，可以根据需要直接取自情报资料的内容或题名。

（4）主题词法。主题词法，也称叙词法，它是以主题词（叙词）作为情报资料内容的标识和检索的依据。所谓主题词（叙词），是指从自然语言中优选出的，并经过规范化处理的表示事物概念的名词术语。主题词亦按字顺（或音顺）排列，并以主题词表（叙词表）形式体现。主题词与主题词之间有严密的参照关系，可以通过概念组配的形式表达情报资料的主题。主题词法储存的步骤如图2-4所示。

第一，阅览。即对情报资料进行阅读以了解其内容以及所涉及的范围等，为主题分析、选主题词、主题标引等奠定基础。

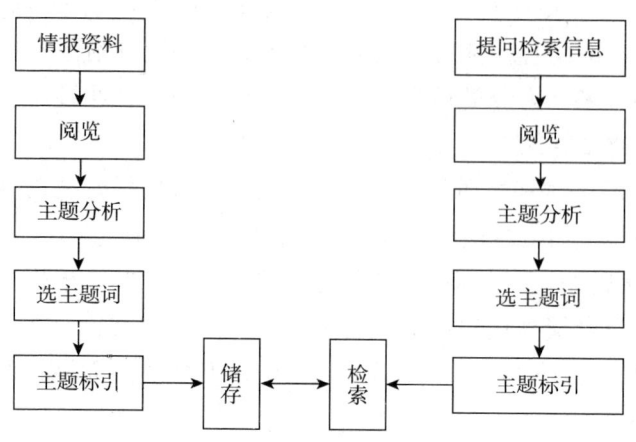

图 2-4 主题词法储存步骤

第二，主题分析。在阅览情报资料的基础上，对其内容进行深入的分析，即分析主题要素和主题中心的过程。所谓主题要素，是指构成主题的每个概念，换句话说，凡是构成主题的每一个概念，都叫作主题要素。它是情报资料内容中的关键性词语。一般说，主题中心可由一个主题要素（概念）构成也可以由几个主题要素（几个概念）构成，主题分析的目的，就是分析出该情报资料所涉及的概念和概念间的关系，以便准确地标引。

第三，选主题词。即查主题词表把分析出来的主题要素（概念）转换成主题词表中的主题词。选主题词时，必须选主题词表中规定的正式主题词，书写形式也要与词表中的词形相一致。如"放火"与"纵火"这两个词是同义词，当主题词表中已规定"放火"是正式主题词时，就要用"放火"作标引词，而不能用"纵火"。要选用专指性高的主题词，不应以上位主题词代替下位主题词，或下位主题词代替上位主题词。用单一主题词不能表达的概念可以用两个或两个以上的主题词进行组配。

第四，主题标引。主题标引，简称标引，是指在分析情报资料的基础上用情报检索语言把情报资料的主题及其他有检索意义的特征标识出来，作为储存和检索的依据，并按照一定的格式要求记录在卡（表）等载体上的过程。

第五，储存。按字顺进行排列存放。

3. 索引组织法。索引，就是将情报资料中的某些特征分解出来，对这些特征用规范语言加以标识，将这些标识按一定的逻辑或字顺排列起来。用建立索引的方式组织情报资料的方法，就称为索引组织法。如姓名索引、绰号索引、作案手段索引等。

索引具有"指导"的意思，它能够指引检索人员通过按序排列的各种标识（志）从资料库中索取所需的信息资料。所以，索引也是一种检索工具。它的长处是给人以清晰的查找标识，使查找情报资料方便、省时、省力，从而提高检索效率。

三、狱内侦查情报检索工作程序

当狱内侦查情报被搜集之后，有时并非要求情报搜集者立即传递给使用者，而是将情报加以整理、存储，待日后使用者提出查询时，再向其提供，这就是情报资料的检索过程。其基本工作程序如图 2-5。

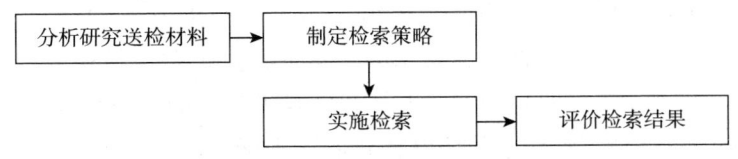

图 2-5　狱内侦查情报检索工作程序

（一）分析研究送检材料

在动手检索之前，仔细审阅送检材料，这是做好检索工作的前提条件。首先，分析研究送检部门的检索意图、目的和要求；其次，认真分析案情，仔细弄清案件的类别、作案时间和地点、侵犯（害）对象、作案手段、犯罪嫌疑分子的体貌特征（特别是特殊特征），以及被盗物品或遗留物品和痕迹的名称、数量、特征等情况；最后，分析送检条件，研究可供检索的条件有多少，可靠程度有多大。总之，对送检材料分析研究得越透彻，制定的检索策略就越可靠。

（二）制定检索策略

所谓检索策略，是指在分析研究送检材料、明确检索目的和要求的基础上，确定检索途径，选择检索词，安排检索层次，确定检索步骤和方法等的全盘计划或方案。正确的检索策略，可以优化检索过程，取得良好的检索效果。制定检索策略主要做好以下工作：

1. 选择检索途径。检索信息资料是根据信息资料的外表特征和内容特征来查找的。这些用以查找信息资料的特征，称为检索途径。换句话说，检索途径的选择，即是决定通过哪些项目和内容进行检索。至于选择哪一种检索途径，没有固定的模式，要视具体情况而定。

2. 安排检索层次。根据检索的目的和要求，按照送检条件的多少、可靠程度以及相互关系等，安排检索的先后次序。一般来说，条件好的要优先于条件差的。在划分层次时，要考虑各个条件之间的有机联系，对相互间有连带关系的应组合在同一层次检索，如把有关体貌特征方面的内容组合在同一层次检索。

3. 选定检索词。即根据检索的意图和条件，选择与之匹配的主题词。检索词如果选得不切合检索要求，则会造成漏检或误检，如送检单位要求查特殊体貌特征，如果确定的检索词只是选定在静态特征，那么，就会漏检动态特殊特征和"体表特殊标记"。反之，如检索词选择得比检索要求更宽时，则易造成误检。如送检单位只要求检索"体表特殊标记"，这一要求很明确，而检索词却选择了"特殊体貌特征"，其结果出现了许多不需要的信息，影响了查准率。所以，选择检索词时，需要反复斟酌，在对检索条件进行综合分析研究的基础上认真挑选，力求做到既要注意查全率，也要注意查准率。

（三）实施检索

实施检索，是指根据所选择的检索途径、检索方法与步骤，从相应的信息资料集合中查找出相关信息资料的过程。所谓相关信息资料，是指信息检索系统答复用户需求提问而输出（查出）的信息资料中符合用户提问要求的信息资料。进行查找（检索），就是将检索条件与资料库中的信息资料的检索标识进行对照"匹配"，把符合条件的相关信息资料查找出来。

实施检索时，要作好记录，选定的检索词要列表，并将寻查结果记录在表上。检索中发现的新途径应纳入检索策略，以便于根据检索效果作必要的调整、补充或修改。如果检索结果不理想，还可以反复地修改检索方案，直到把最佳效果查找出来为止。

（四）评价检索结果

为了提供准确可靠的信息，检索人员对于检索的结果，必须进行分析评价。检索结果一般有三种情况：

1. 查出了用户所需求的信息资料。

2. 所存储的信息资料体系中根本没有信息用户所需求的信息资料。

3. 由于条件不好，查不出用户所需求的信息资料。

无论哪一种结果，都应当根据检索源、检索条件、检索工具、检索语言、检索方法、检索过程等各方面的因素，进行认真的分析研究和客观评价。对于查到用户所需求的信息资料的检索结果，还要评价其准确程度、使用价值或参考价值的大小。对于没有查找出用户所需求的信息资料的检索结果，则应阐明出现这种情况的主客观原因。这里所说的主观原因，主要是指信息资料部门不拥有用户所需要的信息资料；所谓客观原因，主要是指用户送检条件太差，提炼不出可用作检索的条件，遇有这种情况，可以向用户提出补充材料内容的要求。总之，不论是哪种结果，都要对检索结果进行评价之后，打印或写出有结论、有分析的书面通知书交付信息用户。

 知识链接

狱内侦查情报检索的类型

情报检索是为了满足情报用户的需要应运而生的一种情报服务手段。狱内侦查情报检索有四种类型：

1. 人员情报检索，即以具体人为检索对象的查找过程。如查找人的姓名、别名、绰号、职业、籍贯、住址、体貌特征等。

2. 事实情报检索，即以具体案件的事实资料为检索对象的查找过程。如查找某一案件的发案时间、地点、作案工具、作案手段，以及其他有关的卡表等。

3. 数据情报检索，即以有关事实的专门数据为检索对象的查找过程。如查找有关人的年龄、身高、足长、历年案件立案、破案统计数字等。

4. 痕迹、物证检索，即以痕迹、物证为检索对象的查找过程。如查又犯罪嫌疑人的步幅、工具痕迹、足印、指印等痕迹；查被盗的物品、作案工具、现场遗留物品等。

四、狱内侦查情报分析工作程序

狱内侦查情报分析是狱内侦查情报工作中一个重要的环节，是情报工作的核心。狱内侦查情报分析的主体不仅包括情报机构中专业的狱内侦查情报分析人员，也包括狱内侦查的其他监狱人民警察。监狱人民警察都应当树立强烈的情报意识，主动搜集情报信息，科学准确地分析情报信息，将其作为衡量自身业务水平高低的一个重要标准，以适应监狱工作发展的总体目标。

狱内侦查情报分析的工作程序可以概括为：情报的评估、情报的分析两个工作环节，其基本工作程序如图 2 - 6 所示。

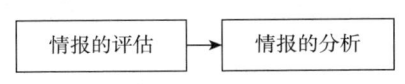

图 2 - 6　狱内侦查情报分析工作程序

（一）情报的评估

汇总到情报分析部门的情报信息需要经过严格的筛选，即对所有的情报信息进行评估。情报信息评估标准包括两个方面：一是对情报信息来源的评估，即考察其来源是否可靠；二是对情报信息内容的评估，即考察其内容的有效性。情报信息的评估在情报分析中是非常重要的一个工作环节，是狱内侦查情报分析的基础。不准确的情报信息，将会导致分析结论的错误。

标准化的情报信息评估体系对于确保情报信息评估的科学性和客观性是非常重要的，在一些犯罪情报信息工作较为发达的欧美国家，目前大多采用的是一种被称为"4×4"的犯罪情报信息评估系统。该评估系统经过长期实践工作的考验，不断地进行修正，在犯罪情报分析工作中发挥了巨大的作用，对我国的侦查情报信息工作有较大的借鉴意义。

情报信息的评估流程一般是先通过对情报信息来源的审核，考察情报信息来源的可靠性，在对来源进行评估分级后，再对情报信息内容本身的真实有效性进行评估，即通过考察情报信息获取的途径和方式，评估情报信息的内容是否真实可信。图2－7即为情报信息的评估流程图，从图中可见，情报信息的评估首先是对来源可靠性的评估，然后才是对情报信息有效性的评估。

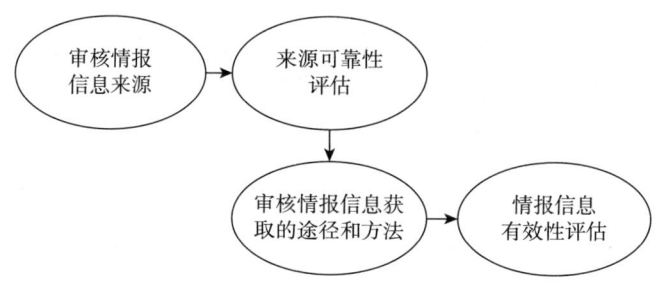

图2－7　情报信息评估工作程序

1. 信息来源的可靠性评估标准。根据欧美国家通用的标准，一般将信息来源的可靠性的评估指标分为A级、B级、C级、D（或X）四级。每一级标准的具体设置如下：

A级：信息来源非常可信，即信息源所提供的信息一直是正确的，从未出现过错误。

B级：信息来源比较可信，即信息源所提供的信息大多时候是正确的，很少出现错误。

C级：信息来源比较不可信，即信息源所提供的信息大多时候不正确，有时也提供一些正确的信息。

D级（或X级）：信息来源不可信，即第一次使用的信息源，无法判断提供的信息的真实性。

2. 信息的有效性评估标准。根据欧美国家通用的标准，一般将信息内容的有效性的评估标准也分为四级：1级、2级、3级、4级。每一级标准的具体设置如下：

1级：信息是警方人员直接（即亲眼所见）感知，没有经过任何传递，这类信息一般可以认为是完全可信的。

2级：信息提供者不是警方人员，而是信息提供者自己直接感知的。

3级：信息提供者不是警方人员，该信息也不是信息提供者直接感知的，但有其他信息能对其进行印证。

4级：信息提供者不是警方人员，信息也不是信息提供者直接感知的，也没有任何其他信息可以进行印证，无法进行判断。

表2－1就是将"4×4"的情报信息评估系统以图表的形式加以表示。在该表中，横向指标是情报信息来源的可靠性标准，纵向指标是情报信息有效性的标准。图中深色的部分（即A1、B1、A2、B2所在区域）所包括的四类信息一般都被认为是可用信息，而对于浅色部分所包括的信息在运用时则必须非常谨慎，而属于D1、D2、D3、D4

和 A4、B4、C4、D4 的信息一般不能在犯罪情报分析中使用。

表 2 - 1 信息评估系统

信息来源的可靠性标准		非常可信	比较可信	较不可信	不可信
信息的有效性标准		A	B	C	D
为警方直接获取的信息	(1)	A1	B1	C1	D1
亲眼所见而非其他途径获得	(2)	A2	B2	C2	D2
非亲眼所见而已有信息印证	(3)	A3	B3	C3	D3
非亲眼所见无信息印证	(4)	A4	B4	C4	D4

3. 犯罪信息表或犯罪信息日志。狱内侦查情报信息的搜集是一项日常性的工作，每个监狱人民警察在其业务工作中要树立强烈的情报信息意识，随时对有价值的情报进行搜集。但是要真正做到全警搜集，除了要建立一定的规制外，还必须要有统一的情报信息形式，否则就无法将情报信息以规范的数据形式进行整理和录入。因此，必须设计统一规格的犯罪信息表或犯罪信息日志。在犯罪情报信息工作较为发达的国家，都有规范的犯罪信息报告表或日志，警察在搜集到相关信息后，必须将信息的内容填入表格或将其写在犯罪信息日志中。

在填写犯罪信息表或犯罪信息日志时，要求语言精练准确，应包括相关的名称、地址、时间等必备要素。另外，还要将表格中所有的内容填全，如有缺项或表述不规范就会影响犯罪信息的使用价值。犯罪信息表或日志一般应包括以下内容：信息表编号、信息来源可靠性等级、信息内容有效性等级、信息主题词、警员姓名、信息内容、其他说明的问题和建议等。表 2 - 2 即为英国警察机关所使用的犯罪信息表的基本格式，目前欧洲许多国家的警察机关也使用这种规格的犯罪信息报告表。

表 2 - 2 犯罪信息表

来源可靠性评价		信息来源	报告编号
代码	评价结果		
A			报告时间
B			
C			
D			
信息有效性评价			报告人
主题			

报告内容		
备　注		审核人

（二）情报的分析

在情报分析工作程序中，核心的应用环节是根据确定的分析目标对狱内侦查情报信息进行分析。其实质就是分析人员将通过各种渠道搜集到的相关情报信息进行汇总并对其进行研究分析，得出科学、准确的推论，以增加情报信息的价值，直接服务于监狱的决策者或狱内侦查部门的侦查人员。

1. 分析的主要目标。一是为实战部门的侦查人员提供战术性的情报支持。通过分析得出相关的结论或是用以检验某些先前的推断，如对案件中关于何人、何时、何地、何因及在过去、现在、将来实施的又犯罪活动的情况的推断和刻画，还包括对犯罪团伙和有组织犯罪集团的种类和内部组织结构的推断和刻画。二是为高级决策人员提供决策参考。分析人员利用政法机关掌握的数据资源，通过分析帮助监狱机关的各个层次的领导制定预防、打击、控制各类又犯罪的总体行动计划。

2. 分析的基本方法。在对情报信息的分析中，分析人员使用归纳推理和演绎推理的逻辑方法来对单人犯罪和团伙犯罪的一些情况进行推理分析，另外，分析人员还会大量运用图表技术、数据统计技术，以达到分析的目的，加深对各种狱内侦查情报信息含义的认识，得出准确的结论。

（三）狱内侦查情报分析的基本模式

狱内侦查情报的分析模式是根据情报分析的目标而定的，不同的分析目标有其不同的分析模式，从总体上看，所有的分析都是围绕着案件、又犯罪行为人和犯罪控制途径三个层面展开的，每一层面又都包括战略性和战术性的分析。

1. 针对案件而展开的情报分析。

（1）战略性的分析。针对刑事案件而开展的战略性情报分析主要包括犯罪趋势分析、犯罪特点分析、犯罪手段分析等，这类分析不是针对某一起案件的犯罪特点和手段，而是针对某一时间段内在某一区域发生的某类案件的总体而进行的分析。对于此类分析，通常的模式是运用图表法、统计法等方法，并把最后的结论以分析报告的形式加以呈现。

（2）战术性分析。针对刑事案件而开展的战术性情报分析主要包括案件的案情分析、案件的并案分析等。

第一，案情分析。案情分析是每起刑事案件侦查过程中必不可少的重要环节，是对侦查人员搜集到的众多与案件有关的犯罪信息进行集成的主要途径，能帮助侦查人员重建刑事案件的发生过程，理清犯罪行为的先后顺序，为确定侦查方向和划定侦查范围提供可靠的依据。

每一起刑事案件发生后，狱内侦查人员都需要从各种渠道去搜集与案件有关的信息，包括通过现场勘验搜集相关的犯罪痕迹、物证，通过调查访问搜集证人证言等。侦查人员在案情分析时需要将搜集到的所有信息通过一定的方式整合到一起。集成后的信息能使侦查人员在众多纷繁复杂的线索中理清头绪，对案件的情况有系统和准确的认识。

在侦查实践中，案情分析往往以会议讨论的形式进行。每个狱内侦查人员将所搜集到的信息以介绍与汇报的方式表述出来，然后再针对这些信息进行分析和研究。而在情报分析的模式下进行的案情分析，一般会利用组织成员关系图、物品流向图、事件图、行为模式图、案件分析图等图表形式进行展示，在此基础上进行分析研究能使侦查人员对案件的认识更为清晰，分析也更为准确。

第二，并案分析。并案分析是侦破系列案件的重要途径。狱内侦查人员在集成个案信息的基础上，分析案件的特点，并对以往所发生的类似案件进行比较分析，以判断是否为同一个或同一伙犯罪嫌疑人所为。在侦查实践中，狱内侦查人员可以利用电脑系统地进行并案，也可以通过对一些相似的案件进行列表比较，最后以并案报告的形式呈现结论。

在案件数据库的基础上，利用计算机专用并案软件系统进行相似案件的检索和寻找，将是未来并案的基本方法。侦查人员一般会以作案时机、发案时间、作案目标、发案地点、案件名称、作案手段、现场痕迹、现场遗留物等为条件在案件数据库中进行检索，寻找相类似的案件，再对检索结果再进行分析研究，最后确定一系列能进行串并的案件。因此，并案不能完全依赖计算机系统，尽管计算机系统可以大大提高并案的工作效率，但最后还是要通过人工进行分析和比较才能得出科学准确的并案结论。

2. 针对又犯罪行为人而展开的情报分析。对又犯罪行为人的分析在案件侦查过程中非常重要。在侦查实践中，此种分析有时也被称为给又犯罪行为人画像。狱内侦查人员对又犯罪行为人的认识越深入，侦查思路就会越清晰，正所谓"知己知彼，百战不殆"。因此，围绕着又犯罪行为人进行的情报分析可以从各个层面去刻画犯罪行为人的特征，为明确侦查方向、缩小侦查范围提供依据。

（1）战略性分析。对又犯罪行为人进行的战略性分析主要是对又犯罪行为人共性特征的分析，即通过分析发现实施同一类型犯罪行为的又犯罪嫌疑人的共性特征，并用统计数据和分析报告的形式呈现结论。

（2）战术性分析。对又犯罪行为人的战术性分析主要包括两个方面的内容，即对又犯罪团伙特征和对又犯罪行为人个性特征的分析。

第一，对又犯罪团伙特征的分析。对又犯罪团伙特征的分析主要是通过搜集一个已知的又犯罪团伙的相关信息，搞清又犯罪团伙内部的组织结构和每个成员在集团中的角色。

第二，对又犯罪行为人个性特征的分析。对又犯罪行为人个性特征的分析是指通过犯罪案件的特点和有关的背景情况，构造出犯罪事件中的犯罪嫌疑人的各种特点。这种分析不仅需要犯罪情报分析专家参与，还需要犯罪心理学家的帮助。

3. 针对犯罪控制途径而展开的情报分析。对犯罪控制途径的战略性分析主要是对犯罪控制途径的宏观分析，对犯罪控制途径的战术性分析主要是指对侦查途径的分析。

（1）战略性分析。犯罪控制途径的宏观分析是评价正在实施的宏观的犯罪控制途径的优劣，以便在以后的打击、预防、控制犯罪过程中更好地对其进行使用。其中也包括对一些具体的打击、控制、预防工作中的工作流程方面的优劣评价。

（2）战术性分析。对侦查途径的分析是指通过评价正在实施的和曾实施过的侦查措施，以指导以后的侦查工作。有效的侦查途径的分析能指导和评价侦查过程并为如何有效地使用侦查措施指明方向，确定侦查的切入点。

五、狱内侦查情报传递工作程序

狱内侦查情报传递是狱内侦查情报工作的必要环节和重要内容。狱内侦查情报传递是开展狱内侦查活动的保证和基本机制。没有狱内侦查情报传递，就无法发挥侦查情报的效能、有效地进行狱内侦查情报工作，也就无法有效地开展狱内侦查活动。狱内侦查情报传递是利用情报实用价值、实现情报资源共享的重要手段，也是刑事侦查部门获得新的、有用的针对性情报的有效手段。狱内侦查情报传递可以为推动狱内侦查工作深入发展开辟途径，为调取证据提供方向，也可以为情报资源的增、删、改提供依据。其基本工作程序如图 2－8 所示。

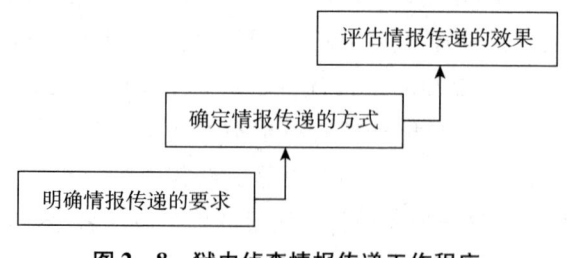

图 2－8　狱内侦查情报传递工作程序

（一）明确情报传递的要求

1. 迅速准确。狱内侦查情报的传递要求首先是迅速准确，这是由情报自身的特点和狱内侦查部门打击狱内又犯罪任务的客观要求决定的。情报具有时效性的特点，情报的价值除根据它的可靠性和有效性来衡量之外，还要根据其传递到情报用户手中的速度来衡量。一份情报即使非常重要，如果过了时效，也会完全失去当前的使用价值。迅速，就是把已经搜集到的狱内侦查情报以最快的速度传递到有关部门，从而及时采取有针对性的措施，给又犯罪活动以有力的打击；准确，就是要准确无误地传递狱内侦查情报，无论是文字、图像传递，还是语言、声音传递，或者是电光、信号传递，都要准确无误。

2. 安全保密。及时、安全、保密是情报传递的三个基本要素，也是情报传递的重要原则。以及时（迅速）保证情报的使用价值，以安全防止其传递中断，以保密避免情报在传递过程中泄露，三者是相互联系的。而保密是其中最核心的要素。情报的内容被泄露，不仅其价值丧失殆尽，还可能给狱内侦查工作造成致命打击。保密的情报是"无价之宝"，失密的情报是"祸害"。因此，在传递情报的过程中，传递者要以高度的责任感、使命感把情报及时、安全、保密地传递到接收者手中。

3. 机动灵活。狱内侦查工作的特点之一，是要随时准备处置可能发生的暴狱、行凶、脱逃等各种预谋犯罪活动，侦破罪犯群体中发生的各类案件，特别是严重暴力犯罪案件。这些案件具有随时性和随机性，谁也无法预料这些案件会在什么时间、什么空间发生。而监管干警负有犯情搜集的任务，这就要求狱内侦查情报的传递要机动灵活，随时随地能把狱内侦查情报进行双向、单向和纵横传递，这样，才能应对复杂的监管形势，打击狱内又犯罪和各种破坏活动。

（二）确定情报传递的方式

情报传递的方式有若干种，采取哪种方式传递，可根据具体的时空条件、通信和电子计算机设备以及特定的侦查任务等来选择。

1. 人工传递。人工传递，是指通过人力将情报传递到狱内侦查部门或特定的地点。这里仅指侦查人员或秘密力量亲自传递情报的方式，包括口头汇报、文字、缩微品、实物等情报的传递。这种方式相对来说更加灵活、便捷、直接，在整个刑事侦查业务活动中，无论是公开侦查措施，还是秘密侦查手段所获得的情报，采用人力来传递都是惯常的方式。可以说，不论情报传递技术多么先进，这种方法都不会被淘汰。

2. 书面传递。书面传递，也称文字传递，一般是指通过邮局、秘密信箱或机要通信信道等途径把情报传递给接收者的一种方式。

在秘密侦查工作中，多采用密函和密写方法来传递情报。在狱内侦查情报工作中，书面传递是交流情报的主要方式。书面传递情报，既可以利用人力传递，又可利用各种现代通信技术、电子计算机技术等传递，是应用极其广泛的情报传递方式。

3. 电信传递。电信传递，是指利用现代通信技术、电子技术设备传递情报的一种方式。如用电话、电报、传真、激光、卫星通信、电视、广播、电子计算机网络等传递情报。现代化通信技术不仅拓展了情报传递的空间范围，而且为大容量、远距离、高质量、快速度的情报传递创造了有利条件，把充分利用情报资源同又犯罪活动的斗争推向空前的高度。

4. 实物传递。实物传递，是指利用含有情报内容的实物直接传递情报的方式。这种方式亦是传递情报的常用重要方式之一。不过在传递过程中要注意对"实物"的保全。因为实物本身就是证据，在实物上还可能附有又犯罪嫌疑人遗留的痕迹或其他可供技术鉴定的物质。

5. 视听资料传递。视听资料传递，是指用录音、录像等手段把情报内容记录下来，用录音、录像带传递情报的一种方式。

以上几种情报传递方式之间是相互补充、相互联系的，不是彼此无关、相互排斥的。不论哪一种类型的传递，都是直接为情报用户服务的，都是有效的传递情报模式。

（三）评估情报传递的效果

情报传递的目的是满足情报用户的情报需求。而要实现这一目的，就必须追求良好的传递效果。情报传递的效果好坏，受下列因素的影响和制约：

1. 情报的可靠性。情报传递的效果，取决于所传递情报的可靠程度。只有可靠的情报才能产生好的效果，内容有误其效果必然是坏的，轻则导致狱内侦查工作走弯路，贻误战机；重则会制造冤假错案。因此，所传递的情报是否可靠准确，是决定传递效果好坏的决定因素。

2. 情报的适用性。情报的适用性，主要是指所传递的情报是否符合用户需要，是否能够产生最大响应值的情报。所谓响应值，这里是指所传递的情报与情报用户的需要相吻合的程度，吻合程度越高，则情报传递的效果就越好。响应值，可用公式表示如下：

响应值＝有用情报/情报数量×100%

例如，某专案组收到各条渠道传递来的情报共20份，其中有13份情报为侦破此案提供了侦查线索，其响应值为13/20×100%＝65%，这说明所传递的情报大多数是适用的，其效果是良好的。

3. 情报的受益性。情报的受益性，是指情报受益面的广度以及对接收者的重要性。所传递的情报受益面广，即接收者数目多，相对来说，该情报被使用的频次就多。如传递的并案侦查情报受益面广，传递的效果也就好。情报对接收者的重要性，是指所传递的情报给接收者在解决关键性问题起到了多大作用。因此，情报传递效果与受益面的广度、情报的重要性成正相关关系。

4. 情报传递的及时性。情报传递的及时性，是指是否以最快的速度把情报传递到用户手中以便最大限度地发挥情报的作用。这是情报的时效性和抓住侦查战机的需要所决定的。特别是关系到需要采取紧急措施的情报，更要以分秒必争的精神快速传递，以便狱内侦查部门及时采取相应的对策控制事态的发展。因此，情报传递必须及时、适时，只有及时、适时地传递情报才能取得良好的传递效果。

5. 传递过程中的保密性。狱内侦查情报保密性极强，特别是内线侦查、外线侦查、技术侦查，以及其他秘密手段所获取的情报，其机密性是绝对的。一旦被侦查对象获悉或窃取，必然给侦查工作带来严重的后果。因此，在传递情报时，要根据情况选择传递方式、方法，严格按密级传递，不得扩大知密范围，同时，还要对传递者、接收者进行保密纪律教育，使其深刻认识到失密、泄密、丢失情报的危害性，从而提高警惕，增强保密意识，以保证传递过程中的情报安全和保密。

6. 传递技术的先进性。情报传递的技术越先进，效果就越好。因此，在传递情报时，要根据实际情况，选择传递情报速度快的通信设备，载荷信息量大的载体（如磁带、光盘、U 盘、移动硬盘等）以力求在最短时间内、以最快的速度将情报传递给情报用户。

 知识链接

秘密情报传递应注意的问题

所谓密级，概括地说，就是依情报内容的秘密程度对情报所划分的等级，分为绝密、机密、秘密三个等级。每一级都有相应的知密范围。

绝密情报，是侦查工作的核心机密，一旦泄密或被窃密、被截获，就会给侦查工作造成极严重的后果，甚至威胁到情报搜集者、情报使用者、情报传递者的人身安全。因此，接收绝密情报的范围极窄，只限于特定的个人（如有权阅读和使用该情报的领导和侦查人员）和特定的专案组，如果超越了此范围就视为泄密。

机密情报，是侦查工作重要的秘密，一旦泄露会使侦查工作受到重大损害。接收情报的范围也比较窄，只限于有权阅读和使用该情报的个人和有关的侦查业务部门以及专案组等。

秘密情报是侦查工作的一般秘密，一旦泄露会使侦查工作受到一定程度的损害。接收此种情报的范围较上述范围宽。

由此可见，情报的密级本身包含着知密范围，即接收情报对象的范围，还体现着情报本身的价值，即对工作所起的作用，同时也表明了若泄密、失密将给工作造成的危害程度。

因此，传递情报者应知道什么是密级及其所具有的作用，并且如何根据"密级"来选择传递情报的方式、方法。比如，绝密情报决不允许扩大知密范围，在刑事侦查中，有不少情况需要采取"一对一"的直接方式，如守候中的相互联络，同内线侦查人员联络，与秘密力量接头等等，常常需要人力方式传递。传递一般秘密情报，由于接收范围比较广，则可通过内部专用电话或专用电传、机要邮寄等方式。

能力训练

【训练项目一】狱内侦查情报存储

一、训练目的

理解和掌握侦查情报存储的工作程序和具体规范要求，并能在实际工作中加以运用。

二、训练说明

请认真阅读下面给出的案例，并结合案例归纳总结侦查情报存储应遵守的基本原则和方法。

三、训练内容

案例： 服刑人员梁某，男，29 岁，广东省台山市人，因犯抢劫罪，被判刑 10 年，1998 年 12 月入监。梁某入监后，监狱立即对其照相、捺印指纹，并按照刑事犯罪情报资料建档的种类和要求，制作了梁某的情报资料并储存起来。2002 年底，当梁某从驻监厂方师傅口中得知其姐被人杀害的消息后，心中顿时燃起仇恨的烈火，并发誓要为姐姐报仇。2003 年 1 月 10 日凌晨 6 时 10 分左右，梁某乘值班员打开二楼监舍门上三楼开门之际，迅速从监舍二楼潜至分监区小门，赤脚爬上铁门翻越高约 2 米的分监区小院围墙，躲藏在围墙边的花圃丛中。6 时 15 分左右，梁某尾随送完早餐的手扶拖拉机溜到监管区大门口。当值班麦警官给手扶拖拉机放行时，梁某乘着夜色从手扶拖拉机右侧跑出大门，趁手扶拖拉机尚未停稳接受检查之时立即跳过第二道高约 1.5 米的电动伸缩门，迅速向新监舍施工工地方向逃跑。梁某逃离大门几十米后回头见没人追来，便爬上工地的排栅越过新围墙，翻越狗背脊山并穿过肇开公路（江门监狱至鹤山市宅梧镇路段）钻进打靶山谷继续逃窜。监狱由于储存了梁某的犯罪情报资料，便根据资料中储存的梁某的照片、指纹、体貌特征，立即向有关单位发出通缉，在梁某逃跑后 17 小时，就将他缉捕归案。

【训练项目二】狱内侦查情报检索

一、训练目的

理解和掌握侦查情报检索的工作程序和具体规范要求，并能在实际工作中加以运用。

二、训练说明

请认真阅读下面给出的案例，并结合案例归纳总结侦查情报检索应遵守的方法。

三、训练内容

案例：1987 年 6 月 30 日 22 时，浙江省德清县油车乡姚×荣向衢州市柯城公安分局报案，称他被一个自称余×雄的人，以帮助买化肥为名骗走现金 5600 元。并提供信息：自称余×雄的人，男，30 多岁，身高不到 1.60 米，头上有一个疤，持有开化县农山供销社经理部介绍信。经刑警队调查，开化县农山供销社无此人。

情报资料人员根据已知的"身高 1.60 米以下，年龄 30 ~ 40 岁之间，头上有疤"这三个条件作为检索线索，很快查出三个符合上述条件的人，其中余×水嫌疑重大。余×水，男，1957 年生（即发案时 30 岁），身高 1.57 米，有冒充他人进行诈骗的前科记录。遂把余×水列为重大犯罪嫌疑分子。经传讯余×水，他交代了诈骗犯罪事实，并返还赃款 5000 元。同时，他还交待了 1987 年所作的 20 余起诈骗案。

【训练项目三】 狱内情报信息评估

一、训练目的

理解和掌握"4×4"情报信息评估系统的具体标准，并能在实际工作中加以运用。

二、训练说明

请认真阅读下面给出的系列情报信息，并利用"4×4"情报信息评价系统的代码分别对情报信息来源的可靠性和有效性进行评价，在情报信息后的括号内写出评价代码。

三、训练内容

1. 请对该条信息来源的可靠性进行评估：该情报信息的提供者是一名狱内耳目，他以前一直向警方提供可靠的情报信息，信息的内容是某监区近来有人密谋组织脱逃。（　　）

2. 请对以下三条情报信息的有效性进行评估：

（1）情报信息的提供者向警方保证，他在某监区的 203 监舍亲眼见到了违禁品，但侦查人员对于该情况没有亲自去证实。（　　）

（2）情报信息提供者向警方透露，在某监区的 203 监舍有违禁品，这个情报信息是他听别人说的，但其他情报也从侧面印证了这一消息。（　　）

（3）情报信息提供者向警方透露，在某监区的 203 监舍有人正在使用违禁品，但没有亲眼见到违禁品，其他渠道的情报信息也没有对此信息有相关的支持。（　　）

3. 请对以下情报信息来源的可靠性进行评估：侦查员与物建中的耳目张某见面，张某还没有经过相应的考验，其为监狱机关工作的动机还不太清楚。张某在与侦查员的交谈中提到一个名叫王某的服刑人员，此人与某市"黑社会组织"有联系。张某说王某想为侦查员提供一些某市"黑社会组织"的情况。（　　）

4. 请继续对以下几条情报信息的有效性进行评估：

（1）张某告诉侦查员，他将与王某一起参加狱内犯罪团伙的一次会议，并且知道会议的大概内容，但说不清楚这次会议的地点。（　　）

（2）张某告诉侦查员他已经参加了会议，准确说出了会议的具体地点，而且在会议上他见到一个以前的同伙李某，其他的参加会议的人员他都不认识。（　　）

（3）根据张某提供的情报信息，该狱内犯罪团伙经过侦查取证已经被打掉，组织成员都被处理，证明了他提供的情报的正确性。同时，张某又向侦查员提供了一条消息，这个消息是他从一名狱内服刑人员那儿听说的，侦查人员从其他渠道获取的情报信息也证实了这条消息。（　　）

5. 请对以下情报信息来源的可靠性进行评估：陈某是某监狱机关物建的耳目，但他已经有很长时间没有为监狱机关提供过信息。最近，陈某提供给侦查员一条情报信息，在这之前陈某很少提供有效的情报信息，其提供的情报信息也大多没能通过侦查员的核查。（　　）

6. 请对以下情报信息内容的有效性进行评估：

（1）某日，陈某对侦查员说他听说有一个叫黄某的服刑人员正在策划越狱。（　　）

（2）这条涉及黄某的情报信息被监狱机关获取的另一条情报信息所印证。接着陈某又告诉了侦查员黄某的整个越狱计划，黄某正准备近期越狱的物品，有些物品黄某的妻子已经为他准备好。这些情况都是由黄某亲口告诉陈某的。（　　）

（3）经搜查，越狱的物品在黄某的妻子住所被发现。陈某又告诉侦查员有一个叫李某的服刑人员将与黄某一起越狱，这个情报信息是陈某从黄某的另一个同伙那里得到的。（　　）

复习与思考

1. 什么是狱内侦查情报资料？
2. 狱内侦查情报资料搜集的范围有哪些？
3. 狱内侦查情报资料搜集的工作程序是什么？
4. 狱内侦查情报资料存储的工作程序是什么？
5. 狱内侦查情报资料检索的工作程序是什么？
6. 狱内侦查情报评估的标准有哪些？
7. 狱内侦查情报分析的基本模式是什么？

工作任务三

狱内耳目建设工作

学习目标

知识目标：了解和掌握狱内耳目的性质、任务；建立耳目的原则和方法；对狱内耳目的领导、使用、教育、考核、奖惩及档案建设。

能力目标：能运用所学的知识建立狱内耳目，并对耳目进行有效的使用和管理。

工作目的

狱内耳目是指监狱从在押罪犯中物色、建立和使用的，用于了解和搜集在押犯人思想动态及犯罪线索的一种秘密侦查力量。

一、建立专案耳目，用于专案的侦查

建立专案耳目，通过接近犯罪分子或打入犯罪集团内部，秘密侦查犯罪分子的活动情况、犯罪事实和犯罪意图，监视控制侦查对象，为侦查破案提供线索，为证实犯罪获取证据。

二、建立控制耳目，用于防范监控

建立控制耳目，其任务一是监视控制又犯罪危险分子，一旦被控制对象有又犯罪行为时，及时报告，以便迅速采取防范和侦查措施；二是对监管改造现场的要害部位和重点场所进行秘密监视控制。

三、建立情报耳目，用于搜集异常犯情动态和情况

建立情报耳目，其任务是在广泛了解罪犯思想动态的基础上，搜集罪犯又犯罪活动的情报，发现和控制正在预谋的又犯罪活动。

耳目的任务虽然各有不同，但共同目的是一致的，都是为了更有效地防范和打击

监内又犯罪活动。因此，耳目的任务并不是绝对分开的，要随时根据侦查需要和每个耳目的特点、工作条件而灵活分配。如专案耳目有时可作为控制耳目，控制耳目也可以作为专案耳目等。

工作内容

一、狱内耳目的建立

建立耳目是狱内侦查部门的一项十分严肃而又复杂的具体工作。建立一支高质量的狱内耳目队伍，必须坚持需要与可能、积极稳妥与隐蔽精干、在特定范围使用和严格保守秘密的原则。

建立的狱内耳目要符合《狱内侦查工作规定》中的四个条件：①能发现敌情，或者能够接近侦查对象；②有一定的活动能力和观察识别能力；③基本认罪，能为我所用；④能保守秘密。

二、狱内耳目的领导和使用

领导和使用狱内耳目的一般要求是：专人负责，单线领导；精心指挥，量力使用；经常教育，严格监督；掩护耳目，保守秘密；赏罚严明，适时整顿。

使用耳目的重点：进行专案侦查；对重点、要害部位、危险分子进行监视控制；调查了解异常犯情动态和敌情动向。

三、狱内耳目的教育、考核、奖惩与建档

耳目是一支隐蔽性很强的逆用侦查力量。使用好能为我所用，使用不好则会起反作用。加强对耳目的教育、考核、奖惩以及档案建设，培养一支既能适应对敌斗争需要又能为我工作的秘密侦查力量，必须贯穿于耳目工作的始终。

工作程序

一、建立狱内耳目工作程序

狱内耳目是监狱从在押罪犯中建立和使用的秘密力量，是在干警的直接管理下搜集信息、掌握罪犯思想动态和又犯罪活动线索，获取罪证，协助侦查破案的专门手段之一，是狱内侦查工作的一项重要业务建设。其基本工作程序如图 3-1 所示。

（一）建立

1. 通过查阅在押罪犯的档案和日常考核材料进行物色建立。

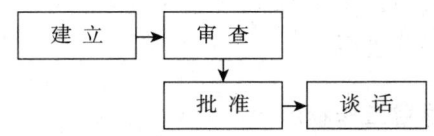

图 3-1　建立狱内耳目工作程序

2. 从秘密向监狱检举揭发情况的在押罪犯中进行物色建立。

3. 从有立功赎罪表现的罪犯中进行物色建立。

4. 从在押罪犯的各个层次、特别是落后层的罪犯中进行物色建立。

5. 从各种重要案犯和危险分子周围的罪犯中进行物色建立。

6. 从狱内犯罪活动的自首分子或者有条件"拉出来"的成员中进行物色建立。

7. 从曾经在社会上干过治保工作、刑事特情、治安耳目的罪犯中进行物色建立。

8. 从其他单位或部门转来的曾经是狱内耳目的罪犯中进行物色建立。

9. 从在重点、要害部位劳动的罪犯中进行物色建立。

物色建立耳目，在实际工作中不仅仅局限于上述九个方面，狱内侦查部门应根据各监狱在押罪犯的实际情况和劳动环境，本着可能的原则进行物色建立。监区在监区范围内选择，分监区在分监区范围内选择，狱内侦查科在全监范围内选择，使之成为立体的、全方位的、布局合理的信息监控网络。

（二）审查

狱内侦查部门对物色选择建立的耳目对象要通过审阅档案、侧面了解、正面谈话、试用考察等方式对其进行审查，然后经过综合评价，最后确定是否建立。

（三）批准

对通过审查，符合条件的耳目对象，由负责耳目工作的狱内侦查人员填写《狱内耳目建立、使用审批表》。控制耳目由分监区、监区的领导审批后报狱内侦查科审核备案，专案耳目经狱内侦查部门领导审核后，由批准立案的领导审批，每一个耳目都必须建立耳目档案，以备日后的考核之用。

（四）谈话

1. 规定耳目纪律。耳目必须服从命令，严守秘密，不得向任何人暴露为我方工作的身份和意图。如实反映情况，不准伪造、谎报事实情况，不得挟嫌诬陷。因特殊需要，可参与一些经批准的活动，但不得参与作案和引诱、教唆他人犯罪。遵守监规，不得欺凌其他罪犯。

2. 明确具体任务。由于每个耳目所处的具体环境和能力不同，布置任务也应有所不同。对于反应快，理解能力强的耳目要言简意赅；反之，要具体讲清任务的内容和完成任务的方法等。

3. 确定联络方法。耳目一律使用代号、编号，这既有利于保护耳目，也有利于接头和联络。负责耳目工作的狱内侦查人员要与耳目规定好接头的方法，确定好联络的暗号，以确保耳目工作的顺利进行。

二、领导和使用狱内耳目工作程序

狱内耳目建立之后，监狱狱侦部门一定要选择得力的人员负责领导。领导狱内耳目的狱内侦查人员要与耳目保持联络，负责接见、指挥、管理和使用工作。其基本工作程序如图 3－2 所示。

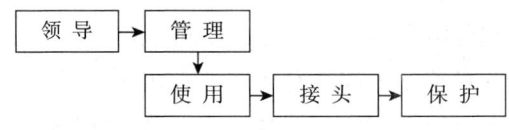

图 3－2　领导和使用狱内耳目工作程序

（一）领导

1. 专人负责，单线领导。对每一个狱内耳目只能由一名狱内侦查人员负责，从物色、建立、领导到使用均实行单独领导。耳目也只允许与领导和使用他的狱内侦查人员联络（紧急情况除外）。这是由耳目的性质和特点决定的，否则容易暴露身份。不允许耳目发展和领导另外的耳目，不允许耳目之间发生横向联系。

2. 精心指挥，严格考察。负责耳目工作的狱内侦查人员，从对耳目布置交待任务到完成任务的全过程都要精心地给予帮助和指导；并通过正面的和侧面的、直接和间接的方法，经常地对其进行了解和考察，检查耳目是否忠实执行任务，是否暴露秘密，必要时建立复线耳目，考察耳目汇报情况的真实程度。

3. 女性耳目由女干警领导和使用。

（二）管理

对狱内耳目实行的是分级管理、专人使用的制度。控制耳目宏观上由监狱狱内侦查科统一管理，在使用过程中，则由具体领导和使用耳目的狱内侦查人员管理。监区或分监区的耳目则由监区或分监区负责耳目工作的狱内侦查人员使用和管理；专案耳目由具体负责专案侦查的狱内侦查人员管理和使用。

（三）使用

物建耳目是为了使用。能否正确使用狱内耳目，直接关系到耳目作用的发挥和耳目质量的提高。使用耳目要十分重视对耳目的经营指导。这是耳目工作中最重要的环节。要通过对耳目认真的经营和指导，来提高他们的素质和工作能力，发挥其主观能动性，使其能够胜任并主动完成我们交给的任务。

1. 专案侦查中使用。以狱内具体案件或又犯罪嫌疑人为侦查目标时，可以使用专案耳目。如对狱内危害国家安全案件、杀人、盗窃和脱逃等案件进行侦查时，为了发现线索，了解侦查对象的活动情况，掌握其犯罪事实，获取证据等均可使用专案耳目。专案耳目使用的数量可视具体案情而定。

2. 监视控制重点、要害部位中使用。监狱的重点、要害部位是指对生产、生活等有重要作用的地方和设备。这些地方往往是犯罪分子破坏的重点，一旦发生案件，损失巨大，影响极坏，必须使用耳目进行监视和控制。

3. 监视控制危险分子中使用。狱内危险分子历来是监控的重点，因为他们具有很强的危害因素。使用耳目监控危险分子让耳目与他们同吃、同住、同劳动、同学习，随时随地在一起，就可监控他们的行为，最大限度地防止危害结果的发生。

4. 调查了解异常犯情动态和敌情动向中使用。在狱内在押罪犯这个群体当中，存在着许多不稳定的因素。耳目来源于其中，又深入其中了解异常犯情动态和敌情动向，有利于我们掌握对敌斗争的主动权，及时发现潜在的危险，制定出有效的防范措施和对策。

（四）接头

接头是耳目向狱内侦查人员汇报情况的方式。为了及时获取汇报情况，也为了掩护耳目身份，接头时必须讲究方法和策略。与耳目接头的地点、汇报的形式（口头或书面汇报）等应事先研究确定。具体采取的方法有以下几种：

1. 书面汇报。耳目可利用写思想汇报、学习体会、生产计划、家信及申诉材料等形式将情报直接交给狱内侦查人员或投入指定的控告、举报箱里，要求所有材料的署名一律使用代号、编号或化名。

2. 利用就诊看病接头。这种方法应视耳目的身体状况灵活掌握。在接头的过程中，应象征性做一些检查或发给一些药品，防止引起他人的怀疑。

3. 利用与罪犯多头个别谈话接头。以与罪犯谈心、了解思想动态或布置学习、生产任务等名义，分别找多个罪犯谈话，把耳目安排在其中。注意：找耳目谈话的时间应与其他罪犯谈话的时间大致相同。

4. 利用亲属接见、社会帮教的名义接头。使用这种方法时要注意与上次接见的间隔时间，不能过于频繁。接见时间不能过长，接见后应为耳目准备一些常规的接见礼物，如食品、水果等。

5. 利用公开提审的方式接头。利用公开提审的方式与耳目接头，听取汇报、布置工作是一个比较可靠的方法。尤其是对那些在罪犯眼里表现不好的耳目显得比较安全。但这种方法不宜过多使用。

6. 利用外调人员的身份接头。可借外调人员的身份，如公安局、检察院、法院等机关工作人员提审罪犯的名义与耳目接头，了解情况布置任务。

7. 其他方法。如耳目是值星员，可借检查工作名义接头；耳目是保管员，可借安全检查的名义接头；如遇紧急情况，允许耳目有意违反一定的监规纪律，达到接头的目的。

以上方法应因事、因人、因地、因时灵活运用。要防止每个耳目始终采取一种方法接头，更要防止在同一时间、同一地点与两名以上的耳目接头。与耳目接头容易暴露耳目的身份，因此，我们既要保证接头工作的顺利进行，又要做到不暴露耳目身份。

（五）保护

为充分发挥耳目的作用，长期使用耳目，保证耳目的安全，狱内侦查人员必须做好耳目的保护工作。

1. 物色选建时的保护。物色选建耳目要秘密进行，知密范围越小越好。

2. 布置任务和接头联络时的保护。布置任务和接头联络时，可采取多种途径与耳目联系：采取多头个别谈话的方法，连续找几个罪犯谈话，把耳目安插其中，让其汇报情况以及布置任务；利用会见、社会帮教等方法与耳目联系；利用罪犯看病等机会联络；采取书面汇报的方法。使用书面汇报方法要确定严密的传递方法和途径。

3. 破案时的保护。对使用耳目侦查的案件，破案方法要巧妙，要使犯罪分子不怀疑是耳目告密。常用的方法有：①破案时使耳目尽量不到现场；②利用犯罪分子同伙的坦白材料掩护耳目；③利用他犯的检举材料掩护耳目；④利用公开的摄像材料掩护耳目；⑤利用干警、职工的证言掩护耳目；⑥利用搜查所获物证、书证掩护耳目等。

4. 刑事诉讼中的保护。一般情况下耳目不公开出庭作证。非出庭不可的，要以检举人或同案犯身份出现。耳目提供的材料不能直接作为刑事诉讼的证据使用。

三、耳目教育、考核、奖惩与建档工作程序

对耳目进行教育、考核和奖惩，是提高耳目队伍素质的重要措施，也是对每个耳目从始至终都应坚持做好的一项重要工作。通过教育、考核和奖惩，使耳目对我忠诚，思想稳定，服从指挥，严守纪律，完成任务。其基本工作程序如图 3 - 3 所示。

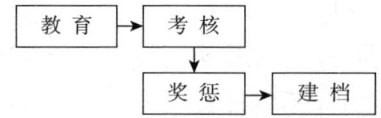

图 3 - 3　耳目教育、考核、奖惩与建档工作程序

（一）教育

对耳目进行教育是耳目工作的经常性任务，耳目教育的内容主要是：

1. 思想教育。对耳目要适时进行法制教育、前途教育、思想品德教育、形势教育和党的路线方针教育，用正确的思想占领他们的阵地。同时要根据每个耳目的具体思想问题，因事、因人有针对性地进行教育，真正做到从思想上关心他们，爱护他们。

2. 工作方法教育。耳目与侦查对象接近时，正确的工作方法往往是战胜对手的重要因素。因此，在给耳目布置任务时，要教给耳目一些斗争策略、业务常识和方法，以提高耳目的工作成效。

3. 遵纪守法教育。遵纪守法是每个在押罪犯必须做到的，耳目更不能例外，不要以为有干警的信任，就滋生"特权"思想，在罪犯中称王称霸，或假公济私打击报复等。耳目非因工作原因或未得批准而有意违纪的，要严肃处理。

4. 保守秘密教育。要教育耳目并使其明白，保守秘密不仅是耳目工作的需要，更是自身安全的需要。要做到该说的才说，不该说的坚决不说；该对谁说就对谁说，不该对谁说的，要守口如瓶。

教育的形式和方法，应以个别谈话为主，要了解和尽可能解决耳目的实际困难，如生活困难、家庭困难及其他需要解决的困难，最大限度地调动其为我工作的积极性。

（二）考核

1. 考核的内容。包括完成任务情况、遵纪守法情况、保守秘密情况。

2. 考核的方法。考核分定期和不定期考核。考核的方法主要有以下几种：

（1）接头汇报。通过与耳目的接头汇报，检查耳目是否完成任务，如没有完成任务或完成不理想，应查明原因。

（2）侧面调查。通过向耳目所在的监区警察了解其平时表现，以掌握耳目的思想动态；还可以通过罪犯中的积极分子、组长了解耳目的日常表现，防止其阳奉阴违。在了解过程中应注意方式方法，切不可暴露意图，不可泄露耳目的身份。

（3）突击清监。清监是狱政管理的一项制度，是检查耳目情况的有效方法。由于清监多采用不定期突然的形式进行，所以很容易发现问题。

（4）利用复线耳目考核印证。可以让两个耳目互相监督，相互反映对方情况，以了解和印证原耳目的工作情况，这是考核耳目的最有效的方法之一。但此种方法在使用时要慎重，特别是在给复线耳目交代任务时，切不可透露耳目身份，以防止二者串通一气，共同作案。

（5）情报印证。通过其他渠道获得的情报来印证耳目情报的真实性，以此考核耳目的工作情况和忠诚度。

（6）审讯对证。通过对又犯罪嫌疑分子的审讯，进一步核实耳目所反映的情况，考核耳目在侦破案件中的表现。

（7）技术监控。利用监听、监视设施来监视和考核耳目的活动情况，掌握耳目平时的表现及完成任务的情况。

无论采取哪种方法，都要做到谨慎巧妙，秘密进行，不能让耳目察觉，但要让耳目知道其活动是会受到监督和检查的，以警戒其自觉遵纪守法。要将考核情况存入耳目档案，备作奖惩的依据。

（三）奖惩

1. 耳目奖励的条件。包括服从指挥，严守秘密，定期或不定期如实反映情况，工作成绩显著的；及时汇报并在制止罪犯违反监规纪律中起重要作用的；打入犯罪集团内部，提供侦查线索，取得确凿证据的；及时发现并提供重要线索，制止重大、特大预谋案件的发生，或在破案中起重要作用的；其他需要奖励的。

2. 耳目惩罚的条件。阳奉阴违、虚报假情况的；违法乱纪、称王称霸的；假公济私、招摇撞骗的；捏造事实、陷害他人、打击报复的；包庇又犯罪嫌疑分子或违法犯罪的；勾结又犯罪分子，制造假象企图将侦查引入歧途的；诱人犯罪或参与作案的。

3. 耳目奖惩的种类和方法。

（1）耳目奖惩的种类。根据耳目工作成绩的大小，分别给予加分、表扬、记功、减刑、假释，或其他物质奖励；根据耳目违法乱纪或犯罪情节的轻重，分别给予扣分、警告、记过、依法追究刑事责任的惩罚。

（2）耳目奖惩的方法。对耳目的奖励或惩罚一律秘密地个别进行。奖励要单独对其宣布，并鼓励其继续为我工作；惩罚也要单独进行，并警告他要保守秘密，不得泄露；对不起作用的、不适合做耳目工作的、受到严厉惩罚的耳目要及时撤销。狱内耳目的撤销应由建立、使用耳目的狱内侦查人员填写《撤销狱内耳目报告表》，报有关领导批准，并做好被撤销耳目的工作。

（四）建立耳目档案

对狱内耳目应逐人建立档案。耳目档案分为两种：

个人档案，内容包括：原案判决书，改造表现、功过记录、奖惩决定，建立、撤销耳目的审批手续，耳目立功赎罪、自愿为政府工作的申请书或保证书，耳目的代号、编号等。

工作档案，内容包括：耳目提交的书面情报、报告，狱内侦查人员对反映材料的考核结论及处理意见，耳目口头汇报的记录，狱内侦查人员对耳目布置任务的记录等。

狱内耳目档案，由监狱狱内侦查（政）科集中管理，专人负责，严格保密。

（五）狱内耳目经费管理

国家财政拨给监狱的事业经费中有一部分是属于狱内耳目的专项经费，用于保障狱内耳目工作的顺利推进。

狱内耳目专项经费主要用于对工作成绩显著，在侦查破案中有立功表现的耳目给予一定物质奖励；耳目在与侦查对象周旋过程中购买必要物品的开支；对于耳目为了侦查工作需要耽误劳动的，给予一定的补偿；耳目在侦查工作中负伤、致残或死亡的，可以进行公费治疗，给予营养补助，或者按照国家规定标准发给抚恤金。

 知识链接

狱内耳目的种类

狱内耳目是指监狱从在押罪犯中建立和使用的秘密侦查力量，是在狱内侦查人员的直接管理和指挥下，搜集、掌握罪犯思想动态和又犯罪活动线索，获取证据，侦查破案的专门手段之一，是狱内侦查工作的一项重要业务建设。

根据狱内侦查工作的需要和耳目所承担的任务，狱内耳目可分为专案耳目、控制耳目和情报耳目。

1. 专案耳目

专案耳目是用于侦破狱内案件的耳目。它是以具体的案件或具体的又犯罪嫌疑人为侦查对象，侦破已发生的和正在预谋的犯罪案件。

专案耳目的任务是：在侦破已发生的和正在预谋的犯罪案件时，监视、控制和了解侦查对象的活动情况、犯罪意图和犯罪事实，为破案搜集犯罪线索或提供证据。在运用时因具体案件和任务不同，专案耳目还可分为两种：

（1）内线耳目，是指受狱内侦查部门指派打入犯罪组织内部进行侦查的耳目。其任务是接近犯罪嫌疑分子，了解、掌握犯罪线索，获取犯罪证据。

（2）复线耳目，是指受狱内侦查部门指派在侦查大案、要案和某些复杂案件以及犯罪成员众多的集团案件时，为了获取更多的犯罪证据，考核原有的内线耳目的活动情况，验证内线耳目所报告材料的真伪而再派遣的耳目。

内线耳目和复线耳目派遣的数量，应根据案件的具体情况和特点而决定。但不可过多地使用，以免暴露。

2. 控制耳目

控制耳目是用于对有犯罪嫌疑的危险分子，在押罪犯中的落后层，重点、要害部位以及易发案地段等进行监控的耳目。

控制耳目的任务是：监视和控制罪犯中落后层和不思悔改的累犯、惯犯及其他危险分子，监狱的重要部位，罪犯活动的公共场所，搜集信息，掌握敌情，发现线索。

耳目的分类应相对稳定，但也不是绝对的。当需要控制耳目侦查某一专案时，可以转为专案耳目，也可既是控制耳目又是专案耳目。同样，当专案耳目完成侦查任务后，如果条件具备本人也愿意，也可转为控制耳目。

3. 情报耳目

情报耳目是搜集犯情动态和情况的耳目。其任务是在广泛了解罪犯思想动态的基础上，搜集罪犯又犯罪活动的情报，发现和控制预谋又犯罪活动。

能力训练

【训练项目一】 狱内耳目建立 （略）

【训练项目二】 狱内耳目领导和使用 （略）

【训练项目三】 狱内耳目管理 （略）

复习与思考

1. 什么是狱内耳目？其任务有哪些？
2. 建立狱内耳目应遵守哪些原则？
3. 建立狱内耳目的工作程序是什么？
4. 领导和使用狱内耳目应遵守哪些原则？
5. 与耳目接头的方法有哪些？
6. 对耳目进行教育的内容包括哪些？
7. 对耳目考核的方法有哪些？
8. 对耳目奖励和惩罚的条件分别是什么？

狱内犯罪防控工作

 **学习目标**

知识目标：了解和掌握狱内危险分子及其他重点分子的防控、对要害部位和重要现场的控制以及对狱内预谋案件调查控制的步骤、方法及工作程序。

能力目标：能运用所学的知识对狱内犯罪进行有效的防控。

工作目的

狱内犯罪不仅性质恶劣、危害极大，而且严重破坏监管秩序。因此，对狱内又犯罪分子必须予以严惩，同时应积极地做好预防工作，消除隐患，以保障最大限度地减少狱内犯罪的发生。

一、保障刑罚有效执行

监狱作为刑罚执行机关，要完成对罪犯执行刑罚的任务，就必须按照法律的规定，将罪犯收押在监狱，限制其人身自由，强制罪犯遵守监规监纪，接受教育改造，最终将其改造成为守法的公民。只有把犯罪预防工作做好，创造一个安全的监管环境，才能保证准确有效地执行刑罚。

二、减少和防止狱内又犯罪活动

通过劳动改造和教育改造两个基本手段，改造他们的思想，矫正他们的恶习，从根本上消除他们犯罪的可能性。预防工作正是通过提高绝大多数罪犯的思想道德水平和法制观念，增强其自控能力，使有犯罪思想或预谋犯罪的人改邪归正。通过预防工作还可以掌握罪犯的思想动向，控制危险分子或嫌疑人的活动，将犯罪消灭在预谋阶段，避免给国家和人民的生命财产造成不应有的损失。

三、稳定监管秩序，提高改造质量

稳定的监管秩序，是改造罪犯的重要前提。实践证明，只有有了稳定的监管秩序，才能形成良好的改造环境，增强罪犯积极接受改造的意识。预防工作做得好，就可以有效地控制、防范狱内案件的发生和各种不安全因素的出现，为稳定监管秩序创造有利条件。

✏ 工作内容

一、对狱内犯罪的控制

狱内犯罪控制，是指监狱的狱内侦查部门在其他有关部门配合下，为防止和减少狱内又犯罪的发生所采取的一系列积极防范措施和主动进攻手段。

二、对重点罪犯的控制

重点罪犯，是指对监狱安全、他人生命和健康具有潜在或现实危险、必须重点防范的罪犯。对重点罪犯进行包夹控制是稳定监狱秩序，确保狱内安全，预防和减少狱内案件发生的经常性的工作。

三、对重要场所的控制

狱内重要场所，是指罪犯劳动、生活、学习的处所和重点要害部位。监狱的重要场所常常是罪犯实施报复的首要目标，控制好这些场所，就可以保障监狱的安全，建立一个安全稳定的监管环境。

✏ 工作程序

一、狱内犯罪控制的工作程序

狱内犯罪控制是狱内侦查部门经常性的工作，无论是从维护监狱安全和稳定正常的改造秩序角度考虑，还是从狱内案件所造成的恶劣影响和严重后果看，防控狱内又犯罪和预谋案件都要比侦破已发案件显得更为重要。其基本工作程序如图 4-1 所示。

（一）制定犯罪防控预案

狱内犯罪防控工作预案，是监狱狱侦部门通过对监狱的各种犯情动态和敌情动向情况的综合分析和研究，根据预防力量的任务与职责权限而制定的预防、控制和处置各种突发事件、犯罪案件的一整套工作方案，是使犯罪防控工作取得工作主动权的重要环节。

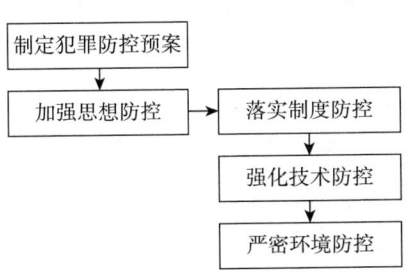

图 4 - 1　狱内犯罪控制工作程序

1. 组织指挥。狱内犯罪防控的工作预案，要建立以党政挂帅、有关职能部门负责人、狱侦、狱政、教育改造部门参加的犯罪防控指挥领导小组，统一指挥、协调关系、制定对策、实施处置，并负责后勤保障工作。狱侦部门应建立实施工作预案的指挥系统，负责调动各种防范、处置力量参与预案的实施，具体部署预防力量的任务，受理报案和掌握事态发展的状况，及时准确地传达、下达各种指令，统一指挥处置各种突然发生的紧急情况。

2. 快速反应力量。在监狱，为了保证内部犯罪预防工作预案的实施，需要建立一支快速反应力量，在遇到突发性的犯罪案件时，能够作出快速反应，及时处置。

3. 实体防范。狱内犯罪防控工作预案的实体防范包括：

（1）预案的制订。根据不同的犯罪，制定不同的预防、处置预案。如处置脱逃、凶杀、盗窃、破坏监管秩序、破坏生产经营、纵火、人质劫持等各种犯罪的预案，可有不同的处置对策。

（2）预案现场行为的一般性内容。预案的现场行为一般包括：指挥调度、通信联络、现场控制、现场警戒、现场封锁、重点要害部位控制、对话谈判、救护伤员、后勤保障等。

（3）预案中对环境、周界的控制。对环境、周界的控制是以被侵害实体为中心，围绕实体的安全而采取的一整套防范措施。如对生产设备、仓库等主要场所以及与其毗邻的其他场所，采取隔离、监控和保卫，形成以防火、防爆、防破坏为主的保护措施，并因地制宜地配备各种安全报警系统，形成多重防线的合理配置。

在犯罪案件发生的中心现场、联带现场，中心部位、辅助部位，可采取以封闭为主的措施，防止危害的扩大；预案中尤其要注意对交通要道、紧急出入口及其他设施严格控制，严禁无关人员进入。根据周边环境的特点和重要性程度的不同，合理配备防护力量和巡逻、守卫力量，力争做到全面控制。

（4）预案中要明确各防范力量到达现场的时间，包括布置警戒时间，以及各种通信、指挥、救护、交通设施到达预定位置的时间。

在实体防范中，要做到人防、物防、技防的结合，充分发挥技术防范的作用，提高实体防范的科技含量和准确性。

4. 处置措施。狱内犯罪防控的预案工作，要抓好案前预防、案中预防、案后预防的三个环节。

（1）案前预防。案前预防就是根据产生犯罪的因素和条件，在犯罪前采取的防范措施。案前预防要对监狱干警、职工群众进行犯罪预防的教育，使其自觉地参与到犯罪预防中来。同时要做好罪犯的教育改造工作，加强对重点罪犯的管理，加强重点要害部位的保卫工作，严防被犯罪分子破坏。

（2）案中预防。案中预防的目的是防止犯罪造成的危害扩大，为此，首先要对已经发生的犯罪认真分析，弄清犯罪的性质；其次，要搞清引发犯罪的症结，找准引发犯罪的直接原因，有针对性地去解决问题；最后，要查清犯罪案件的骨干成员。

（3）案后预防。案后预防是预案的一个不可缺少的部分，目的是认真地总结预案中存在的问题，以改进、加强预防措施，从而进一步完善犯罪防控工作预案。

无论是案前预防、案中预防和案后预防，都要认真做好检查监督工作，保证预防措施的切实落实。

狱内犯罪防控工作预案，其主要的工作是防范。狱内犯罪防控的最终目的是防止各类犯罪的发生。因此要充分认识到预防在狱内犯罪防控工作预案中的重要作用，牢固树立预防为主的思想。一旦发生了犯罪，要求能够按照预先制定的方案进行有效的处置，及时地制止犯罪，尽可能地避免或减少由于犯罪而带来的各种损失。预防和处置是预案中的两个方面，相辅相成，缺一不可。

（二）加强思想防控

防控机制的核心在于对罪犯的思想监控，变被动防控为主动防控。狱内又犯罪是许多主观原因和客观原因相互作用的结果。在这些主客观原因中，主观原因起主导作用。思想预防就是通过各种教育，让罪犯本人从思想上筑起防止又犯罪的第一道防线。

1. 明确思想防控的任务。思想防控的主要任务是增强罪犯的法制观念，树立正确的人生观和道德观，认识犯罪根源，坚定改造信心，从思想上消除犯罪意识。具体任务有：使绝大多数罪犯不产生犯罪心理；使犯罪心理不外化为又犯罪行为；使犯罪人自动中止犯罪行为。

2. 开展形式多样的思想教育。

（1）法制教育。通过法制教育使罪犯进一步认识犯罪的社会危害性、法律的权威性和改造思想的必要性。从而提高他们辨别是非、善恶、罪与非罪的能力，逐步消除抵触情绪，认罪服法，接受改造。抑制不良行为，矫正恶习，培养良好品德，做一个知法、守法的公民。

（2）道德人生观教育。通过道德人生观教育，使罪犯树立正确的行为规范和准则，树立正确的思想观、幸福观、苦乐观、荣辱观和生死观，调动其改造的自觉性。

（3）形势政策和前途教育。通过形势政策和前途教育，让罪犯认清形势，丢掉幻

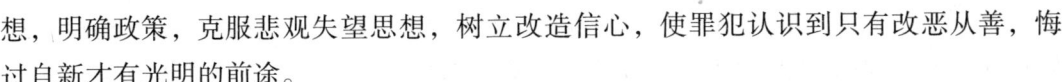

想，明确政策，克服悲观失望思想，树立改造信心，使罪犯认识到只有改恶从善，悔过自新才有光明的前途。

3. 区别对待，因人施教。思想防控是细致的思想政治工作，一定要分别情况，区别对待，因人施教。对不同层次的罪犯采取不同的方法。

（1）对重点危险分子，要在公开包夹控制的基础上，制定转化承包方案，有针对性地进行思想教育工作。

（2）对有一般违法行为的罪犯要加强帮教，坚持正面教育的原则，动之以情，晓之以理，导之以行，给他们关心和温暖，使其心灵复苏，自愿接受教育改造。

（3）对改造表现好的罪犯，要多给予表扬、鼓励，进一步巩固改造成果。在进行思想预防的教育中，必须坚持社会、家庭参与的原则。

（三）落实制度防控

制度防控，是指利用各种监管防范制度，及时了解犯情动态，掌握敌情动向，规范罪犯行为和控制重点罪犯的防范措施。

制度防控和罪犯管理的各项制度是密不可分的，它建立在公开的罪犯管理的基础之上，是公开管理制度与秘密预防制度的有机结合。从罪犯管理角度来看，规章制度是约束罪犯行为的规范，制度防控则是用秘密手段掌握犯罪的动向和线索，并采取措施以达到提前防范目的的治理。有罪犯管理规章制度而无制度预防则无灵活性、机动性；只有防范性的制度预防而无公开的罪犯管理规章制度又失其强制性和约束力。通过安全防范等制度对狱内犯罪进行防控，可以矫正恶习，促进罪犯认真服刑改造；可以控制罪犯活动范围，减少狱内又犯罪发生的客观条件。

1. 安全防范制度。安全防范制度是监狱为了有效地预防罪犯实施脱逃、破坏、行凶、自杀等违法犯罪行为，确保监狱的安全，而制定的监督、控制罪犯的一系列制度的总称。安全防范包括许多具体的制度，如警戒制度、门卫制度、包夹制度、禁闭制度、警戒具使用制度等。

（1）清点制度。清点制度是监狱人民警察定时或随时清点罪犯人数的制度。落实清点制度，可以准确地掌握罪犯的人数，及时发现和制止罪犯的脱岗、脱管等行为，对罪犯实行有效控制，防止各种危险行为的发生。落实清点制度的要求有以下几点：①出收工时集合罪犯列队报数，点清人数；②罪犯进行集体活动时，警察要亲自清点人数，列队带去带回；③在罪犯生活、劳动、学习现场管理中，警察要注意随时清点人数，罪犯小组长、值班员要经常向带队警察报告罪犯人数。

（2）查铺制度。查铺制度是检查罪犯是否按规定归宿就寝的制度。落实查铺制度，对于防止罪犯脱管，或串组、串队，相互串联拉拢，进行不法活动有重要作用。查铺时，监区或中队的警察应与内看守相互配合，要认真仔细，同时要注意自身的安全。

（3）四固定制度。四固定制度是从空间上对罪犯实施定位管理的制度。即罪犯站队定位、劳动定岗、学习定座、就寝定铺。落实四固定制度便于警察对罪犯进行直接的监督控制，使罪犯在监内无法擅自活动，难以违规行事。

（4）罪犯互监制度。即按罪犯改造表现得好、中、差合理编排，由 3～4 名罪犯组成一个互相监督小组的制度。落实这项制度可以使罪犯时刻被置于相互监督、相互制约、相互帮助之中，起到互相牵制的作用。罪犯互监制度的要求有：①罪犯同在一起学习，互相帮助；②同在一起劳动，互相督促；③同在一起生活，共同遵守监规纪律；④同在一起活动，禁止单独行动。实践证明，实施罪犯互监制度可以加强对罪犯的防范控制，防止和减少各种事故的发生。

（5）重点要害部位和重要场所的防范控制制度。

重点要害部位和重要场所的防范控制制度，是监狱针对重点要害部位和重要场所制定的安全防范规章制度。监狱的重点要害部位和重要场所（如监舍、禁闭室、车间、发电设备、重要仓库和公共娱乐、集会场所），往往人员流动量大，罪犯聚集往来，出入频繁，情况比较复杂。同时，重点要害部位也是罪犯报复、破坏的主要目标。因此，落实重点要害部位和重要场所的防范控制制度，严密实施各项安全防范措施，可以消除各种隐患、预防犯罪，确保重点要害部位和重要场所的安全。

2. 定期分析研究敌情的制度。定期分析研究敌情制度是为了确保监管改造场所安全，定期召开敌情分析会议的制度。敌情分析会议，分监区每周进行一次；监区每半月进行一次；监狱每月进行一次；省监狱管理局每季度进行一次。通过敌情分析以便随时掌握罪犯的思想动态和敌情动向，把狱内一切不安全因素纳入视线。对罪犯中发生的各种破坏活动，特别是有组织的预谋活动，一旦发现线索，要积极开展工作，查明情况，获取证据，及时破案。

3. 重点罪犯包夹控制制度。重点罪犯包夹控制制度是利用积极改造的罪犯对重点罪犯进行监督控制的制度。加强对狱内重点罪犯的控制，是稳定狱内秩序，确保安全，预防和减少案件发生的重要保证。重点罪犯主要是指有行凶报复、脱逃、聚众闹监、骚乱、组织集团、盗窃等犯罪倾向的罪犯。其中，绝大多数是惯犯、累犯，他们的犯罪历史长、犯罪意识强，行为习惯基本定型，一有机会就会铤而走险，再次犯罪。这部分人虽然人数少，但能量大，是狱内潜在的危险因素。实施重点罪犯包夹控制制度可以加强对罪犯的防范控制，预防和减少各种犯罪的发生。

4. 安全检查制度。安全检查制度是检验制度、发现和堵塞漏洞、消除不安全因素、加强预防措施、推动做好监狱安全防范工作的制度。狱内侦查部门应会同狱政等部门定期或不定期地对警戒监控设施和可能引起犯罪的物品进行安全检查，以消除犯罪隐患，不给犯罪以可乘之机。

安全检查的重点包括：①安全警戒设施检查，即对围墙、电网、岗楼、照明设备、报警器、监控设施、通讯联络器材等的检查，要保证这些设施完好，运转正常。②可用于作案的工具、凶器的检查，在狱内用于作案的工具、凶器，主要是生产工具。因此，应加强对生产工具的严格管理，通过经常性的清监查铺等检查，及时清除隐患。③易燃易爆剧毒物品检查，这类物品是安全检查的重点，既要检查安全使用制度执行情况，又要检查散存危险品的情况及犯人藏匿的情况，发现问题，及时处理。④枪支弹药检查，枪支弹药是暴力犯罪案犯的主要侵害目标，枪支弹药一旦落入案犯手中，不仅直接威胁监狱警察和监管场所的安全，而且还会给人民群众生命财产造成极为严重的危害后果。因此，枪支弹药的管理应列为安全检查的重点。⑤现金检查，现金既是案犯侵袭的目标，又是罪犯作案所需的条件（如脱逃）。因此，加强现金的管理是减少狱内盗窃、脱逃等案件的重要措施。检查的重点首先是单位的财会部门和各监区是否执行了现金管理制度，其次检查罪犯是否私藏、使用现金。要严格执行各项规章制度，落实各项安全措施。

（四）强化技术防控

技术防控是利用现代科学技术手段预防狱内不安全事件或案件发生的一种防范措施。用技术设备延伸人的感觉器官。技术防控是使用现代科学技术手段与狱内在押罪犯中又犯罪分子作斗争的一项重要措施，随着时代的进步和现代科学技术的发展，狱侦工作也必然要走向正规化、现代化、科学化，只有用现代科学技术武装起来的狱侦部门，才能适应当前和今后斗争形势的需要。

1. 安装侦听器。在监内一定场所安装侦听器，如罪犯监舍、车间、禁闭室、会见室等处，获取罪犯之间的谈话声音，从中及时发现又犯罪嫌疑人的犯罪意图，为预防、侦破狱内又犯罪案件提供线索。

2. 设置闭路监控系统。

（1）在禁闭室、严管队等场所使用闭路电视，可以全天24小时监视在押罪犯的活动，有利于对顽固犯、危险犯的防范。

（2）在监狱围墙、大门处安装闭路电视摄像头，可以在监视室直接掌握围墙、大门的情况，及时发现擅自进入警戒地段的罪犯，防止罪犯逃脱。

（3）在监狱的劳动、生活和学习三大现场的要害部位，安装闭路电视摄像头，可以加强对要害部位罪犯活动的监控。

（4）闭路电视是侦破狱内犯罪案件的重要技术手段，运用闭路电视可以控制狱内又犯罪嫌疑人。在久侦不破的专案中，可以秘密监视又犯罪嫌疑人，以求发现线索和证据，查实犯罪。

（五）严密环境防控

1. 监管警戒环境预防。重刑犯监狱围墙应高出地面5.5米，轻刑犯、少年犯监狱围墙不低于4.5～5米，厚度不少于0.5米，墙体表面应光滑无可供攀登之处。围墙上应分段安装报警系统，并安装不低于1米的电网，要保证电网通电正常。围墙警戒地段内侧5米、外侧10米内应做到无障碍、无杂物，视野宽阔。岗楼要配备必要的通信报警装置，两岗之间距离应在视线和有效防范距离之内，岗楼内应安装门锁。监门应设大、小门，大门外设栏杆，小门设通道护栏，监狱门卫、值班室、办公室应设有有线或无线通信、报警及防护装置。对上述警戒设施必须经常进行检查，发现问题及时处理。

2. 要害部位环境防控。监狱供电系统应按照一级供电标准供电，配备发电机组。供电系统和供水系统应单独隔离，要配备机房，并安装保护装置。罪犯伙房要干净卫生，建立严格的管理制度，严禁无关人员进入，并使用秘密手段严密监控。易燃易爆危险品和重要物资仓库应设在安全地带，便于监视控制。禁闭室应设在内看守院内，门、窗、灯应安装防护装置，并安装监控设施。

3. 劳动环境防控。工业单位生产车间应宽敞明亮，通风良好。监狱人民警察车间办公室要安装防护、通信和报警装置。罪犯应定岗、定位、定活动区域。生产工具应放在工具箱或保管室集中保管。农业单位的生产区应与周围群众的农田用道或隔离带相隔离，并标明警戒线，严格限定罪犯劳动活动区域。零星岗位设置应考虑安全，方便监管。

4. 学习环境防控。监狱应设教学楼或教室、图书阅览室等。各种教室应安静、明亮，为罪犯提供良好的学习环境。这些场所可安装监控设施，并加强监狱人民警察的直接管理。

5. 休息环境防控。罪犯的监舍应整洁、卫生，监舍门窗及走廊应安装防护装置，与干警值班室用铁门隔开，门锁必须牢固可靠。罪犯的生活区应种植花草树木，进行绿化，以创造一个适合罪犯改造的优美环境。

6. 娱乐环境防控。罪犯的娱乐场所应设在生活区，注意安全，便于管理。娱乐室、演播室可设在教学楼内，根据监狱的实际情况逐步健全各种体育锻炼设施和比赛场所，为罪犯创造一个既能放松身心，又能陶冶情操的娱乐环境。

二、重点罪犯管理与控制工作程序

重点罪犯系指狱内具有潜在或现实危险、必须重点防范的罪犯。加强对重点罪犯的管理教育工作，可以预防和减少狱内罪犯的违纪行为和又犯罪活动，确保狱内的安全稳定。其基本工作程序如图 4 - 2 所示。

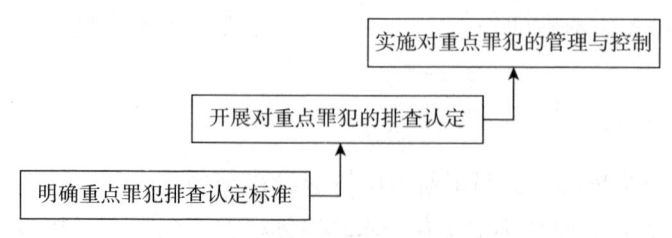

图 4 - 2 重点罪犯管理与控制工作程序

（一）明确重点罪犯排查认定标准

重点罪犯按 A、B、C 三类标准排查认定（表 4－1）：

表 4－1　重点罪犯排查认定的标准

类别	认 定 标 准
A	①危害国家安全罪犯； ②黑社会组织犯罪集团的罪犯； ③黑社会性质组织犯罪集团的首要分子； ④走私、贩卖、运输、制造毒品犯罪集团的首要分子； ⑤司法部监狱局《关于建立重要罪犯报告制度的通知》〔（95）司狱字第 60 号〕规定的八类重要罪犯； ⑥上级领导机关指定重要罪犯管理的其他罪犯。
B	①经入监教育后仍不认罪服判并且不服从管教的罪犯； ②有脱逃、行凶、暴狱、投毒及其他狱内又犯罪危险的罪犯； ③有自杀危险的罪犯； ④黑社会性质组织犯罪集团的其他主犯； ⑤走私、贩卖、运输、制造毒品犯罪集团的其他主犯； ⑥被揭发有余罪的罪犯； ⑦在狱内有涉毒行为的罪犯； ⑧姓名虚假或家庭住址不实等身份不明的罪犯； ⑨有其他危险，监狱认为有必要列为 B 类重点罪犯的罪犯。
C	①因家庭变故或受各种处理后情绪或行为异常的罪犯； ②自伤自残的罪犯； ③散布抗改言论、对警察有严重对抗情绪或行为的罪犯； ④性格偏激、内向、压抑、孤僻，有危险行为的罪犯； ⑤有其他现实危险的罪犯。

（二）开展对重点罪犯的排查认定

1. 重点罪犯的排查认定。

（1）重点罪犯的排查认定在监狱侦查科的指导下进行。A 类和可明确认定的 B 类重点罪犯由入监监区在罪犯入监后 10 天内排查认定；B、C 类重点罪犯由监区（分监区）在罪犯分到本单位后 10 天内初步完成首次排查，同时根据罪犯改造表现等情况进行动态排查。

（2）重点罪犯的排查认定由监区（分监区）集体研究后提出名单，专管警察负责填写《　　类重点罪犯审批表》一式三份，经监区（分监区、监区）审查，报侦查科、教育科审核，呈监狱分管管教工作领导审批。

（3）呈报审批工作一周内完成。审批表一份存侦查科，一份存教育科，一份存重点罪犯"蓝色档案"。

2. 重点罪犯的排查撤销。对 B 类重点罪犯经 1 年、C 类重点罪犯经 6 个月教育考核后同时具备下列三个条件的，参照认定审批手续并附上"蓝色档案"呈报监狱分管管教工作领导审批撤销：

（1）认罪服法，在考核期内未受一次性扣分及行政处罚，积极参加劳动，尽力完成劳动任务，认真参加学习；

（2）思想情绪稳定，能正确面对现实，积极投入日常改造，言行无异常；

（3）身份明确，余罪处理完毕。

撤销呈报审批工作一周内完成。审批表一份存侦查科，一份存教育科，一份存"蓝色档案"。

A 类重点罪犯不可撤销，从严监管的期限自投监之日起至出监之日止；C 类重点罪犯经过多次教育无转化的，可呈报为 B 类。

（三）实施对重点罪犯的管理与控制

对重点罪犯排查认定后，要落实管控制度、"互监夹控"措施和"三包"方案，保证重点罪犯一定时期内转化，消除危险隐患。

1. 重点罪犯管理教育职责。

（1）在对重点罪犯的管理教育中，监狱长负责工作的部署、检查和指导，定期参加监狱的狱情调研分析会，听取对重点罪犯管教工作的汇报，分管管教工作的监狱领导负责督促《罪犯管理教育规章》的具体落实和执行工作，部署有关科室开展排查认定和日常管理教育，每季度组织政治处、侦查科、狱政科、教育科对全监重点罪犯的排查和检查管理教育工作情况至少一次，发现问题及时处理。

（2）在对重点罪犯的管理教育中，侦查科、狱政科、教育科的主要职责范围分别是：

侦查科根据工作需要指导专管警察落实对罪犯的耳目监控，负责对重点罪犯认定、撤销的指导和审核呈报，对重点罪犯非亲属或有关部门的帮教会见的审核（批）呈报，对 A 类重点罪犯的提审、提解、采访、离监探亲、离监就医的审核呈报，每月检查落实对重点罪犯的考核。

狱政科负责重点罪犯在狱内的调配，每月检查落实对重点罪犯的"互监夹控"和床位、劳动岗位的检查工作。

教育科及时指导、督促专管警察对重点罪犯的个别谈话教育、签订帮教协议书等有关教育转化工作，每月对重点罪犯的个别谈话教育情况检查一次。

（3）监区、分监区负责实施上级工作部署，督促、指导专管警察落实各项专管措施。狱侦干事协助监区、分监区领导开展工作，管理重点罪犯档案和工作台账。

（4）专管警察按管理教育工作要求制定、落实针对性的管理教育计划、监控措施，具体掌握所管罪犯的思想和行为变化情况，及时发现问题并向上级报告，及早采取防范措施，确保所管重点罪犯不发生问题，同时负责建立重点罪犯"蓝色档案"和登记台账，填写有关审批报表等。

2. 重点罪犯管控要求。

（1）在入监监区排查认定的 A、B 类重点罪犯在入监教育结束时由侦查科提出调配方案交狱政科办理手续，其他监区（分监区）排查认定的 B、C 类重点罪犯由所在的监区（分监区）负责管理，确需调整的由侦查科统一安排后交狱政科办理。对 A 类重点罪犯实行异地收押，由省监狱管理局统一协调。

（2）重点罪犯在同一监狱内不同监区的调动，必须经侦查科审核、报监狱分管管教工作领导审批后由狱政科办理。审批用《 类重点罪犯审批表》一式三份，一份存侦查科，一份存教育科，一份存"蓝色档案"。重点罪犯在同一监区内的监舍调动或劳动岗位变动，由监区分管管教工作领导审批，同时报侦查科、教育科备案。

（3）对重点罪犯的控制以罪犯互监组、包夹罪犯夹控为主，根据工作需要物建耳目进行监控。

（4）重点罪犯的日常会见仅限于亲属、监护人，每次会见不超过 3 人，并严格按处遇标准安排会见，由专管警察监听监视。非亲属或有关部门的帮教会见，A 类的由省监狱管理局审批，B 类的由监狱分管管教工作领导审批，C 类的由侦查科审批；重点罪犯收发的信件（写给监狱的上级机关和司法机关的信件除外）必须经专管警察严格审查，并逐一登记。

（5）重点罪犯（原国家工作人员犯经济罪、渎职罪的除外）一律不准担任事务犯、从事特别工种劳动。对重点罪犯的床位和劳动岗位每月至少搜查 2 次。

（6）A 类重点罪犯的提审、提解、采访、离监探亲、离监就医由省监狱管理局审批。离监探亲、离监就医审批用《 类重点罪犯审批表》一式三份并附上"蓝色档案"呈报，呈报审批工作一周内完成，审批表一份存"蓝色档案"，一份存侦查科，一份存省监狱管理局狱政处。

（7）专管警察对每名重点罪犯的个别谈话教育每月不少于 2 次，个别谈话教育记录本使用省监狱管理局统一的格式。专管警察要认真分析所管重点罪犯的犯罪原因和思想，建立个别教育的计划、方案并进行心理测试，做到对症下药、有的放矢地进行教育。

（8）每月底由专管警察对重点罪犯进行一次考核，考核结果填写在"蓝色档案"登记表中。考核内容包括两个方面：①罪犯认罪伏法、遵守监规纪律、完成劳动任务、参加学习等一般表现情况；②罪犯的思想情绪、危险倾向等特殊表现情况。

（9）对重点罪犯的减刑、假释、保外就医要依法从严掌握。A 类的由专管警察负责填写《 类重点罪犯审批表》一份并附上减刑、假释、保外就医材料和"蓝色档案"，经监区（分监区、监区）审查，报侦查科、教育科审核后转刑罚执行科处理，审批通过后将审批表、"蓝色档案"退回监区（分监区）。

A类重点罪犯减刑、假释裁定，或保外就医批准后，侦查科应及时将结果在当月《重点罪犯情况统计月报表》的"备注"栏或另附表填报省监狱管理局狱政处；但属于司法部监狱管理局《关于建立重要罪犯报告制度的通知》（〔（95）司狱字第60号〕）中规定的重要罪犯（含"法轮功"罪犯）和省监狱管理局有专门管理要求的其他A类重点罪犯，监狱在提请减刑、假释、保外就医的10天前应电告省监狱管理局狱政处。

（10）对危害国家安全罪犯、因其他罪名判刑但属于从事危害国家安全和社会政治稳定的活动被公安、国家安全机关列控的罪犯、触犯《中华人民共和国刑法》第300条被判刑的邪教组织罪犯，监狱在报请法院、省监狱管理局给予减刑、假释、保外就医前以及在罪犯假释、保外就医、离监探亲、刑满释放出监前，应当书面通报原办案公安、国家安全机关。

3. 重点罪犯的管控措施。对重点罪犯可采取以下防范措施，严加控制：

（1）包夹控制。包夹控制就是利用积极改造的罪犯对重点罪犯进行监督控制的防范措施。实践中，一般采用"二夹一"的方法，即安排2名积极改造的罪犯监督1名重点罪犯，重点罪犯的一切活动必须与包夹者共同进行，使重点罪犯时刻都处于被监督控制之中。

（2）耳目控制。耳目控制是一种秘密控制的方法。使用这种方法便于了解重点罪犯的动向，控制重点罪犯的行为，获取重点罪犯的犯罪证据。耳目控制的重点在于准确选用控制耳目，选用的耳目必须能为我所用，能保守秘密，有一定的观察能力和识别能力，同时，有一定的条件能接近重点罪犯或能随时了解重点罪犯的动向。选用控制耳目要由主管人员按照统一计划提出对象，由狱侦部门审查批准，数量一般可占在押犯人数的2%～5%。对控制耳目要严格纪律、严格管理，由专门的管理人员领导。

（3）严管队控制。严管队控制是一种重要的防范措施。对于公开抗拒改造、屡教不改的；严重破坏监规、组织犯罪集团，或拉帮结伙、危险性大的为首分子可送严管队控制，实行严格监督，严格防范，严格管理，使重点罪犯无机可乘。实施严管队控制应履行审批手续，由重点罪犯所在的大、中队填写审批表，监狱主管首长批准。对于已消除危险的应解除严管送回原大、中队。

（4）禁闭控制。禁闭既是监狱根据有关规定对罪犯实施的一种行政处罚措施，又是对具有一定危险性的重点罪犯实施的一种强制性防范措施。对于加戴戒具或采取其他措施仍不能消除危险的重点罪犯可予以禁闭控制。使用禁闭室应履行严格的审批手续，由罪犯所在中队填写审批表，报监狱主管首长批准。对于正在实施行凶、破坏等危险行为的重点罪犯，可先行禁闭，然后补办审批手续。关押禁闭的时间，一般为7天～15天，对于期限已到仍不能消除危险的，应由罪犯所在中队重新审批，经批准后延长其禁闭时间。对于特别危险的重点罪犯，在禁闭的同时可以加戴戒具。对禁闭的重点罪犯应加强教育，严格管理，以加大控制效果。

4. 重点罪犯的专档与台账。

（1）对重点罪犯逐人建立"蓝色档案"。"蓝色档案"内容包括：认定审批表、专管实施计划及夹控方案、个别谈话教育记录本、考核材料等。

（2）经审批认定的重点罪犯，侦查科、教育科监区、分监区应分别设立《重点罪犯登记本》登记，并分别设立 A、B、C 类重点罪犯档案盒，审批表和"蓝色档案"分别由侦查科和教育科、监区（分监区）分类集中管理。

重点罪犯撤销时将认定、撤销审批表装订归入罪犯副档。

（3）侦查科负责将审批认定、撤销的重点罪犯名册及时抄送狱政科，同时在当月《重点罪犯情况统计月报表》中填报省监狱管理局狱政处；对司法部监狱管理局《关于建立重要罪犯报告制度的通知》〔（95）司狱字第 60 号〕规定的八类罪犯，侦查科在收监后 3 天内填写《重要罪犯登记表》，连同刑事判决书、刑事裁定书、入监登记表电传报省监狱管理局狱政处。

（4）入监监区排查认定的 A、B 类重点罪犯转入其他监区后由关押监区接管，有关档案材料和情况由入监监区负责向关押监区移交、介绍。

三、狱内重要场所控制工作程序

狱内重要场所，是指罪犯劳动、生活、学习的处所和重点要害部位。通过对狱内重要场所的控制，可以发现罪犯中的疑人疑事、预谋犯罪线索和安全隐患，以便采取有效措施，及时排除；可以当场抓获正在实施犯罪的罪犯；可以保障重要场所的安全，建立一个安全稳定的监管环境。其基本工作程序如图 4-3 所示。

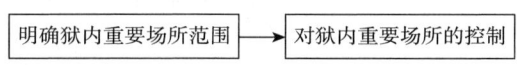

图 4-3　狱内重要场所控制工作程序

（一）明确狱内重要场所的范围

重要场所的范围主要包括监舍、食堂、禁闭室、劳动场所、动力设施、水源、重要物资仓库、易燃易爆危险品存放处及文化娱乐、集会等场所。这些地方罪犯多、流动量大，情况复杂、容易出现漏洞，一些重点要害部位一旦被罪犯利用，会造成严重危害后果。因此，监狱应根据本单位的实际情况，把这些重要场所列入重点控制范围。

（二）对狱内重要场所的控制

1. 充分依靠干警、职工群众和积极分子。

（1）经常进行敌情和安全防范教育。宣传教育是动员群众、组织群众和依靠群众做好狱内重要场所控制工作的先决条件。经常地、坚持不懈地向广大干警、职工群众和积极分子进行敌情和安全防范教育，才可以不断提高和保持干警、职工群众的警惕性，各项安全保卫制度和措施的贯彻落实也才能得到广大干警、职工群众的积极拥护和支持。宣传教育要密切结合监狱的实际情况，有针对性地进行；宣传教育的方式方法要灵活多样，实事求是，讲究实效；通过宣传教育，提高广大干警、职工群众对保卫要害部位重要性的认识，增强他们的政治责任感。

（2）监狱人民警察要亲临现场、直接管理。监狱人民警察要亲自带领罪犯出工、收工，亲临劳动现场、学习现场和其他活动现场，在罪犯集中的场合时刻注意罪犯密谈、拉帮结伙、集众哄监闹事等，对要害部位要亲自管理，决不能让罪犯掌管钥匙，罪犯在要害部位劳动，干部必须在现场监督，以保证这些场所的安全。

（3）充分发挥积极分子的作用，搜集情况，互相监控。监狱人民警察要充分发挥积极分子的监督作用，号召积极分子大胆检举揭发，以发现罪犯中的不安全因素，尽可能地把积极分子放在重点和要害部位劳动，保证这些部位的安全。

2. 严格狱内重要场所的安全保卫制度。狱内重要场所安全保卫制度是保障狱内重要场所安全的行为规范，是一种必要的制约因素，可以限制各种侵害因素对要害的侵害。狱内重要场所安全保卫制度应根据狱内重要场所的不同特点和不同的安全要求制订，一般需建立以下一些制度：

（1）安全岗位责任制。根据狱内重要场所人员的工作岗位，确定各人应负的安全责任，并尽可能明确数量、质量方面的要求。

（2）出入要害制度。对人员、车辆、物资进出监狱要害部门或部位应有明确规定。如非本要害部门人员进入，要经有关领导批准，办理登记手续，不准带进有损要害部门安全的物品。

（3）根据狱内重要场所安全的实际需要，建立用火、用电、设备维修管理、安全操作等安全生产制度。

3. 做好狱内重要场所控制的专门工作。

（1）深入调查研究，发现和掌握犯情动态，依靠要害部位的积极分子，了解要害部位的各种反常情况和不安全因素，从中发现敌情和违法犯罪线索，以加强预防工作。

（2）建立控制耳目网络，进行秘密监控。针对监狱的要害部位，罪犯活动的公共场所要按照要求布建足够数量的控制耳目，既要照顾到重点，又要照顾到全面，使控制耳目形成网络，充分发挥秘密监控力量的作用。

（3）加强侦查控制工作。对于有危害要害安全而一时又不能调离的可疑对象，应列为重点调研对象，加强调查控制，抓紧弄清。凡要立为专案的对象，原则上应调离要害部位，易地侦查。不便调离的，必须严密控制，使阴谋无法得逞。发生事故、事件要组织力量认真查破，严肃打击处理犯罪分子或追究失职人员。

4. 开展狱内重要场所的安全检查。安全检查在实践中亦称为清监查狱，是指监狱对监区、罪犯生活区和生产区场所的设施和物品进行检查的安全防范措施。安全检查是安全防范工作的重要环节，通过安全检查，可及时发现各种漏洞、事故苗头等不安全因素，清除各种违禁物品和危险物品，有利于堵塞漏洞、消除隐患，防止和减少各种意外事故的发生，确保监狱安全。

（1）监区场所检查。主要是指对监区场所外围设置的警戒设施和安全防护设施部位进行的检查。具体包括：围墙、电网、岗楼、报警装置、照明系统、警戒隔离带以及下水道防护栏等。

监区场所检查的重点：①围墙是否坚固，有无可利于攀登之处，围墙附近有无堆放杂物及是否有棍棒、绳索等可疑物品。②电网、照明、报警设施是否完好，有无人为或自然原因引起的破坏或损坏，有无绝缘物品遮盖，有无影响报警装置正常工作的因素。③警戒隔离带内是否有障碍物、堆放杂物或可疑物品。④监门和岗楼的防护设施及通往狱外的下水道的防护设施是否正常完好。检查中发现问题要及时处理，对于因自然原因损坏的要及时维修、更换，对于人为破坏的，要予以追查，坚决打击。

（2）生活区场所检查。主要是指对罪犯生活、学习场所的物品进行的检查。防止罪犯把违禁物品和危险物品带入生活、学习现场，危及监狱的安全。具体包括：监室、教室、阅览室、活动室、浴室、保管室等。

检查的重点：①检查有无黄色书画、非法出版物或有碍改造的手抄书；有无器械、棍棒、绳索、刀具、绝缘鞋靴手套以及可用于违法犯罪活动的违禁物品。发现上述物品，应立即收缴，并对收藏上述物品的罪犯进行调查和控制。②检查生活区内有无易燃、易爆、剧毒、麻醉、放射物品以及凶器等危险物品。发现上述物品，应立即清查并追查来源，对预谋进行犯罪活动的罪犯要严肃处理。③检查罪犯是否私藏现金、酒类等非生活日用品，发现上述物品，应按规定处理。

（3）生产区场所检查。主要是指对罪犯生产现场以及生产工具和生产物资进行的检查。具体范围包括：车间、库房、生产工具、生产物资及各种安全生产防护设施装备等。

检查的重点：①生产工具，尤其是铁器、刀具等的领取、使用和交回保管情况。②矿山使用的炸药、雷管、引爆器、农业单位的剧毒农药等生产用品的领发、使用和保管情况。③更衣室、工具箱、机房、场院房等处是否藏有违禁危险物品。④防火、防爆、防毒等各种安全生产防护装置有无自然损坏或人为破坏。检查中发现问题应及时查清，迅速处理。

5. 安装必要的技术防范装置进行监控。监狱应根据实际情况，在罪犯集中的场合和重点、要害部位，除加强常规安全设施之外，还应安装必要的监听、监视设施，保证安全保密，充分发挥技术监控的作用。

6. 实行分级管理。为了落实上述各项措施，对狱内重要场所或要害部位的控制应实行分级管理，使不同层级的狱内重要场所或要害部位由相应层级的监区和分监区负责，既能使所有的狱内重要场所或要害部位的控制都获得组织上的保证，又能使各个监区和分监区在狱内重要场所或要害部位的控制中各尽其职，各负其责，发挥各自的作用。监狱的狱内重要场所或要害部位由监狱狱侦部门负责；各监区狱内重要场所或要害部位由各监区负责。同时，各省（自治区、直辖市）监狱管理局对所属的省（自治区、直辖市）监狱的重要场所或要害部位控制工作应给予督促、帮助和指导。

能力训练

【训练项目一】狱内犯罪控制

一、训练目的

理解和掌握狱内犯罪控制的规范要求，并能在实际工作中加以运用。

二、训练说明

请认真研究下面给出的数据，结合数据分析狱内犯罪控制应做好哪些工作。

三、训练内容

【数据一】137 例重特大案件、脱逃案件案发时间统计数据。

表 4−2　137 例重特大案件、脱逃案件案发时间统计表

项目 案发时间	重特大案件		脱逃案件		合计	比例（%）
	件数	比例（%）	件数	比例%		
6～18 时	29	41.43	27	40.30	56	40.88
18～0 时	18	25.71	18	26.87	36	26.28
0～6 时	23	32.86	22	32.83	45	32.85
合计	70	100	67	100	137	100

【数据二】133 例重特大案件、脱逃案件作案工具统计数据。

表 4−3　133 例重特大案件、脱逃案件作案工具统计表

项目 作案工具		重特大案件	脱逃案件
生活用品、 劳动工具 及材料	布绳	5	4
	自制刀	15	11
	铁铣	1	

续表

项目 作案工具		重特大案件	脱逃案件
生活用品、劳动工具及材料	剪刀	3	1
	大铁剪	1	1
	铁锥子	1	
	杀猪刀	1	
	镰刀	1	1
	锄头	1	1
	铁齿耙	1	1
	铁锯		2
	斧头	1	
	铁钩	3	3
	大铁钳	1	1
	角铁	1	
	扳手	2	1
	手钳	1	
	铁镐	1	1
	钢钎	3	3
	铁锤	7	6
	氧焊切割机	1	1
	氢氧化钾	1	1
	炸药	6	2
	汽车	1	1
其他物品	菜刀	4	2
	便桶铁把手	1	1
	砖头	2	
	铁凳	1	
	床板	1	1
	铁锁		1
	棍棒	7	7
	木梯	2	2
合　计		77	56

【训练项目二】重点罪犯管理与控制

一、训练目的

理解和掌握重点罪犯管理与控制的工作程序和规范要求，并能在实际工作中加以运用。

二、训练说明

请认真研究下面给出的数据，结合数据分析狱内重点罪犯管理与控制应做好哪些工作。

三、训练内容

【数据一】331例重特大案件、脱逃案件涉案罪种统计数据。

表4-4　331例重特大案件、脱逃案件涉案罪种统计表

项目＼罪种	盗窃	抢劫	流氓	受贿	强奸	故意杀人	故意伤害	贪污	贩毒	诈骗	脱逃	抢夺	敲诈	卖淫	运毒	非法买卖枪支	其他	数罪并罚	罪种合计	罪数合计
重特大案件	34	38	16	4	15	11	33	3	2	7	3	1	1	2	3	1	4	26	18	170
脱逃案件	47	39	9	4	13	8	18	3		8	7	1	1		2	1	2	22	15	161
合计	81	77	25	8	28	19	51	6	2	15	10	2	2	2	5	2	6	48	33	331

【数据二】137例重特大案件、脱逃案件案犯统计数据。

表4-5　137例重特大案件、脱逃案件案犯统计表

项目＼刑期		不足5年	5年~10年	10年~15年	16年~20年	无期	死缓	合计
重特大案件	人数	4	26	66	15	22	13	146
	比重	2.74	17.81	45.21	10.27	15.07	8.9	100
脱逃案件	人数	10	20	59	13	18	13	133
	比重	7.52	15.04	44.36	9.77	13.54	9.77	100

【训练项目三】狱内重要场所控制

一、训练目的

理解和掌握狱内重要场所控制的工作程序和规范要求，并能在实际工作中加以

运用。

二、训练说明

请认真研究下面给出的数据，结合数据分析狱内重要场所控制应做好哪些工作。

三、训练内容

【数据】229 例重特大案件、脱逃案件案发场所空间统计数据。

表 4-6 229 例重特大案件、脱逃案件案发场所空间统计表

项目＼案发场所空间	监舍	围墙	车间	狱外劳动	监区	监门	禁闭室	伙房	厕所	狱内劳动	合计
重特大案件	30	16	16	13	13	9	5	5	1	3	111
脱逃案件	21	25	17	17	19	9	3	2	1	4	118
合计	51	41	33	30	32	18	8	7	2	7	229

复习与思考

1. 什么是狱内犯罪预防？狱内犯罪控制的工作程序是什么？

2. 安全检查的重点是什么？

3. 什么是重点罪犯？对重点罪犯排查与控制的工作程序是什么？

4. 如何加强对重点罪犯的控制？

5. 狱内重要场所控制的工作程序是什么？

6. 狱内重要场所控制的范围和方法是什么？

————工作任务五————

狱内案件侦查工作程序

◎ 学习目标 ≪≪

知识目标： 了解和掌握狱内案件的立案、狱内案件侦查工作的组织实施、狱内案件侦查的终结的步骤和方法。

能力目标： 能运用所学的知识有效开展狱内案件的侦查工作。

工作目的

一、查清案件发生的事实经过和全貌

狱内案件侦查的基本任务就是要查清侦查对象是否确有又犯罪活动的事实，及整个案件的组织、实施情况，包括案件的准备活动、实施犯罪的目的、动机、时间、计划、手段、情节、后果等事实。

二、查清案件性质

查清案件的性质，即查明犯罪人实施了什么性质的又犯罪活动。查明案件性质，其目的是针对不同性质的案件，采取不同的侦查措施和处理办法。

三、获取犯罪证据

证据是认定案情和侦查破案的依据，它在刑事诉讼中起着决定性的作用。因此，在专案侦查中，获取犯罪证据至关重要，应采取各种措施和手段，深入、细致、客观全面地搜集证据。

四、确定和查获又犯罪嫌疑人

确定和查获又犯罪嫌疑人是狱内案件侦查的最终目的，又犯罪嫌疑人一经确定，

应及时查获。要使用一切侦查手段，及时掌握犯罪动向，在有造成危害的可能时，应采取果断措施，及时予以控制。特别是对那些预谋组织越狱、行凶杀人、发展犯罪组织等罪犯，必须有严密的监控措施，决不能使其预谋得逞。

工作内容

一、立案

立案，即建立狱内专案，亦即将犯罪行为立为案件，进而进行侦查破案工作。它是一项法定程序，是狱内刑事诉讼活动的开始，也是狱内侦查工作的第一步。

专案，是对已经发现的狱内又犯罪预谋活动和已经发生的狱内案件，依照有关规定，经过批准立案，需要进行专门侦查的案件。与立案不同的是，专案是在调查研究的基础上，对各种渠道发现的进行又犯罪的罪犯和犯罪嫌疑线索，经查证核实后建立起来的。

二、狱内案件侦查的组织实施

对案件的侦查，有的是由人到事的侦查，有的是由事到人的侦查。正确分析判断案情，制定完善的侦查计划，组织有力的侦查班子，适时、合理地使用侦查力量和侦查技术手段，顺利实施侦查活动，都是狱内案件侦查的重要环节，也是取得狱内案件成功侦破的重要条件保证。

三、破案与狱内案件侦查的终结

破案是在案件性质已经确定，案情基本查明，主要犯罪事实已经查清，并在取得确凿证据的基础上揭露犯罪分子的一种侦查活动。

专案侦查要认真贯彻狱内侦查"及时发现，迅速破案"的指导思想，只要具备破案条件，就应选择好时机，按规定上报批准，立即破案，以免造成不必要的损失。

侦查终结是监狱机关或狱侦部门对于自己已经立案侦查的案件，经过一系列的侦查活动，认为案件事实已经查清，证据确凿、充分，不再需要继续进行侦查活动，而依法对案件作出结论和处理的一种诉讼活动。侦查终结是侦查阶段工作的最后一步。

工作程序

根据我国《刑事诉讼法》的规定，刑事案件的侦查活动是包括侦查破案和预审两个阶段在内的完整的诉讼过程。这一过程始于立案，终于侦查终结。在立案阶段，首先是受理案件。受理案件之后，经过审查认为有犯罪事实需要追究刑事责任时，即予以立案。立案之后，要对案情进行分析判断，确定侦查方向和范围。如系疑难、复杂、重大、特别重大案件，还应在分析判断案情，确定侦查方向和范围的基础上拟定侦查方案，然后，根据案件的具体情况和特点，依法采用公开或秘密的侦查手段和措施，全面开展侦查活动。经过侦查，有证据证明犯罪事实确系某犯罪嫌疑人所为，应将其抓获归案，即破案。破案之后，应当及时地对犯罪嫌疑人进行侦查讯问，并进一步搜集、核实证据，如果达到犯罪事实清楚，证据确实、充分，犯罪性质和罪名认定准确，法律手续完备的条件，就应当侦查终结，对案件作出相应处理。侦查活动的全过程如图5-1所示。

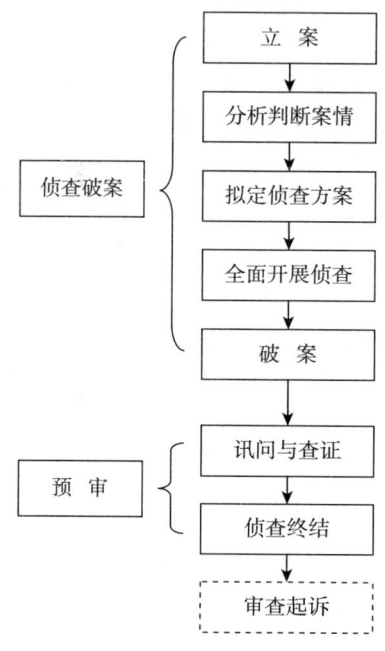

图5-1　刑事案件侦查流程

一、立案工作程序

立案是刑事诉讼活动的第一个阶段，只有立案以后，侦查行为才是合法的。为此，立案需要遵循一定的规定，办理必要的手续。侦查机关在受理报案、控告、举报或移送的材料以后，经过对事件性质的认真审查，认为犯罪事实存在，具有立案的条件，应当及时填写立案报告表或写出立案请示报告，报请有关领导审批。立案报告批准以后，应做好立案记载，立案的法律手续即告完成，侦查工作就可以全面展开。其基本工作程序如图5-2所示。

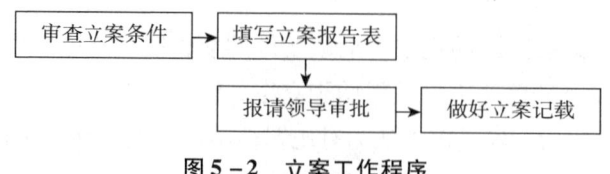

图5-2　立案工作程序

（一）审查立案条件

遵循司法部颁发的《狱内刑事案件立案标准》规定的立案条件，对所要立的狱内案件进行审查。凡具备狱内刑事案件立案标准条件之一的，应立案侦查。

（二）填写立案报告表，报请领导审批

经过审查，如果认为需要立案侦查时，应当按照法定程序填写《立案报告表》或写出立案请示报告，报请有关领导审批。立案报告的内容，包括情况或线索的来源（案件来源）；发现犯罪的时间、地点；犯罪事实及审查情况；立案的法律依据和理由等。

（三）做好立案记载

立案报告批准以后，应做好立案记载，制作《立案决定书》，立案的法律手续即告完成。侦查工作就可以全面展开。

二、狱内案件侦查组织实施工作程序

按照狱内案件的侦查途径可以把狱内案件分为"从事到人"的案件和"由人到事"的案件两类。正确地分析判断案情，制订合理的侦查计划，合理组织侦查力量，在既定范围内使用侦查力量和侦查技术手段开展侦查工作，都是狱内侦查工作的重要环节。其基本工作程序如图5－3所示。

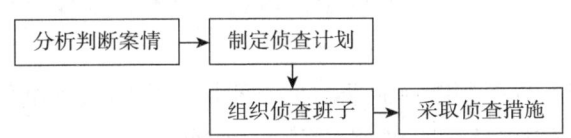

图5－3 狱内案件侦查组织实施工作程序

（一）分析判断案情

1. 分析判断案情的重点。分析判断案情应首先抓好两个环节：①要在全面掌握客观事实的基础上进行科学的分析研究，从而有层次、有步骤地确定犯罪分子具备的条件和依据，并注意结合犯罪分子作案因素进行分析研究；②要注意抓主要矛盾和矛盾的主要方面，抓住在案件中起决定作用的主要因素、主要方面，全力找出其本质的特征。在划定基本方向、范围的同时，要确定好重点方向和范围。

（1）要认真研究立案根据的可靠程度，研究案件是否真实，有无进行专案侦查的必要。这是关系到专案侦查得以正确开始的前提条件，必须认真对待。

（2）研究侦查对象的本身情况，包括个人历史、家庭情况、社会关系、个人性格特点、原犯罪情况、改造表现、接触人员等。以便进一步认识侦查对象，从中找出可利用的弱点，有针对性地采取措施。对于有2人以上成员的共同犯罪案件，要认真地分析研究他们之间的相互关系、性质和每个侦查对象在案件中所处的地位。

（3）以犯罪现场为重点，结合搜集到的有关犯罪情况，认真分析研究犯罪分子在作案现场遗留下的有关犯罪痕迹和物证，从中发现问题，判断作案对象，确定调查和侦查范围、方向和重点以及采取的侦查措施和手段。

（4）要不断分析研究侦查对象的整个犯罪活动情况。了解并掌握其活动的方法、规律和特点，针对不同的具体情况，采取相应的有效对策。

2. 分析判断案情的方法。正确分析判断案情，主要是分析研究案件的形成情况，包括犯罪分子实施犯罪的动机、时间、地点、作案工具、作案手段和方法、作案的人数以及作案人在现场的活动经过等。

（1）对案件性质的分析判断。只有查明作案人的目的和动机，才能确定案件的性质。分析的方法是：从被侵害的客体入手，分析研究犯罪人实施犯罪的动机，以便确定案件的性质。如有的杀人案件是私仇或伤害致死，有的是为了杀人灭口，这些不同的目的和动机，均是分析判断案件性质的主要依据。此外，还可以从现场反映出来的伪装等反常迹象中进行分析判断。

（2）对犯罪地点的分析判断。狱内案件在多数情况下发现案件的地点，就是犯罪分子的作案地点。有些案件也有例外，如杀人移尸等，尸体发现地点并不是犯罪分子杀人作案的地点。分析尸体所在地是否是杀人作案现场的方法：观察现场与尸体上有无拖拉痕迹，尸体上的附着物与发现尸体地点客观环境是否一致，尸体周围有无滴落血迹，观察尸斑、尸僵有无异常现象等。如果判断是移尸现场，还应从各种遗留痕迹、物品所指示的方向，使用的工具和尸体上附着物及移尸的手段方法等因素分析研究罪犯杀人作案的地点。

（3）对犯罪时间的分析判断。犯罪时间是犯罪事实的重要组成部分，只有具备了犯罪的时间条件，才能考虑其有无作案的可能。因此，犯罪时间是排查又犯罪嫌疑人、揭露证实犯罪的重要依据。分析判断的方法：根据事主、受害人、案件发现人或知情人员提供的情况进行分析判断；根据现场上遗留物品的状态，如钟表停摆、日历停翻、日记停记等进行分析判断；还可根据遗留血迹的颜色变化，脚印、车轮痕迹等进行判断。

（4）对犯罪人数的分析判断。从观察分析现场的手印、足迹，赃物的数量、体积、重量、运载方法等进行判断；还可根据事主、受害人和其他有关知情人员提供的情况进行判断；也可以根据侵害对象的情况和实施犯罪的方法进行判断。

（5）对犯罪工具、作案手段和方法的分析判断。犯罪工具与作案手段往往能说明犯罪分子所从事劳动工种的特点、技术技能，或作案的惯用手法。分析判断的方法：从现场遗留的物品或尸体遗留伤痕的形状、大小、深浅等特征，判断作案人使用的凶器或工具种类，弄清与判明凶器与伤痕，工具与痕迹是否认定为同一；研究死者致死的原因，通过现场遗留的其他物证、痕迹分析作案人的犯罪手段和方法；从破坏工具的痕迹判断作案人进行盗窃的方法等。

（6）对罪犯在现场活动过程的分析判断。分析判断犯罪分子的活动过程，主要是分析判断犯罪分子从何处、如何进入现场，行走的路线，实施哪些犯罪行为，作案后怎样离开现场，逃走的方向，现场上的伪装情况等。分析判断的方法：观察与研究作案人进出现场的路线、遗留痕迹和物品所形成的方向，作案人所使用的方法和手段；观察与研究作案人在现场遗留下的指纹、足迹、血迹与分布情况、作案工具位置等；分析判断犯罪分子有无与受害人搏斗情况；观察与研究作案人在现场的各种伪装；研究分析被侵害的客体所呈现的状态；等等。

（二）制定侦查计划

侦查计划，就是根据案件的实际情况，在分析判断案情的基础上对整个案件提出侦查的任务，确定侦查的策略和步骤，选择侦查的途径和措施的一个整体方案。

侦查计划是指导专案侦查活动的战斗部署，是全面、系统、协调地展开侦查，发现犯罪嫌疑人，获取证据，揭露犯罪和证实犯罪的行动方案。

侦查计划不一定都是书面的，但案情较为复杂和重大的犯罪案件，则必须有书面的侦查计划。

1. 侦查计划的内容。

（1）侦查对象的姓名、年龄、籍贯、案情、刑期，主要社会关系，主要犯罪事实，在押期间的表现。

（2）立案的根据及其来源，又犯罪事实，初步查证的情况，已掌握的犯罪证据和材料。

（3）对案情的初步分析和判断，侦查的任务和准备采用的侦查措施，侦查工作步骤、方法和要求，侦查力量的组织和分工，以及有关方面的配合，防止罪犯破坏活动、稳定监内秩序的措施。

（4）请示汇报制度、侦查人员应遵守的纪律、完成任务的时间及案件的编号等。

侦查计划制定后，应按规定立即报告监狱机关的领导批准，并报上级主管部门备案。牵连到两个以上监狱的案件，应呈报上级机关审查批准。

2. 制定侦查计划的要求。侦查计划应当是反映侦查规律的行动方案，分析判断要合乎逻辑，任务要求要明确具体，措施部署要切实可行。

（1）计划的合法性。提出采取的侦查措施和手段都要严格遵守有关政策和法律规定。拟用某些秘密侦查技术手段，应制定单项使用计划。

（2）计划的适时性。制定计划如果过早，由于缺乏足够的事实材料，假设的推断过多，盲目性大；如果过迟，又失去了指导侦查活动的意义。一般应在案情分析后，初步判明案件性质，获得足以确定侦查方向与范围的依据时，立即制定出侦查计划，保证侦查工作及时、顺利地展开。

（3）计划的可行性。要针对具体案件的情况和特点，选择相适应的侦查途径和侦查措施。制定计划时，应充分发扬民主，集思广益，然后综合正确的意见，制定出具体的比较切实可行的侦查计划。

（4）计划的明确性。既要提出侦查方向和范围，明确主攻与外围的任务，又要提出侦查的每一个问题所应采取的具体措施。如果一个案件侦查任务不明确，侦查措施不具体，则侦查就失去了明确性，容易产生盲动性，影响侦查工作的顺利进行。

（5）计划的全面系统性。制定计划要全面系统，点面结合。对一起案件的侦查方向，往往可做出可能性大小不同的几种判断。制定计划时，既要把可能性最大的一种判断列为侦查重点，又决不能忽略或放弃可能性较小的判断。因此，侦查计划中既要有工作重点，又要有一定范围的工作面，防止片面失误，遇到情况变化而束手无策，贻误战机。

3. 侦查计划的修改与完善。侦查计划制定之后并不是固定不变的，而是需要随着专案侦查工作的逐步深入，案情的发展变化，新情况的发现，认识不断深化，在侦查过程中不断修订和调整，直至破案。侦查计划的修改与完善一般有三种情况：

（1）由于案情判断的改变，侦查方向和侦查途径也要随之改变，需要重新安排侦查计划，工作部署也要作全面调整。

（2）先前确立的重点侦查对象已澄清，需要重新寻找嫌疑对象，应修改侦查计划的某些部分，重新寻找侦查对象。

（3）侦查对象准确，但因措施不力造成侦查工作停滞不前，需要重新审定计划，并在侦查对策上做相应的调整。

总之，侦查计划、部署要依据侦查进程中出现的实际情况，不断审查计划的正确性。如果发现原来的计划和认识不符合案情实际，应及时修改原计划或补充修订计划，并调整侦查部署，使侦查计划更加符合案情实际。

（三）组织侦查队伍

正确组织与合理使用狱内案件侦查力量，是狱内侦查工作中非常复杂具体的工作，是取得狱内侦查成功的重要保证。因此，侦查计划制定及批准以后，应立即按计划要求组织狱内侦查班子。

1. 应选择熟悉狱政业务、有侦查办案经验的人员担任专案侦查人员或负责狱内侦查领导工作，这是狱内侦查工作得以顺利进行的组织保证。

2. 狱内侦查人员的配备，应根据案件性质、案情繁简、对象多少、对象反改造表现、活动能量等情况确定。

3. 人员一经确定，应保持相对稳定，坚持专案专办。每个案件在侦查力量的部署上要注意全面安排，点面结合，既要有重点的进攻，又要有全面的工作部署，使点和面的工作有机地结合起来。

4. 在侦查活动初期，对案情的分析判断往往同时存在着若干种可能性，把其中最

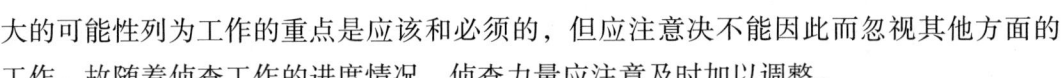

大的可能性列为工作的重点是应该和必须的，但应注意决不能因此而忽视其他方面的工作。故随着侦查工作的进度情况，侦查力量应注意及时加以调整。

（四）采取侦查措施

实施侦查必须善于抓住有利时机，采取相应的对策，不给犯罪分子以喘息、脱逃、毁证的机会。同时应注意在采取行动措施之前，必须认真分析情况，对罪犯的去向和赃物、罪证可能的处理方式做出尽可能符合客观实际的估计，保证行动措施有充分的客观依据。为此，要特别把握好以下几个方面：

第一，对案件必须实行快查快办。要力求做到保护现场快、分析案情快、制定侦查计划快、采取措施快，争取在罪犯销赃毁证、脱逃之前，将其查获。

第二，采取有效措施，与公开行政管理相配合，迅速稳定狱内秩序，防止罪犯中发生哄闹破坏等连锁反应。

第三，各种侦查措施和手段要统一组合，多管齐下。既要有专门的狱内侦查力量，又要依靠狱政、教育、生活卫生、生产管理等多方面的配合和支援，使狱内各种侦查、调查力量和措施、手段组合成一个严密的整体，成为侦查工作顺利进行的有力保证。

必须注意的是，各种侦查措施和手段的运用，应从案件实际出发，做到有主有次，互相支持，密切配合，决不可离开案件的实际情况和侦查工作的实际需要，千篇一律地采取公式化的做法。

1. 确定嫌疑对象和选择突破口。在现场勘查和初步掌握分析案情的基础上，进一步采取措施深入开展调查访问，通过反复调查，及时补充和纠正，充实情况，扩大线索，寻找和确定嫌疑对象。

摸底排队和公布案情也是发现嫌疑对象的常用方法。摸底排队需注意充分发挥基层干警和有关人员的作用，同时严格保密。公布案情这种方法应视案件具体情况而定，并须经领导批准方可实施，同时应注意：①决定公布案情的案件应及时公布，这样周围的人记忆犹新，能反映可靠的情况；②在罪犯中公布案情要特别慎重，不宜过细，不能暴露侦查意图，凡是有损名誉、涉及机密的，一律不能公布；③公布案情应和开展政治攻势相结合进行。

通过调查访问、摸底排队、公布案情等手段的运用，可能会发现一定数量的犯罪嫌疑人和侦查线索。通过反复核实，逐个进行筛选，就会突出重点嫌疑对象，为深入侦查提供有利条件。

选择突破口，就是根据对案情的分析判断，选择和利用罪犯中的弱点、矛盾，予以突破。选择突破口是否准确，直接关系到能否迅速查清案情，必须事先认真地研究，周密地设计，充分地准备，不能急于求成，草率从事。

2. 监控侦查对象和获取犯罪证据。对确定的侦查对象，应采取有效措施，严密监控其行迹，防止其销毁罪证，或铤而走险，实施犯罪。监控侦查对象可采取包夹、耳目监视、使用技术监控措施等方法，必要时还可以实行禁闭措施，以便及时突破案情，防止造成危害。

由于狱内案件的侦查对象处于严密的监管之下，因此取证工作相对较为容易进行，但决不能忽视。凡是能够证实犯罪活动的各种证据都应采取有效措施加以搜集，对搜集到的各种证据亦必须查证核实。总之，要使证据具备客观性、全面性、法律性，经得起检验。控制和获取赃物罪证的主要方法是控制向狱外转移的一切渠道，采取公开检查、秘密检查等方法进行；同时要善于发挥技术鉴定取证的重要作用，特别是在特殊案件中。此外，犯罪分子提供的证言也是证据的一种，这种证据的取得和运用必须经查证核实，保证确实可靠。

3. 适时使用专案耳目。专案耳目是专案侦查中不可忽视的侦查力量，无论是查找线索、审查嫌疑对象，还是侦查又犯罪分子的犯罪事实，正确使用专案耳目力量，都会对推动专案侦查工作的顺利进行起到重要作用。特别是侦查犯罪集团和有组织的案件，更需要专案耳目的配合。

专案耳目的使用，是根据具体案件的具体情况而定的。有的案件不需要使用耳目，有的案件则需要建立耳目，有的案件还需要建立复线耳目。通过使用专案耳目，可以迅速查清案件内幕，获取罪证，防范和制止犯罪活动。专案耳目的强弱，质量的高低，使用和指挥是否得当，直接关系到专案侦查的成败。

在专案耳目的使用上，要特别注意以下几点：

（1）"打进去"耳目的优点是较为稳妥，易于麻痹并且不易惊动侦查对象；不足是时间较长，需有一个接触取信的过程。在使用中需注意：耳目要忠实可靠，有一定的活动能力，并有接触侦查对象的条件；要准备充分，计划周密，不能盲目行事，更不能急于求成，引起对方的警觉；要选择适当时机和方法，在确实取信侦查对象的基础上逐步打入，防止打草惊蛇，造成侦查工作的被动；要严禁耳目诱人犯罪或以反动面目去引诱他人犯罪。

（2）"拉出来"耳目的优点是时间短，见效快，不致引起对方怀疑；不足是危险性大，容易倒向对方。在使用中需注意：使用的耳目必须是彻底缴械认罪并愿为我工作的；要提高警惕，严密掌握和控制耳目的行迹，防止其搞两面派活动；要对耳目加强教育，严密监督。

（3）使用复线耳目侦查的优点是耳目的力量得以加强，并可相互印证情报；不足是使用和指挥较为复杂。在使用中需注意：要保证复线耳目之间互不知情，不能发生横向联系；不能在同一时间、地点与耳目接头联系，以免暴露耳目的身份；不能给耳目布置相同的侦查任务；要严格对耳目进行考察，及时掌握耳目的活动情况，发现问题及时解决，对他们汇报的情况，应及时查证，以免上当受骗。

（4）根据狱内犯罪的特点，开展专案侦查必须内线外线相互配合。侦查人员既要及时掌握内线耳目以开展侦查，又要在该案的外部周围布置一定侦查力量，进行监控。

必要时需建立专案耳目进行监控，以便随时掌握案情动态。

（5）专案耳目能否发挥作用和发挥作用的大小，关键取决于领导耳目人员的指挥艺术。选择使用专案耳目，应根据其改造表现，活动能力，担负的具体任务，分别采取不同的方法组织进攻。在布置任务时，既要教给进攻敌人、完成任务的方法，又要充分考虑在工作中可能遇到的困难、问题以及如何克服困难和解决问题的具体方法。在注意发挥耳目的积极性和主动性的同时，还应注意加强思想教育，使其自愿为我服务。根据实践经验的总结，指挥耳目需讲求知人善任、量材使用，精心设计、取信对方，趋善就利、防止危害，以防为主、攻防结合，恩威并重、赏罚严明。

4. 侦技结合，充分发挥刑事技术手段的作用。刑事科学技术是专案侦查中不可缺少的重要手段。痕迹、文书的检验、材料的鉴定等，对于确定作案对象、取得罪证都具有重要作用。因此，在部署侦查时，要充分运用各项刑事技术手段，及时解决侦查过程中遇到的各种各样的带技术性的专门问题，把侦查和技术检验、物证鉴定等密切结合起来。狱内侦查部门应充分有效地利用已建立起来的技术基础，解决侦查工作中遇到的各种带有技术性的专门问题。同时，争取有关技术部门的协助，搞好委托技术鉴定，从而使各项物证检验、鉴定工作配合得更加及时，检验结论更加准确、可靠。

三、破案与狱内案件侦查终结工作程序

破案是在狱内案件的侦查已经成熟的情况下，对有证据证明有犯罪事实的又犯罪嫌疑人依法传讯，或者采取强制措施，将其拘捕归案。狱内案件侦查终结是侦查阶段的最后一道工序，它是对狱内案件全部侦查活动的总结。监狱机关依据事实和法律对案件作出处理决定或者提出处理意见，表明对全案事实的认识和对法律的理解，侦查终结所产生的结果是否正确，对准确及时查明案件事实，依法惩处又犯罪嫌疑人和保障无辜的人不受法律的追究都有着重要的作用。其基本工作程序如图5-4所示。

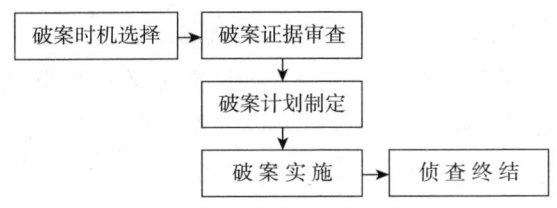

图5-4 破案与狱内案件侦查终结工作程序

（一）破案时机选择

破案时机的选择，是指案件侦查进展到什么程度，具备什么条件，掌握什么火候，才能决定破案。

1. 要贯彻迅速破案的方针。狱内侦查工作的"十六字"方针，最终目的就是迅速破案。只要侦查工作已经成熟，具备了破案的条件，就应抓住战机迅速破案，将又犯

罪嫌疑人逮捕归案。

2. 要掌握破案的基本条件。主要包括：①案件的侦查、调查工作已经成熟，主要案情和主要犯罪事实已经查清。②取得了揭露与证实犯罪的充分证据。③所取得的主要证据经审查核实，证明确凿无误。

具备了上述三个条件，即可实施破案。属于行动性的阴谋破坏案件，应采取果断措施，在罪犯实施行动前破案。属于狱内外互相勾结的案件，应当与社会侦查部门密切配合，统一破案。如狱外需继续侦查，应与社会侦查部门共同研究，采取有效的防范控制措施，确保狱内安全。

3. 要兼顾有关案件侦查工作的进展情况。如果正在侦查的此一案件决定破案，会影响到彼一案件的侦查时，对于此一案件只要狱侦部门能够完全控制侦查对象的行动，也可以缓破。有的案件某一犯罪嫌疑人的又犯罪事实已经查清，但全案情况尚未查清，在犯罪嫌疑人确有逃跑或进行现行破坏活动的情况下，也可以提前破案。此外，对重大预谋案件，只要确证其有犯罪的预备行为，就应破案，以制止又犯罪的继续，避免造成更大危害。

（二）破案证据审查

在破案以前，认真审查破案证据，是一项十分重要的工作。犯罪证据是定案、起诉、审判的重要依据。这种证据应该具有客观真实性和与案件的相关性以及合法性，否则，便不能证明犯罪的存在或某人的行为构成了犯罪。证据是否充分可靠，直接关系到办案的质量。因此，在破案之前，要认真审查搜集到的证据是否充分和确凿无误。

1. 审查证据材料是否具有客观真实性。证据材料要具有客观真实性，也就是说证据材料本身必须是真实可靠的，它说明的事实是实际生活中曾经发生过的，是客观存在的。任何主观臆断、虚构、推断或捏造等，都不能作为证据。

2. 审查证据与案件是否具有相关性。证明犯罪的证据与案件事实必须有内在的联系。与案件和犯罪嫌疑人无关的事实，不能成为证据。

3. 审查证据的来源是否具有合法性。各种证据都必须有相应的材料说明其真实的来源，而且这个来源必须合法，也就是说该证据是依照一定的法律程序和法定措施搜集的。凡违背法律程序，采取非法定措施获取的所谓"证据"，均不具有法律效力。

4. 审查证据材料之间是否具有一致性。证据材料必须符合案情的发展。各种证据材料之间应当具有客观联系，能够互相补充，互相印证。如果证据与案情之间，证据与证据之间出现矛盾，必须认真进行审查。必要时应重新询问证人，讯问又犯罪嫌疑人，或者对物证重新进行技术鉴定。

5. 审查证据中鉴定材料的科学可靠性。对证据中的鉴定材料，应从鉴定的方法、程序、内容等方面，审查鉴定结论的科学性、可靠性。同时还要注意审查鉴定结论能否说明案件中某种事实的存在或不存在，鉴定书是否符合法定要求。

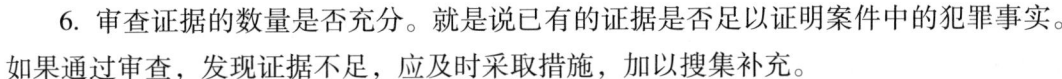

6. 审查证据的数量是否充分。就是说已有的证据是否足以证明案件中的犯罪事实。如果通过审查，发现证据不足，应及时采取措施，加以搜集补充。

（三）破案计划制定

为了保证破案的顺利进行，破案前一定要制定破案计划，以便实施破案时有所依据和遵循。切忌盲目行动，打无准备之仗。破案计划的内容有：

1. 主要案情，侦查结果，获取的证据和破案理由。

2. 案件中哪些对象应予关押、隔离或用其他方法控制，哪些罪犯需采取公开宣布，哪些罪犯需采取秘密审讯、关押，隔离时可能发生的问题和具体对策。

3. 需要搜查的有关罪犯的姓名、案情、刑期，搜查的地点、目的和要求。

4. 破案工作的力量组织、人员分工、物质准备、方法、步骤和应注意的问题。

5. 破案的方法。狱内案件的破案方法与社会上的破案方法有所不同。狱内又犯罪分子是正在执行刑罚的罪犯，因此，只要经过监狱机关主管领导批准即可关押犯罪分子，不需再经检察机关批准。如果罪犯刑期届满，案件正处在侦查阶段，可向检察机关申请办理批准手续；如果已提请检察机关起诉，由检察机关办理逮捕手续；如果已由检察起诉到法院审判的，由法院决定逮捕。在执行逮捕时，应向被逮捕人宣布原刑期已执行完毕，现根据所犯新罪，依法予以逮捕。

根据狱内特点，一般常用的破案方法有以下几种：

（1）禁闭审讯。对有现实危害的案件中的首要分子，有继续进行犯罪活动可能的分子，有串供或其他危险的犯罪分子等，都应采取禁闭措施，分别关押，并进行讯问，以达到破获案件的目的。已脱逃的，应同时积极组织追捕。

（2）教育坦白。对非行为性及案情不太严重而又能控制犯罪分子活动的案件，可以采取亲属规劝、个别教育等方法，进行政治攻势，促使其坦白。

（3）严管集训。对案件中的一般成员和罪行较轻的犯罪分子，可以采取严管集训的方法加强思想教育，进行分化瓦解，启发其坦白罪行。

（4）秘密突审。对危害极大或难以控制、取证较难的案件，可以采取秘密突审的方式，选择有条件突破的对象，经过领导批准，秘密关押，突击讯问，争取在最短时间内展开，达到弄清全案的目的。

6. 破案后的处理，如对耳目的掩护措施、狱内秩序的稳定措施、破案后审讯力量的组织等。

（四）破案实施

破案计划制定后，应连同证据材料，按规定报主管领导批准。一旦批准，要迅速办好与破案有关的一切法律手续，组织力量，有领导、有组织、有计划地实施破案。依法将犯罪嫌疑人拘捕归案。这是破案这一步骤的核心内容。

实施破案的过程中首先要注意提高警惕，严防犯罪分子拒捕行凶、自杀、脱逃和毁灭罪证；其次，要对罪犯的人身、住处及其他有关处所进行细致搜查，对搜查中发现的罪证和与案件有关的物品均应扣押，登记造册，造册应一式两份，由执行搜查人员和被搜查人、见证人签名，在搜查中要严格依法办事。

（五）侦查终结

破案以后，紧接着是对又犯罪嫌疑人进行讯问或预审。在侦查阶段，侦查对象是自由的，采取的侦查措施大多是秘密的。因此，在侦查阶段一般只能查清又犯罪嫌疑人的某种犯罪事实和某些犯罪情节。拘留、逮捕又犯罪嫌疑人以后的讯问、预审，是在剥夺了犯罪嫌疑人人身自由的情况下实行的面对面的审查，有条件地进一步查清全案的犯罪事实和犯罪情节。就预审而言，侦查是预审的基础，而预审则是侦查的继续。

对于逮捕的又犯罪嫌疑人，通过预审，查明全部案情，追缴赃物罪证，深挖余罪，追查犯罪的动机、目的，了解犯罪的手段、方法，加深对敌情的认识。还应根据案件中暴露出的漏洞和隐患，提出建议改进监管工作。预审结束，标志着侦查终结。

侦查终结以后，侦查机关要认真填写《破案报告表》，并写出《起诉意见书》，连同案卷材料、证据一并移送人民检察院处理。在侦审过程中，发现不应对又犯罪嫌疑人追究刑事责任的，应当撤销案件；又犯罪嫌疑人已被逮捕的，应当立即释放，发给释放证明，并且通知原批准逮捕的人民检察院。人民检察院侦查终结的案件，应当作出提起公诉、不起诉或撤销案件的决定。

表 5 - 1　破案报告表

填报单位（公章）

原案件编号					案别			
破案时间					立案单位			
犯罪嫌疑人姓名	绰号	性别	年龄	民族	职业	违法犯罪经历		处理情况
破案简记及根据：								
领导批示：								
承办单位意见								
主办侦查员姓名、职务								

填表日期：　　　年　　月　　日

案件侦查终结时，应对侦查中扣押的全部物品进行清理，按规定分别予以处理。认真整理装订案卷，对全案的诉讼文书材料、技术性鉴定材料以及其他案件材料，应系统地加以整理，按其内容和作用分别整理成诉讼卷（正卷）和侦查卷（副卷）。

 知识链接

侦查方向和侦查范围的确定

侦查方向，是指侦查工作的方向（实践中被叫作侦查工作的锋芒所向），或者说针对某一侦查目标开展侦查工作。所谓侦查目标，是指实施犯罪行为的人。侦查方向不等于侦查目标。但是确定侦查方向必须首先明确侦查目标，没有侦查目标，侦查方向就没有依托。在分析判断案情的时候，甚至在开展侦查工作的初期，对于侦查目标往往不可能明确、具体，也就是说不能指出犯罪人是谁，侦查人员只能根据犯罪人在实施犯罪过程中留下的形迹，分析判断其具有什么样的条件或具有哪些形象特征。此种情况下的侦查工作就是根据通过分析判断得到的犯罪人具有的条件或形象特征去找出具体的犯罪人。然而，现实生活中具备某些条件或特征的人往往不止一个两个，犯罪人就隐蔽在这种具备某些条件或特征的人当中。根据这种情况，侦查工作的方向，又可以理解为在具有某些条件或特征的人当中去寻找犯罪人。

侦查范围，是根据犯罪分子的居住地区或藏身匿迹的活动范围确定的开展侦查工作的地区范围或行业范围。明确侦查范围，实际上是解决在什么地区、何种行业中去查找犯罪人的问题。

1. 确定侦查方向的依据

（1）以犯罪动机确定侦查方向。犯罪动机是驱使犯罪人实施犯罪活动的内心起因。而犯罪活动则是犯罪动机的反映。犯罪人故意实施犯罪活动，必然具有一定的犯罪动机，没有犯罪动机的故意犯罪活动是不存在的。由于犯罪动机与犯罪人及其犯罪活动这种不可分割的联系，侦查实践中，常以具有某种动机的人作为开展侦查工作的目标。如杀人案件中的仇杀，犯罪人杀人的动机是为了报复泄愤，侦查方向就是在与被害人具有仇怨关系的人当中去查找犯罪人。再如强奸杀人，犯罪人首先怀有发泄淫欲的动机，侦查方向就是以此动机为依据，在具有流氓思想、行为的人当中去查找犯罪人。

（2）以犯罪条件和犯罪人的个人特征确定侦查方向。犯罪条件很多，具体案件各不相同，犯罪人的个人特征也因人而异。任何刑事案件，都具有相应的犯罪条件和犯罪人的个人特征。这些犯罪条件和犯罪人的个人特征，通过犯罪现场情况，以及犯罪人在犯罪前后进行的与犯罪相关的活动中暴露出来的形迹，使人们得以认识。正是这些条件和特征综合起来，说明了犯罪人是什么样的人，在侦查人员头脑里形成犯罪人的"形象"。因而侦查工作的锋芒所向，就是根据某些特定的犯罪条件和犯罪人的个人特征查找犯罪人。譬如某一案件现场遗留有某种特殊的犯罪工具，而这种工具只能是

具有某种职业的人使用的，那么，侦查工作的方向，应该是在具有此种工具或有机会获取此种工具的人当中去查找犯罪人。具有工具或能获取工具的人不等于就是犯罪人，但是具有或有机会获取此种犯罪工具这一条件，却给侦查人员指明了查找犯罪人的方向。

（3）以犯罪人的动向、行踪确定侦查方向。有的案件，在勘查现场或在侦查过程中，发现了犯罪人逃离的方向。根据逃跑的时间长短，逃离现场远近，且是否有明确的标志等情况，采取追缉堵截等措施缉拿犯罪人。这种追缉、堵截的方向，也应视为侦查方向。因为这种追击、堵截是直接指向侦查目标的。有时在相近的时间内，某几个邻近地区连续发生同一类型的案件，研究其犯罪的规律特点，判明为同一个或同一伙犯罪人所为，并推断出犯罪人的行踪动向，采取跟踪追击的措施查缉犯罪人。这种以犯罪人的行踪、动向为依据，跟踪查缉犯罪人的方向，也就是侦查方向。

2. 确定侦查范围的依据

（1）以犯罪时间为依据确定侦查范围。犯罪人选择犯罪时间，往往与对犯罪对象的了解、对现场及其周围环境的熟悉程度有直接关系。因此，研究犯罪时间与犯罪对象乃至现场及其周围环境的这种关系，能帮助侦查员确定侦查范围。譬如某个平时不存放大量现金的地方，因为某种偶然因素放进一笔巨款，就在放进巨款的当天晚上发生盗窃。根据犯罪时间，人们会很自然地想到这很可能是了解内情的人干的（一般应这样推断，有时也有巧合）。立足于犯罪时间，推断出内情，这个内情就为侦查范围的确定提供了依据。某些早有预谋的强奸案、杀人案，犯罪人对犯罪时间的选择，往往也是与其对被害人的行踪、活动规律的了解直接联系在一起的，研究这种犯罪时间，可以帮助侦查人员确定审查嫌疑的范围。

有的案件在犯罪时间上能直接反映出犯罪人的居住范围或隐匿藏身的范围。譬如某个交通不便的农村，一家商店凌晨4~5点发生盗窃，被盗财物有布料、衣物、电视机、收录机等，这些东西数量多，且比较笨重，不便隐蔽。在当地6点钟即天色大亮，人们活动频繁。犯罪人在没有交通工具可利用的情况下，又带有大量具有明显标志的赃物，从结束实施犯罪到6点以前的这段时间里步行能走多远呢？人们很容易得出犯罪人居住或藏身匿迹在5~6公里的范围内。这就直接确定了开展侦查工作的范围。

（2）以犯罪人与犯罪现场的关系确定侦查范围。犯罪人对于犯罪现场，有的事先到过，有的没有到过；有的熟悉，有的不熟悉。根据犯罪人对犯罪现场熟悉与否，可以推断犯罪人是近处人还是远处人，是内部人员还是外部人员。如果犯罪人是近处人或内部人员，由于熟悉现场及其周围的环境，也了解事主、被害人的活动规律，反映在现场上的犯罪行为，就会显得准而不乱。如果犯罪人是远处人或外部人员，反映在现场上的活动，往往是乱而不准。

（3）以犯罪人的穿戴、语言、遗留的随身物品确定侦查范围。有的案件犯罪人的人身形象、个人特征有比较充分的暴露。案件现场遗留的犯罪人的随身衣物可以反映地区范围，说话内容常常反映从事何种工作，语言表达具有地方色彩，遗留的随身物品、犯罪工具等，有产销范围、使用范围等。这些都有助于侦查范围的确定。

（4）以犯罪手段、方法确定侦查范围。犯罪人进行犯罪活动的手段、方法，都具有习惯性。有的案件从手段、方法上反映了犯罪人熟悉某种职业或长期从事某种职业的特征，可以据以确定查找犯罪人的职业范围。有些案件，可以根据犯罪人犯罪的方法是否定型，是否具有某种特别熟练的破坏手段，其活动是否有规律性等，判断犯罪人是惯犯还是偶犯，从而确定侦查范围。

侦查途径的选择

侦查途径，是指入手侦查工作，发现嫌疑、获取证据、揭露犯罪和揭发犯罪人的工作步骤。

任何一起刑事案件，都存在着若干侦查途径。因为犯罪人进行犯罪活动的有关情况，必然要从犯罪的预谋、实施和处理赃物、罪证等一系列的活动中反映出来。这种反映是多方面的，既可以通过现场的各种痕迹和遗留物品反映出来，也可以通过犯罪的手段、方法以及实施犯罪前的准备、实施犯罪后的隐匿罪迹等活动反映出来。犯罪人进行犯罪活动反映出来的任何一种形迹，都是侦查人员确立侦查途径的客观依据。因此，侦查途径也是多方面的。但是，一起案件的若干条侦查途径在侦查工作中的价值，并不都是相同的。有的途径可能延缓破案时间，降低侦查工作的效率；还有的途径则可能使侦查走许多不必要的弯路，尽管最终也可能查获犯罪人，但免不了耗费许多人力、物力、财力，付出很大代价。由此可以看出，一起案件的若干侦查途径中，存在着最佳的侦查途径。

侦查途径的选择，就是在一起案件的若干条侦查途径中，选出最佳途径。选择的方法：根据着手侦查的案件的现场勘验和现场访问情况，先把所有的侦查途径都找出来。然后认真地分析、比较研究，找出最有可能及时发现嫌疑人、获取证据、证实犯罪的途径，这就是侦查工作的主要途径即最佳侦查途径，其余都是次要途径。

实践中选择侦查途径，一般不一定要严格按照以上程序，但大体上遵循一个原则，即根据实地勘验和现场访问，看哪一方面的情况有更加明显的表露，就从哪方面去进行选择。如果现场犯罪人与事主、被害人之间事前固有的矛盾冲突显露得比较明显，就从调查双方结下的矛盾冲突入手展开侦查；如果犯罪人的人身形象在犯罪过程中暴露得比较充分，就从调查辨认体貌入手寻找犯罪人；如果现场遗留的痕迹和其他物证特征明显，就选择从这些痕迹和其他物证入手进行调查；如果赃物的特征显著，就从调查控制赃物入手发现犯罪人；如果是惯犯、流窜犯犯罪，就可通过查对指纹档案或并案侦查等方法去查找犯罪人等。

最佳的侦查途径，是开展侦查工作的重点，要集中较多的力量，力求尽快地发现犯罪人。但对次要的侦查途径也不能忽视，要安排一定力量进行工作。之所以这样做，是由于选择的最佳途径只是侦查员的一种主观认识，这个认识是否符合客观实际，还需要经过实践的检验。采取有主有次、主次结合的方法，同时开展工作，即使对最佳途径的选择有误，也不至于使工作陷入被动。

能力训练

【训练项目一】 制作立案报告

一、训练目的

理解和掌握立案的具体标准和立案报告的制作规范，并能在实际工作中加以运用。

二、训练说明

请认真阅读下面给出的案例，并根据立案报告的制作要求，填写立案报告表、制作立案报告。

三、训练内容

案例： 1996 年 7 月 27 日下午 2 时许，山东省某监狱在押服刑人员汝某（男，29 岁）在劳动时被同监服刑人员吴某用铁锹砍伤，管教干警立即将受伤的汝某送到医院抢救，并将案犯吴某抓获，然后保护好现场并报侦查科，要求立即勘查现场。监狱侦查科接到报案后马上赶赴现场进行现场勘查，提取吴某砍人的凶器，对现场进行拍照，访问报案人、见证人，作了数份调查访问笔录，并绘制了现场图。凶手吴某被拘留后，侦查人员对其进行了讯问，吴某对自己的罪行供认不讳。综合分析已获取的各种证据材料，认为吴某伤害他人的行为属实，已触犯了刑法，构成了故意伤害罪，应追究其刑事责任，监狱侦查科决定立案进行侦查。

【训练项目二】 分析判断案情

一、训练目的

理解和掌握案情分析的方法和规范，并能在实际工作中加以运用。

二、训练说明

请认真阅读下面给出的案例，并以案例材料为依据，运用科学的认识论、方法论和所学的知识，分析案件性质、作案时间、作案人数及作案过程、犯罪人个人特点等。

三、训练内容

案例一：1998年10月28日上午9时，北京市公安局接到群众报案，称××区第×居民楼医院医生沈×家发生火灾，群众救火时，发现沈医生被人杀害，遂报案。公安局接报案后，即赶赴现场。

现场勘验所见：现场位于家属楼2门2层，该层有4、5、6三个单元。被害人住在第4单元。房门暗锁完好无损，房门被踹开（即用脚踢蹬开门入室）；距地面90厘米处的门板上有踹痕，门框被踹破；走廊墙壁上有血手套印痕和大量喷溅血迹；距地面20厘米的墙上有两种蹬踹的血足迹，其中一种是被害者的军便鞋印，另一是模压底小浪花纹皮鞋印，长29厘米。在东屋门前发现一个棕色外衣纽扣，上带有0.5厘米长的白线；在双人床的棉被上发现血手套印，棉被里发现一火柴盒，盒面上也有血手套印。在火柴盒内盒的一端提取左手拇指血指纹；柜子有翻动痕迹；在厨房水池内提取带血的白粗线手套一副，小剪刀一把，菜刀一把（刀把已弯曲），食油瓶一个；自来水管仍在流水（即未关水龙头）。西屋内北墙有一单人床，被害者仰卧于床上，头部有8处3~4厘米长的钝器伤；喉头被剪刀扎伤，气管已断，左面部皮肤被烧焦，棉被上浇有食用油，并有14根火柴棒。

在勘验这个现场的同时，又发现第5、6单元的门也被踹破，门上留下的鞋印、足迹大小和鞋底花纹特征、踹门部位、高度均与第4单元的情况相同。这两个单元的室内箱柜均被翻动。在第5单元门后放有一张圆桌（经查，不是事主放置的）。从该现场上提取的足迹特征看，鞋底花纹磨损程度，右脚磨损重、左脚轻。

第6单元门后有一根木棍（经查也不是事主放置的）。

经上述三个单元的事主清点，共被盗走5000元定期存款单、有价证券100多张。

现场调查获悉：发案当天被害者沈×休息，早上8时到附近的副食店买东西，9时群众发现沈家着火。

案例二：1992年3月15日市公安局接到报案，中国农业银行分行动力办事处金库被犯罪分子从隔壁101室凿洞潜入，盗走现金128万余元。

现场勘验所见：

犯罪现场分为两个：一个是与仓库一墙之隔的101室（即关联现场）；另一个是被盗现金的金库（即主体现场）。

101室紧邻金库的墙上凿了一个洞（犯罪分子由此潜入金库），地面上有咸鸭蛋皮，面包渣，香烟蒂，燃烧过的若干火柴杆，汽水瓶，水泥碴，切割下的几根钢筋和1.94米长的钢轨，11根木方（枕木），乙炔罐，氧气瓶，一个揉搓的纸团（经过技术处理，显露出"山河屯森铁"1992年3月6日的火车票面）。

金库地面上撒有胡椒面。

现场调查，获悉以下情况：

管库员每天都出入金库取款。3月15日早上取款时发现金库被盗。

现场周围群众反映，在3月14日之前连续4、5天听到凿洞的声音。但在3月14日22点以后，凿洞声突然消失。

有关知情人反映：犯罪分子是3个人，其中一个较胖，一个较瘦，另一个穿空军中尉制服，均操本地口音，年龄均是20多岁的男青年。

【训练项目三】 制作起诉意见书

一、训练目的

掌握起诉意见书的制作规范，并能在实际工作中加以运用。

二、训练说明

请认真阅读下面给出的案例及材料，并根据起诉意见书的制作要求，填写破案报告表、制作起诉意见书。

三、训练内容

1. 基本情况

被告人严×，男，1970年7月4日生，汉族，武汉市人，初中文化，无职业，住×区望丰村平房59号。

主要简历：自幼读书，1991年6月因盗窃被×区人民法院判处有期徒刑2年6个月。1994年7月4日因盗窃被公安局区分局刑事拘留，同年8月15日被公安局依法逮捕。现押于市第二看守所。

被告人张×，女，1954年11月15日生，汉族，×市黄陂县人，初中文化，粮管所职工，住区中山路289号4楼2号。

主要简历：自幼读书，1994年7月5日被公安局分局刑事拘留，同年8月13日被我局依法逮捕。现押于市第一看守所。

2. 犯罪事实

被告人严×因盗窃判刑，刑满释放后，不思悔改，反而变本加厉大肆在×区进行盗窃犯罪活动，具体如下：

1994年4月27日中午，被告人严×窜至荷包湖农场机关宿舍，撬门入室，盗窃何×的人民币1100余元和活期储蓄存折一个（存款3350元），随后到银行支取人民币3000元。

同年5月26日上午，被告人严×窜至荷包湖农场中心小学宿舍，采取拉弯窗户钢筋入室的方法盗窃教师刘×活期存折1个（存款400余元），随后到银行支取人民币400元；接着窜至该农场供销社宿舍，采取撞门入室的方法，盗窃张甲的人民币1100

元，画王牌录像机1部（价值人民币1620元）、录像带3盘（价值人民币60元）。

同年6月11日上午，被告人严×窜至荷包湖农场卫生所宿舍，采取拉弯窗户钢筋入室的方法，盗窃张乙的港币1000元（折合人民币1093.40元）。接着窜至该场二大队三小队，采取同样的方法，盗窃荐×人民币1600元。

同年6月17日下午，被告人严×窜至荷包湖农场中心西村，采取撬门入室的方法，盗窃杨×人民币400元。

1994年1月10日上午，被告人严×窜至区职工医院宿舍，采取拉弯窗户钢筋入室的方法，盗窃周×人民币1000余元、富丽3000录像机1部（价值人民币1665元）、定期存折1个（存款600元未取）。

同年5月5日上午9时许，被告人严×窜至吴家山三支沟第五制药厂宿舍，采取拉弯窗户钢筋入室的方法，盗窃曾×的金戒指1枚（5.41克，价值人民币764.58元）、"力发"游戏机1台（价值人民币80元）、活期储蓄存折1个（存款165元）。随后到银行支取人民币150元。

同年6月20日上午10时许，被告人严×再次窜至上述×区，采取同样的方法，入室盗窃周×人民币2000元。

1994年3月30日上午，被告人严×窜至辛安渡农场徐家台127号，采取翻院墙撞门入室的方法，盗窃朱×的人民币1200元、国库券500元。

同年4月30日下午，被告人严×窜至辛安渡农场场部后面的宿舍，采取撬门入室的方法，盗窃袁×的国库券100元。

同年7月4上午，被告人严×窜至走马岭拉管厂宿舍，采取同样手段盗窃张丙金耳环一对（3.794克、价值人民币523.57元）；盗窃砖厂宿舍黄×的人民币70余元、国库券200元；供销社宿舍黄×的金耳环一对（3.965克、价值人民币563.03元）、人民币200余元、国库券20元。

1994年3月27日晚上7时许，被告人严×窜至东山农场场部宿舍，破窗入室盗窃杨×的国库券300元和腌鱼、腌肉数十斤（价值人民币80元）。

同年4月11日晚7时许，被告人严×窜至东山农场东岳村262号，采取翻院墙溜门入室的方法，盗窃周×的人民币3400元、金戒指1枚（5.246克，价值人民币723.95元）。

同年5月19日上午，被告人严×窜至东山医院宿舍，采取拉弯窗户钢筋入室的方法，盗窃杜×的人民币400元。

1994年4月2日晚，被告人严×窜至新沟镇燕岭粮店，采取拉弯钢筋入室的方法，盗窃该店的人民币2000余元。

1994年5月27日上午，被告人严×窜至新沟农场水口一队，采取撬门扭锁入室的方法，盗窃黄×的人民币100元；后又窜至新沟镇望河堤42号，采取同样方法盗窃刘×的人民币450元。

同年 6 月 4 日上午，被告人严×窜至新沟镇棉站仓库，采取拉弯窗户钢筋入室的方法，先盗窃孙×的人民币 200 元，后又盗窃李×的人民币 2000 余元和活期储蓄存折 1 个（存款 4500 余元），随后到银行支取人民币 4500 元。

被告人张×长期与被告人严×同居，在此期间被告人张×明知被告人严×实施盗窃犯罪活动却不告发，并且共同挥霍大量赃款，窝藏大量赃物，破案后从张×家中追回定额约定储蓄单 4 张等赃物。

复习与思考

1. 狱内案件的侦查的目的是什么？
2. 专案侦查的立案条件是什么？
3. 分析判断案情的方法有哪些？
4. 如何确定嫌疑人和选择突破口？
5. 破案的条件是什么？破案应做哪些准备？

工作任务六

狱内犯罪现场勘查工作

⊙ **学习目标** ≪≪

知识目标：了解和掌握狱内犯罪现场保护、现场勘查的组织领导、现场访问、现场实地勘验、现场分析的步骤和方法。

能力目标：能运用所学的知识进行现场勘查。

✎ **工作目的** ⸰

一、查明事件性质

查明事件性质是现场勘查的首要任务。事件性质一般有三种情况：一是犯罪案件；二是意外事件；三是伪造现场的假案。在把事件性质弄清楚之后，才能进一步确定案件的性质。

二、查明与又犯罪有关的情况

查明与又犯罪有关的情况，就是要通过对犯罪现场的实地勘验和现场访问，查明案件发生的时间、地点、作案工具、方法、手段、又犯罪人侵害（犯）的对象、造成的危害结果，以及其他方面的疑点等，从而判明犯罪的动机、目的，为狱内侦查人员正确认定案件性质打下一定基础。

三、发现和搜集又犯罪证据

在押罪犯的犯罪行为，必然会引起被侵害（犯）对象、现场物质的变化，并留下一些痕迹和其他物证。发现和搜集这些犯罪证据，是狱内犯罪现场勘查最主要的任务。只有在搜集了一定数量的犯罪痕迹和其他物证的基础上，侦查工作才能顺利开展。

四、为分析案件情况、确定侦查方向提供依据

为分析案情、确定侦查范围和方向提供依据是现场勘查的中心任务，这一任务是否能顺利完成，取决于现场实地勘验和现场调查访问质量的高低。现场勘查搜集的案件材料确实、充分，分析案情就有了可靠的依据，确定的侦查范围和方向就会准确。

五、记录犯罪现场情况

在狱内犯罪现场勘查时，应将现场一切与又犯罪行为有关的痕迹和其他物证、物品、物质状态的变化以及勘查所见、工作过程等，运用笔录、绘图、照相、录像等方式予以记录、固定下来，形成完整的现场勘查记录。

六、执行与犯罪现场有关的紧急任务

狱内犯罪现场勘查中的紧急任务主要包括：对已脱逃案犯的追缉堵截；对现场受伤人员的抢救，包括对又犯罪罪犯的抢救；对赃款、赃物的及时控制；及时排除险情，并组织一定力量抢救公私财物等。

✎ 工作内容

一、狱内犯罪现场保护

狱内犯罪现场是指在押罪犯在监管场所内实施犯罪行为的具体地点和遗留有与犯罪行为有关的痕迹和其他物证的一切场所。狱内犯罪现场按分类方法的不同可分为主体现场和关联现场、原始现场和变动现场、伪装现场和伪造现场等。

狱内犯罪现场保护，是指狱内案件发生后，及时对犯罪现场采取警戒、封锁等措施，保持案件发生、发现时的原始状态，使之免受变动或破坏的一项重要工作。

我国《刑事诉讼法》第127条规定："任何单位和个人，都有义务保护犯罪现场，并且立即通知公安机关派员勘验。"这就是说，我国法律明确规定了保护犯罪现场是法律赋予每个公民的义务，正在服刑的在押罪犯也不能例外。

狱内犯罪现场保护的好坏直接影响着现场勘查的质量，保护狱内犯罪现场有利于查明又犯罪过程和案件情况；有利于搜集与又犯罪行为有关的痕迹物证；有利于发现侦查线索；有利于快速反应和采取紧急措施；有利于保守勘查工作的秘密。

二、狱内犯罪现场勘查组织领导

狱内犯罪现场勘查是一项时间性强、政策性强、法制性强的侦查措施，需要有组织、有领导、有秩序地进行。只有这样，才能保证全面发现、搜集犯罪痕迹、物证和其他与犯罪有关的情况，保证现场勘查任务的顺利完成。

三、狱内犯罪现场勘验

狱内犯罪现场实地勘验是指狱内侦查人员运用自身感官和科学技术方法对与又犯罪有关的场所、物品、痕迹、人身、尸体等所进行的观察、检验、记录和分析研究的侦查活动。它对于发现、固定、提取又犯罪痕迹和其他物证，分析又犯罪情况，确定侦查方向，划定侦查范围等方面都具有极为重要的作用。

四、狱内犯罪现场访问

狱内犯罪现场访问又称狱内犯罪现场调查，是指狱内侦查人员深入到案发地点及其周围，向知晓案件有关情况的人员调查询问，了解案件有关情况，发现、搜集侦查线索和犯罪证据的一种侦查活动。

狱内犯罪现场访问是狱内现场勘查的重要组成部分。它是以与案件有关的人为对象的调查研究工作，而实地勘验是以现场特定物质客体为对象的研究工作，虽然它们出发的角度、研究的途径不同，但其目的都是相同的，都是为了发现、搜集犯罪线索和证据材料，以揭露和证实又犯罪。

五、狱内犯罪现场分析

狱内犯罪现场分析，是指现场勘查指挥员在现场勘查基本结束后，组织全体勘查人员根据现场访问和现场勘验所获得的材料，对现场和案件的情况以及初步侦查方案等问题进行分析研究，并作出判断的一项侦查活动。从侦查实践来看，分析判断贯穿于整个侦查活动的始终。

现场分析是现场勘查工作的重要组成部分，是现场勘验和访问的继续和深入，它在立案侦查中具有极其重要的意义。这项工作既是对整个勘查情况的总结，又是确定侦查方向和范围、采取侦查措施的基础和前提，起着承上启下的作用。正确的侦查活动，来源于对案情正确的分析判断，现场分析要坚持辩证唯物主义认识论的基本原则，在汇集勘查所得各种信息材料的基础上，采用个别剖析、综合分析以及逻辑推理的方式，进行去粗取精、去伪存真、由此及彼、由表及里，以及从个别到整体、从现象到本质的归纳、分析、判断、推理，使现场勘查工作由感性认识上升到理性认识，准确把握现场反映出的犯罪情况并作出正确的决策。

工作程序

一、狱内犯罪现场保护工作程序

在狱内侦查活动中，犯罪现场是多数狱内案件侦查工作的起点，犯罪现场中蕴含着大量的犯罪信息，因此只有通过细致的现场勘查工作，对这些犯罪信息进行深入分析研究，才能对犯罪行为有正确的认识，为后续的侦查工作打下良好的基础，最终达到侦查破案的目的。同时，现场保护的好坏直接影响着现场勘查的质量，可以说现场保护是现场勘查的前提和基础。可见，现场保护工作在现场勘查中具有非常重要的地位。其基本工作程序如图6-1所示。

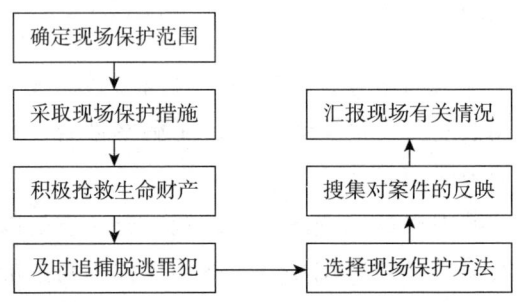

图6-1 狱内犯罪现场保护工作程序

法律对刑事案件的现场保护有着明文规定，任何单位和个人都有义务保护犯罪现场，并立即通知有关机关派员勘查。

当事人、知情人、报案人等个人如果发现犯罪现场，应及时报案，同时担负起保护犯罪现场的责任，防止罪犯或其他群众破坏犯罪现场，直至侦查人员到达为止。

侦查人员到达犯罪现场后，应及时组织对犯罪现场的保护，其基本步骤是：

（一）确定现场保护范围

侦查人员到达犯罪现场，应对犯罪现场有一个概括的观察，从而了解犯罪现场的大致情况，进而确定现场保护的范围；可在犯罪现场外围布置警戒，封锁现场，维持附近的公共秩序，防止出现混乱局面，保证现场勘查工作的顺利进行。

（二）采取现场保护措施

犯罪现场有着大量的犯罪痕迹，有些犯罪痕迹特别容易遭受破坏，因此需要加以格外的保护；同时由于自然原因，特殊的气候条件等情况，也需要对犯罪现场的犯罪痕迹采取一定的保护措施。以保护犯罪痕迹不受到人为或自然的破坏。

（三）积极抢救生命财产

当犯罪现场有需要救助的受伤人员时，现场保护人员应视受伤情况，指定专人急救或送附近医院抢救。如遇到有生命危险者，应在医生的配合下，由监狱人民警察问明又犯罪罪犯的有关情况，以利于及时破案。对爆炸、放火等现场，应组织人力及时抢险，解救被困人员，抢救公私财物。同时，还应尽量注意减少对现场的破坏。

（四）及时追捕脱逃罪犯

当发现有案犯脱逃时，应及时组织力量进行追捕，并将情况报告有关部门。对未脱逃的又犯罪罪犯，应依法及时予以关押。

对犯罪现场的保护既要保持犯罪现场的原始状态，尽量不动犯罪现场的任何物品；也要注意不要因保护现场而妨害了对犯罪嫌疑人的抓捕和对被害人的抢救。这就要求侦查人员在保护犯罪现场的同时做好这两方面的工作。

（五）选择现场保护方法

保护狱内犯罪现场没有固定的模式和方法，而应视现场所处的具体环境和位置加以确定。

1. 室外现场的保护方法。对于室外犯罪现场的保护，通常是在现场周围划出一定的范围把现场封锁起来，严禁无关人员进入。所划保护范围的大小，应视案件的不同情况和现场所处地理位置以及环境予以确定。总的原则是必须把作案的具体地点和可能遗留有犯罪痕迹以及其他物证的一切场所都划入保护的范围。在划定保护区范围时，开始时应适当划大一些，待狱内侦查人员勘查时再作调整。

2. 室内现场的保护方法。对于室内现场的保护，通常可将出事的房间和室外进出该房间的路线，以及可能留有犯罪痕迹和其他物证的处所一并加以封锁，布置专人看守，禁止一切无关人员接近。对处于不同环境中的室内现场，应视情况灵活采取相应的保护方法进行保护。

3. 对现场尸体、痕迹和其他物证的保护方法。对尸体的保护，一般可用竹席、芦席、塑料薄膜加以遮盖保护，防止加快腐败或雨雪等毁坏尸体上的痕迹和其他物证；对痕迹和其他物证的保护，可用白粉、木炭等画圈标记，防止踩踏。必要时，可用无明显气味的盆子、木盒、塑料薄膜等加以遮盖保护，防止风、雨、雪的破坏。

（六）搜集对案件的反映

在对犯罪现场实施妥善的保护措施之后，现场保护人员应抓紧一切时机，采取各种不同形式，向有关人员了解发生或发现案件的情况，了解谁是案件的知情人，以及案件发生或发现的经过等，同时要注意听取有关人员对于案件或者对于事主、被害人以及犯罪分子情况的种种议论、猜测和反映。并对在保护现场过程中发现的案件的现场目击者以及案件的其他知情人，逐人登记姓名。

（七）汇报现场有关情况

保护现场的人员，在负责勘查现场的狱内侦查人员到达现场后，应将了解和掌握的有关发生或发现案件的经过和保护现场的情况，主动、如实地报告给到场的现场勘查人员。报告的内容主要有：

1. 保护现场人员的基本情况。主要是指参加现场保护人员的姓名、职业、职务等情况。

2. 有关发案的时间。包括案件发生或发现的时间、接受报案的时间、保护现场的时间等。

3. 有关案件的基本情况。主要指案件发生、发现的简要经过，事主、被害人、发现人、报案人的姓名、住址、职业和现实表现等。

4. 案件发生后的损失情况。主要指财产损失情况和人员伤亡情况。财产损失情况主要包括财产损失的范围、数量、价值、抢救措施及效果等。人员伤亡情况，主要指是死亡人数、重伤和轻伤人数等。

5. 有关现场保护的情况。包括现场保护前的情况和现场保护过程中采取的具体措施，以及现场保护前后现场发生变动、变化的情况。如哪些人进入过现场，到过现场的哪些地方，接触过哪些痕迹、物品等。

6. 有关犯罪案件的知情人和疑人疑事。包括已知的犯罪案件的目睹人和案件的其他知情人的姓名、职业、住址，保护现场过程中发现的疑人疑事，群众对案件的议论、反映，以及与案件有关线索情况，如线索内容，提供人姓名、职务、单位或住址等。

保护现场的人员应在现场勘查指挥员统一领导下，继续做好现场保护工作，直至勘查完毕。

二、狱内犯罪现场勘查组织领导工作程序

狱内犯罪现场勘查工作头绪多，情况复杂，在一些重、特大案件的现场勘查中，有时勘查人员来自不同部门。因此，高效、权威的组织与指挥对保证勘查工作的顺利进行，提高现场勘查的效率与质量而言是十分重要的。其基本工作程序如图 6 – 2 所示。

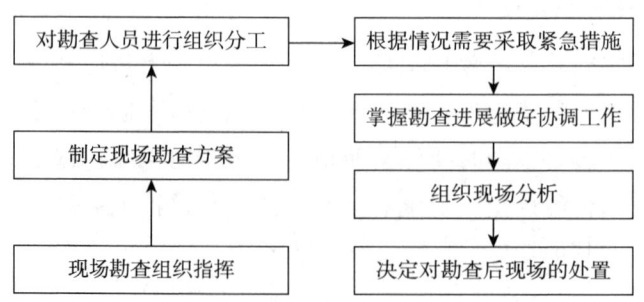

图 6 – 2　狱内犯罪现场勘查组织领导工作程序

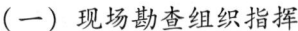

（一）现场勘查组织指挥

狱内案件发生后，应立即组织力量，迅速赶赴现场实施勘查。根据狱内案件管辖范围的有关规定，一般案件由监区或直属监区直接负责勘查，狱内侦查部门派员指导；重大案件，由监狱主管狱内侦查工作的负责人领导，狱内侦查部门直接负责勘查；特别重大案件原则上由省、市、自治区监狱管理局狱内侦查处或狱内侦查科负责组织勘查。如上级机关有关人员不能及时赶到现场而委托发案单位勘查的，应由发案监狱有关领导组织狱内侦查部门勘查。同时，还应邀请有关专业技术人员和当地检察机关派员参加。监狱在押罪犯与社会上犯罪分子勾结作案的现场，应视主犯情况确定由监狱或当地公安机关负责实施勘查。

（二）制定现场勘查方案

到达现场后，指挥员应迅速了解案件详细情况，同时观察现场环境，对基本案情和现场情况有一个较为全面直观的认识，对勘验的范围、顺序、重点、方法及人员分工等问题做到心中有数，初步形成现场勘查的方案。需要说明的是，勘查方案并不是一定要形成正式文字材料，而应当在指挥中全面体现。另外，勘查方案应当随着勘查工作的不断深入而及时进行补充和调整。

（三）对勘查人员进行组织分工

根据具体工作的需要，一般可分为以下几个小组：

1. 现场保护组：一般由发案监区、分监区监狱人民警察及临时指定的有关人员参加。主要配合原现场保护人员进行工作，负责警戒、封锁现场、保护现场痕迹和其他物证。

2. 现场访问组：通常以狱内侦查人员为主，吸收部分监区、分监区监狱人民警察参加。负责调查案件发生、发现情况；询问事主、被害人及其他知情人；调查了解案件有关情况，搜集证人证言和其他证据。

3. 实地勘验组：由狱内侦查技术人员、侦查员、聘请的有关专业技术人员组成。主要是通过现场勘查发现、固定和提取犯罪痕迹和其他物证，检验尸体、记录现场情况等。

4. 通讯联络组：一般由狱内侦查人员、通讯员、驾驶员等组成。负责传递上级领导部署，及时向有关领导汇报现场情况。

5. 搜索追捕组：由狱内侦查人员、特警队员、武警、监区、分监区监狱人民警察以及指定的其他人员组成。主要负责追捕逃犯，对现场外围进行搜索、寻找、发现犯罪痕迹和其他物证。

（四）根据情况需要采取紧急措施

指挥员应审时度势，针对现场上出现的诸如犯罪分子未及远逃或正在继续犯罪，以及有伤者需要抢救或存在爆炸隐患或火势蔓延等紧急情况，要打破常规、先急后缓，果断采取紧急措施，控制事态，排险救难。

（五）掌握勘查进展情况，做好协调工作

指挥员要注意统筹兼顾，全面安排，工作中要分清主次，抓重点、带一般。首先要随时掌握各项工作的进展，及时传达信息。其次要根据工作进展，协调各方面工作，及时调整力量。最后要果断决策，及时解决勘查中遇到的难题。工作中应避免两种现象：一是只扑在某一项具体工作上，忽略对全面工作的掌握；二是只顾忙于向上级或领导汇报，而离开了指挥位置。

（六）组织现场分析

集思广益，正确分析现场情况是指挥员的重要职责。首先，指挥员要形成一个有顺序、有重点的分析思路，并且初步提出所要研究的问题。其次，指挥员要创造民主的气氛，调动大家认真思考，畅所欲言。这期间特别要注意倾听与自己想法相左的不同意见，认真分析。最后，指挥员要善于综合大家的意见，形成下一步工作思路。分析中发现不明问题应及时复验现场。

（七）决定对勘查后现场的处置

现场勘查工作应当善始善终。勘查结束后，指挥员应根据实际需要，决定如何处置现场有关问题。对不需要保留的现场，及时处理；对需要继续研究和勘验的现场，应根据需要全部或部分保留，指定专人妥善保护；对于需要暂时保留的尸体，应妥善保存，并向死者的家属说明情况；对现场提取的痕迹、物品要妥善安排包装保存；对需要提取的物品，要填写提取清单，并向物主或主管单位出具收据，要求一式二份，一份交物主，另一份存卷备查。

三、狱内犯罪现场访问工作程序

狱内犯罪现场访问是现场勘查的重要组成部分，其重要意义在于：能够为在现场勘查中采取紧急措施提供重要材料；能够弥补实地勘查的不足，促进实地勘查工作更加深入细致地进行；有利于对现场物证的核对和甄别；有助于正确地分析判断案情；可为侦查破案提供线索和依据。其基本工作程序如图6-3所示。

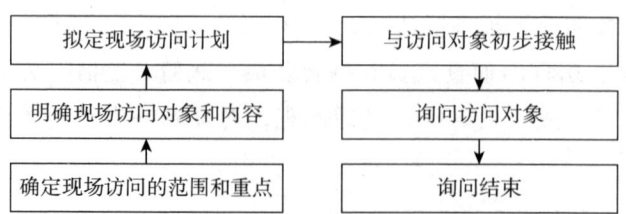

图6-3 狱内犯罪现场访问工作程序

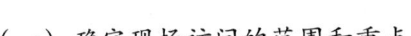

（一）确定现场访问的范围和重点

由于现场访问时间性很强，必须在一定的时间内完成，所以在现场访问全面开始之前应确定一定的范围。现场访问范围主要包括三个方面的内容：

1. 现场访问的地域范围，即现场访问需要在多大的地域范围内进行。

2. 现场访问的对象范围，即需要向哪些具体的人员进行询问。现场访问的对象有的非常明确，如犯罪现场发现人、报案人、事主、被害人、犯罪现场周围人员等；有的则较为隐蔽，范围模糊，如犯罪嫌疑人来去现场沿途可能知情的人员。

3. 现场访问的内容范围，即针对某一类对象或某一个对象，应当询问哪些情况，负责现场访问的侦查人员必须对需要询问的内容在访问前做到心中有数。

在侦查人员有限、时间紧迫的情况下，现场访问必须有重点地进行。确定访问重点就是要确定负责现场访问的主要力量应放在哪些地段、哪些对象上，重点要获取哪个时间段的哪些情况。确定现场访问重点一定要根据每起案件的具体情况，从案件发生的时间、现场所处的具体位置和地理环境、现场的状态、案件的性质和基本情况、犯罪嫌疑人作案的手段方法等出发，由现场勘查指挥员予以确定。

（二）明确现场访问的对象和内容

1. 报案人、发现人。报案人是指向狱内侦查部门或监狱人民警察报告发生案件情况的人。发现人是指最早发现案件现场的人。

对报案人、发现人询问的主要内容有：发现案件的具体时间、地点和详细经过；发现案件时现场的原始状态，现场有无变动，变动的原因是什么，变动的状态如何；发现案件现场时，还有什么人在场，有无人进出过现场，进入现场人的姓名等情况；对案件有何看法。

2. 事主、被害人。事主是指财物因犯罪行为遭受损失的人，其中也包括与财物损失有直接关系的人。被害人是指人身权利遭受犯罪行为侵害的人。事主、被害人与案件的关系最为密切，对案件中所涉及的一切情况也最为清楚。因此，他们是访问的重点对象。

对事主、被害人询问的主要内容有：案件发生、发现的时间、地点及详细经过；又犯罪罪犯的情况；财物损失的情况；发案前现场的有关情况，如窗户是否关好、谁有房间钥匙等；有无怀疑对象；事主、被害人的有关情况。

3. 其他知情人。其他知情人是指除又犯罪嫌疑人、被害人、事主以外的其他知晓案件情况的人。

对其他知情人询问的主要内容有：案发当时或案发前后听到或看到的有关情况；事主、被害人的日常表现、思想品德及其他方面的有关情况；又犯罪罪犯的特征及其他有关情况；对本案的看法及依据，其他人对本案有何见解和反映。

（三）拟定现场访问计划

在一些重、特大案件中，对一些重要证人的现场访问应拟定访问计划，这也是现场访问能够有秩序、有步骤进行的保证。访问计划一般包括以下内容：访问的目的和要求；访问对象的简况；访问的时间、地点；向访问对象询问的问题；访问的方式、方法。

（四）与访问对象初步接触

侦查人员与访问对象的初步接触是现场访问过程中非常重要的一个阶段，通过与访问对象的初步接触，侦查人员可以与访问对象之间建立起一种良好的关系并解除访问对象的顾虑，为后续的访问工作做好铺垫。在与访问对象初步接触阶段应做好以下几项工作：

1. 稳定访问对象的情绪，解除访问对象的顾虑。如果访问对象是犯罪案件的事主、被害人或其家属，就应当先设法使他们的情绪稳定下来，以缓解他们的愤怒、恐惧和担忧等情绪，尽量将他们的注意力转移到为侦查机关提供线索和证据上来。

2. 拉近心理距离，营造良好气氛。对于抵触心理较强或不配合现场访问工作的访问对象，应当充分运用各种方法和手段去拉近与访问对象的心理距离，营造出良好的访问气氛。例如，侦查人员可以充分运用语言艺术使访问对象注意力集中，情绪处于良好状态，从而产生与现场调查者互相配合的良好心理，促进现场调查的顺利进行；也可以投其所好，引发一些访问对象感兴趣的话题，进而达到活跃气氛，联络感情，从心理上迅速接近被调查对象的目的。

（五）询问访问对象

正式的现场访问应当依法个别进行，并告知访问对象必须如实提供证据和陈述证言，有意作伪证或隐匿罪证应负的法律责任。在询问开始后，首先应向访问对象提出调查的事项。提出调查事项时应注意两点：提出的问题，主题要清晰明确；问题的覆盖面适当宽一些，一般要提出应回答问题的轮廓。如"关于……你知道些什么？"以便访问对象能较为自由地陈述自己所知道的所有事实。提出调查事项后，由访问对象进行自由陈述。在访问对象自由陈述时，侦查人员一般不要对他进行过多干预或者提出问题，以免打乱他的思路，影响陈述的连贯性。在访问对象自由陈述结束后，侦查人员对以下问题进行具体询问：访问对象在陈述中没有提到或陈述得不够充分的事实；陈述中的事实与案情相矛盾的情况；需要进一步调查的某些事实细节。

（六）询问结束

对访问对象的询问应制作访问笔录和录音。

1. 现场访问笔录。现场访问笔录的内容应完整，包括首部，又称开始部分或前言

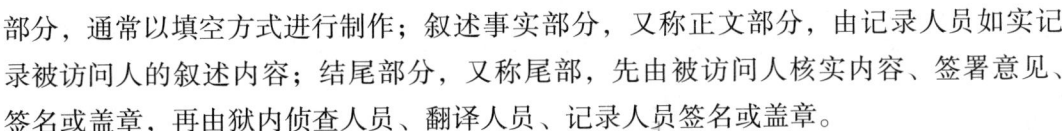

部分，通常以填空方式进行制作；叙述事实部分，又称正文部分，由记录人员如实记录被访问人的叙述内容；结尾部分，又称尾部，先由被访问人核实内容、签署意见、签名或盖章，再由狱内侦查人员、翻译人员、记录人员签名或盖章。

现场访问笔录的制作要求：

（1）记录必须客观全面。要求访问记录人员必须如实记录被访问人叙述的原意。特别是被访问人叙述的涉及案件中的一些关键性问题，应尽量记录原话。

（2）记录必须抓住关键、突出重点。访问笔录只需记录对查明又犯罪案件情况有意义的部分，凡是与又犯罪案件无关的内容、重复的内容，均可省去不记。对被访问人叙述的与又犯罪案件关系不大的次要内容，可简略记载；对与又犯罪案件关系密切的重要内容应详细记录。

（3）记录必须合法。访问记录必须按照统一格式制作，所列项目必须齐全。询问结束后，狱内侦查人员应将笔录交被访问人核对或向其如实地宣读。如被访问人认为笔录有遗漏或差错的，应当允许补充或改正。被访问人确认笔录无误后，应在笔录的最后写上"以上笔录经我看过，和我叙述的相符"或"以上笔录向我宣读过，和我说的相符"字样，并由被访问人在笔录的涂改、添加和页码处捺指印。

当前笔录系统已经在很多单位推广，但如果是采用传统手写的方式制作访问笔录，那就只能用毛笔和钢笔书写，严禁使用铅笔或圆珠笔作为书写工具。

2. 亲笔证词。访问时，如果被访问人请求自行书写证词的，应当允许。如果狱内侦查人员认为有必要的，也可要求被访问人亲笔书写证词。

3. 现场访问录音。狱内侦查人员对于重大、特大案件的被害人、证人进行访问，在文字记录的同时，可以根据需要录音。但它不能替代狱内现场访问笔录，仅仅是一种辅助记录手段。

对被访问对象的陈述、证言进行录音时，要有始有终，要把录音过程中狱内侦查人员和被访问人之间的对话，原原本本地全部录制下来。访问结束时，狱内侦查人员要告诉被访问人继续回忆有关情况，有什么问题随时可以再谈。最后，狱内侦查人员要说明访问结束的时间。

四、狱内犯罪现场勘验工作程序

由于现场勘验检查的技术性很强，因此，必须按一定的步骤和程序进行。无论是何种性质案件的犯罪现场，现场勘验检查的操作都有其共性的一面，即都是按照一定的层次进行的。从整体层次到局部层次、从局部层次到个体层次，这种层次性操作体现在具体的操作步骤中，它符合人们对事物的渐进性的认识过程。狱内犯罪现场勘验的工作程序一般分为以下六个阶段，如图 6-4 所示。

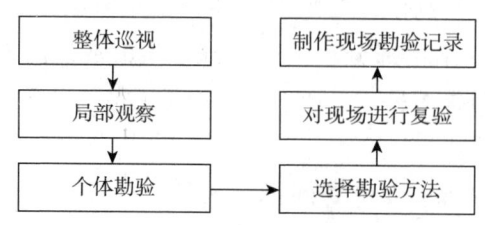

图 6-4　狱内犯罪现场勘验工作程序

（一）整体巡视

整体巡视是勘查人员对现场的周围环境、现场外部和内部状态所进行的概览性的巡视观察。通过整体巡视使勘查人员对现场整体状态有一个初步的认识、概要的了解，进而确定勘验的重点范围、重点部位及勘验的顺序。在整体巡视阶段要进行现场的方位照相和概览照相。

整体巡视的目的是：对犯罪现场有一个较完整的认识；正确划定勘验范围；确定勘验的重点；确定勘验的顺序；准确选择进入犯罪现场的路线。

整体巡视阶段的主要工作内容包括：

1. 了解现场情况，采取相应措施。勘查人员到达现场以后应立即听取先期到达现场干警的汇报，并注意询问以下的情况：现场保护情况；现场变动情况；现场有无人员进入，进入部位，触摸的物品及部位；案件的发生、发现经过；现场原来工作、生活人员的规律、活动范围；现场内值日值班的情况。

对现场保护措施尚未采取的或采取不当的，要及时采取和纠正。对现场上应立即采取的紧急措施要及时落实，如抢救受伤人员、排除险情等。

2. 巡视现场。在对现场进行巡视时，首先要注意查看现场的方位、环境及现场周围的地形地物、现场建筑物的结构和用途。然后，查看现场外部可进入现场中心的所有途径，如现场四周有无洞孔、门窗有无破坏痕迹、现场四周墙面上有无蹬踏痕迹，以判定犯罪行为人进出现场的部位。最后，查看现场内痕迹物证的位置、状态、分布，有尸体的现场还需查看尸体的位置、姿势以及血迹的分布状态等。

3. 划定勘验的范围，明确勘验的重点。指挥人员应根据巡视现场获得的情况，对现场的勘验范围作出决定。勘验范围应当包括犯罪行为人实施犯罪行为的地点以及遗留有与犯罪有关的痕迹物品的处所。

任何一个犯罪现场都有其勘验的重点部位，明确勘验的重点才能提高勘验的效率。勘验的重点，应根据犯罪现场的具体情况而确定。一般情况下应包括：犯罪行为人实施主要犯罪行为的场所；犯罪行为人侵害的对象；犯罪行为人进入现场和逃离现场的路径等。

4. 确定勘验顺序。勘验顺序是指勘验人员对犯罪现场进行勘验检查的起点或顺序。常见的现场勘验顺序包括以下六类：

（1）由现场中心向现场外围进行勘验。这种勘验顺序适用于现场范围不大，痕迹物品比较集中，中心部位比较明显的现场。

（2）由现场外围向现场中心进行勘验。这种勘验顺序适用于现场范围较大，痕迹、物品分散，中心部位不突出的现场。有些现场虽然中心部位突出，但留在外围的痕迹物证有可能遭到破坏，此时，也可先勘验现场外围，后勘验现场中心。

（3）由现场的进出口处开始进行勘验。这种勘验顺序一般适用于进出口有破坏痕迹的室内现场，对盗窃案件现场的勘验多适用这一勘验顺序。

（4）沿着犯罪行为人的行走路线进行勘验。这种勘验顺序一般适用于有较好的成趟足迹，犯罪行为人行走路线较为明显的室外现场，或是在追缉、搜索过程中使用。

（5）由某一特定的部位开始进行勘验。这种勘验顺序适用于严重暴力犯罪或重大、特大抢劫、盗窃案件现场。

（6）沿着地形地物的自然界线进行勘验。这种勘验顺序适用于发生在江、河、湖、海、沟渠及其沿岸和田间小路、铁路、公路线上的案件现场。

除了以上六种常见的勘验顺序以外，还有沿着室内各种物体排列的顺序进行勘验；从室外现场的中心呈放射状向四周进行勘验，从室外现场的中心呈螺旋式向外进行勘验等。现场勘验的顺序要视现场的具体情况而定，不能拘泥于某一模式，应综合考虑当时的气候变化、地理环境、交通状况和现场人员的配备等因素进行确定，只有这样，才能使现场勘验工作得以顺利进行。

（二）局部观察

所谓局部观察，是指勘查人员在对现场整体巡视的基础上，根据已经确定的现场勘验范围、重点和顺序，将现场划分为若干部分，然后组织现场勘查人员分工负责或集中力量逐一对犯罪现场上客体的特点、状态、位置及其相互关系等进行观察研究和记录。在局部观察阶段，要注意观察痕迹物证的形态、分布及其与有关证人、被害人陈述之间的对应关系。只有加强对现场各种情况的研究分析，才能加深对犯罪现场的认识，为个体勘验打下良好的基础。

局部观察的目的是：记录固定现场状况；观察局部现场范围内有哪些明显可见的痕迹物品及其分布状况、位置、遗留时间、形态和相互关系；判断痕迹物品与又犯罪行为的关系及其形成机制；分析研究局部与局部、局部与整体之间的关系；分析研究这些痕迹、物品有无自相矛盾或不符合事物发展规律的现象；寻找哪些隐蔽部位的或不易发现的痕迹和微量物质；分析研究又犯罪人在现场的活动情况。

局部观察阶段的具体工作内容包括：

1. 观察地面痕迹物证。在处理地面痕迹物证时，要仔细观察地面上的各种痕迹物证，并用粉笔等加以圈划标示，以保护地面上的痕迹不被破坏，然后用照相、制图、笔录等形式进行固定和记录。如果在现场的某一特定部位遗留的痕迹物证较多，一时难以处理，除用粉笔等圈划标明外，还可架上踏板，以便勘查人员从踏板上进出现场。

发现地面痕迹物证的主要方法有：①利用自然光从不同角度进行观察寻找；②用辅助光源从不同角度进行观察寻找。

2. 全面记录固定现场状况。记录固定现场就是用照相、录像、绘图和文字笔录等方法把犯罪现场的原始状况如实记录下来。记录固定现场要求做到客观、准确、全面、迅速。记录固定犯罪现场工作应当按照已经确定的勘验顺序进行，在局部观察阶段主要进行现场中心照相和现场细目照相，制作现场笔录，并绘制现场局部草图。

3. 判明犯罪行为人进出现场的路径或出入口，查明犯罪现场上的变动情况。现场勘查人员进入现场中心后，应通过仔细观察，结合事主、被害人的陈述，寻找、判明又犯罪行为人进出现场的具体部位或进出现场的路径，查明又犯罪行为人曾在现场哪些区域活动过，现场中哪些物体、物品发生了变动或增减。

4. 全面寻找、发现现场内的痕迹物证。勘查人员在局部观察阶段的一项重要任务是利用人体感官和各种技术手段，分工负责地全面仔细寻找、发现现场内的痕迹物证。勘查人员应当按照分工，集中精力认真观察现场上的每一客体，寻找、发现犯罪痕迹物证。对发现的痕迹物证一般不要急于进行提取，可以在个体勘验阶段一并处理。

（三）个体勘验

个体勘验是勘查人员在局部观察的基础上，对现场与犯罪行为有关或可能有关的痕迹物证，逐一进行勘验和检查。

个体勘验的目的是：寻找发现痕迹物品；研究检验痕迹、物品、尸体和人身；记录固定痕迹、物品、尸体；提取保存痕迹物品；沟通情况，防止痕迹物品遗漏。

在个体勘验阶段，对痕迹、物证的勘验应按先地面后高处，先重点后一般、先易消失后稳定的顺序进行，对同一痕迹或物证的勘验应按先静观后动手、先记录后提取、先外表后内部的顺序进行。

个体勘验可分为静态勘验和动态勘验两个阶段进行。

静态勘验是在不触动勘验客体的情况下，观察、记录、检验其位置、状态、特征，研究其暴露部分的结构特征与形态变化，以及与其他客体及犯罪行为的关系，寻找发现较为明显的痕迹物证。

动态勘验是在静态勘验的基础上，在移动翻转勘验客体物的情况下，借助各种技术手段和方法，观察、记录、检验客体非暴露部分的特征和变化，寻找、发现较为隐蔽的和微量的痕迹物证，研究痕迹物证的形成机理及与犯罪行为的关系。在这一阶段可以对发现的痕迹物证进行细目照相、摄像，有的还要通过测量，将它（他）们的位置、状态等用笔录、绘图的方法记录下来。

对个体检验阶段发现、提取的痕迹物证要进行认真的验证和核实，初步确定其是否为又犯罪行为人所留。甄别犯罪痕迹物证要根据现场的具体情况，在综合现场勘查获得的各种材料的基础上，相互补充和印证。在实践中一般的甄别途径包括：根据痕迹物品所在的具体位置、方向、形态、新鲜程度、附着物及其与周围痕迹、物品的关系进行甄别，根据事主、被害人、知情人的陈述进行甄别，通过排除近期曾到过现场的无关人员所遗留的痕迹物证进行甄别，通过现场实验进行甄别。

（四）选择勘验方法

1. 观察法。实地观察法是指狱内侦查勘验人员利用感觉器官对与犯罪有关的场所、物品、人身、尸体进行感性认识的一种最基本的勘验方法。

在狱内犯罪现场实地勘验过程中，狱内侦查勘查人员利用视觉器官，不仅可以观察犯罪现场客体物的位置、状态、形态、大小、宽窄、深浅、颜色、用途等外部特征及相互关系，而且还能从一般的事物中洞察出行外人发现不了的犯罪痕迹和其他物证。利用听觉器官，不仅能帮助狱内侦查勘查人员感知某些现场客体物质能否发出声音，还能帮助狱内侦查勘查人员辨别某种声音是否与犯罪事件有联系。利用嗅觉器官能感知勘验客体的气味，利用触觉器官能感知勘验客体物的温度、湿度、软硬程度等特征，利用色觉器官能感知勘验客体物的不同颜色等。

狱内侦查人员在感知过程中，不仅要把注意力集中在明显的犯罪痕迹、物品上，还要把注意力集中在隐蔽部位、潜在的犯罪痕迹和微量的物质上。只有这样，才能全面发现犯罪痕迹和其他物证，才能辨别犯罪痕迹、物品与犯罪事件有无内在联系，查明真相，识别伪装。

2. 分析比较法。分析比较法是指狱内侦查勘验人员确认一种物质、形态或现象与另一种物质、形态或现象的同一性或差异性的一种方法。在现场实地勘验过程中，可从以下几个方面进行分析比较：①把某一部分犯罪现场物质环境或单一的痕迹、物品与犯罪现场其他部位的物质环境或其他个体现象进行对比，从中发现其相同性或差异性，查明是否存在疑点。②把犯罪现场上所出现的现象与被害人、事主的陈述进行对比，从中发现是否存在问题。③把该案犯罪现场上遗留的痕迹、物证和作案手段、方法与曾经发生过的类似案件现场的痕迹、物证和作案手段、方法相比较，看是否符合并案侦查的条件。④把犯罪现场上所勘验的事物与其自身的发展规律进行比较，以发现是否反常。

3. 技术检验法。技术检验法是采用技术手段和方法，强化了观察、比较的精度和深度，以充分发现并提取犯罪痕迹物品，全面掌握勘验对象本质的勘验方法。技术检验法的目的是发现、固定、提取、检验现场的各种痕迹物品，对勘验对象的有关属性进行定量或定性的评价，使犯罪痕迹物品得以被充分发现和提取，并使提供的线索和证据更加科学和可靠。

4. 现场实验法。现场实验法，是为了解决现场上的某些问题，采用重演或模拟的方法，研究证实在某种条件下某种事实能否发生，或某种事实在什么条件下发生的一项侦查活动。现场实验是侦查实验的一种具体形式，可能在现场勘验阶段进行，也可能在以后的侦查过程中在现场原地进行。现场实验的任务是：验证现场访问对象的陈述是否准确可靠；验证又犯罪嫌疑人的供述是否真实可靠；验证现场上某些事件和现象能否发生、如何发生。

5. 现场搜索法。狱内犯罪现场搜索，是指在现场勘查过程中，为了发现、寻找遗留于犯罪现场中心和外围的与又犯罪有关的物品、痕迹和尸体进行公开搜查的勘验方法。在通常情况下，搜索的范围包括犯罪现场周围的地段和房屋建筑设施等。

狱内犯罪现场搜索的方法，主要应根据搜索的目标和范围、搜索地点的地形地物特点以及参加搜索人员的情况而定。通常情况下，一般采取分片式、螺旋式、条幅式、辐射式、夹击式、包围式、连环式等方法进行。

（五）依法对狱内犯罪现场进行复验

狱内犯罪现场复验，是指对已经勘验过的现场，根据需要，有目的、有重点地依法再次进行勘验、查证的一项侦查活动。现场复验作为现场勘验的一种补充形式，对查证、核实某些情况，弥补现场勘验的不足和纠正现场勘验的失误，有着重要的作用。但不是所有的现场都需要现场复验，往往只有当案件出现下列情形之一时，才进行现场复验：①人民检察院提出要求。②现场勘验结果与其他侦查途径获得的情况有较大差异。③有关当事人或家属对案件定性始终不服。④案情复杂，现场疑难问题多。⑤侦查中发现现场勘验获取的线索和证据不足。⑥侦查工作陷入困境。

由于现场复验是现场勘验的延续和补充，因此从原则上说，两者的要求是相同的。但由于现场复验有自己的具体原因，与现场勘验有在勘验时间、范围、目的上的不同，因此现场复验与现场勘验的要求又有所不同。主要有：①现场复验由负责现场勘验的侦查部门组织实施。②现场复验人员应具备一定的业务水平和勘验经验，现场复验时的技术设备也应不低于现场勘验时的条件。③制作现场复验记录。④及时与原现场勘验结果比较。

现场复验所获得的结果和材料，应及时与现场勘验所获得结果和材料进行比较，如果两者有差异，要作深入的分析、研究和检验，以统一认识，并形成现场复验报告。

（六）制作狱内犯罪现场勘验记录

狱内犯罪现场勘验记录，是指狱内侦查人员勘查犯罪现场时，对现场状况、犯罪痕迹、物品及实地勘验的情况，运用笔录、绘图、照相和录像的方法所作的如实记载。笔录、绘图、照相和录像四种形式，互相配合，互为补充，构成了对犯罪现场及其勘查情况的完整记录。其中现场勘验笔录是主要手段，其他是不可缺少的辅助手段。

1. 狱内犯罪现场勘验笔录。狱内犯罪现场勘验笔录，是指运用文字符号记述的方法把犯罪现场情况和勘验过程记载、固定并保存下来的一种法律文书。

制作狱内犯罪现场勘验笔录的要求：①叙述事实部分的记录顺序必须要与实地勘

验的顺序保持一致，并力求条理清楚，层次分明，避免遗漏和重复。②笔录必须客观、实事求是。用语要准确，不得使用模棱两可、含糊其辞的语言。③尸体检验、物证检验、侦查实验、人身搜查等都必须单独制作笔录，但在勘查笔录中必须应有简明扼要的记载。④凡是多次勘验的犯罪现场，每次都必须制作补充笔录。多个犯罪现场的应分别制作笔录。⑤必须注意笔录的合法性。笔录一经有关勘查人员、见证人签名或盖章后就具有法律效力，原则上就不能再改动。

狱内犯罪现场勘验笔录的内容：①首部。这部分包括文书名称，现场勘验开始和结束的时间、地点，参加人姓名、单位和职务等内容。②正文。这是狱内犯罪现场勘验笔录的核心部分。制作时应如实反映犯罪现场勘验的过程和结论。一般应详细记载以下内容：首先，前言部分。主要应记明受理报案情况；犯罪现场保护情况；参加犯罪现场的指挥员、侦查人员的姓名、单位、职务；被邀请见证人的姓名、职业和住址；犯罪现场勘查的日期和起止时间；当时的气候、光线和温度条件等。其次，叙述事实部分。主要应记明犯罪现场的具体位置（即所在的监区、分监区）；勘验所见情况：主要记明现场出入口情况、其他通道情况；犯罪现场中心部位情况；犯罪现场中的反常现象。最后，结尾部分。主要应记明对犯罪现场上发现的尸体的处理情况；提取痕迹；物品的名称、数量；绘制现场图的种类、数量；照相、录像的内容和照相、录像的数量等。③尾部。这部分主要应记载犯罪现场勘查指挥员、勘查人员、见证人、记录员在笔录上亲自签名或盖章等情况。

2. 狱内犯罪现场照相。现场照相是运用照相技术将案件现场情况，以及与案件有关的痕迹、物品准确记录下来的一种照相方法。它的要求是：及时、迅速地赶赴现场；从现场实际出发，紧紧围绕以揭露和证实又犯罪为目的，进行现场照相；要真实、准确、清晰、形象地反映现场的原始情况；整套照片要系统、完整；照片的编排、构划和文字说明应符合办案工作的要求。现场照相的内容和种类有：现场方位照相、现场概貌照相、现场重点部位照相、现场细目照相。

3. 狱内犯罪现场录像。现场录像，是指运用录像技术记录现场状况的一种科技手段。

现场录像的内容要能反映现场勘查人员的组成情况，全面反映现场及其勘查情况。现场录像包括现场方位录像、现场全貌录像、现场重点部位录像和现场细目录像四个方面。

在结束现场录像之前，应将勘验过程中发现和提取的各种痕迹和其他物证，以分镜头方式予以再现。结束现场录像后要进行编辑，即将现场上拍摄的各个分镜头，按照一定的顺序进行组合，并配以文字说明、解说词，使其成为一部完整的现场录像片的过程。

五、狱内犯罪现场分析工作程序

狱内犯罪现场分析是现场勘查工作的重要组成部分,是现场勘验和访问的继续和深入,它在立案侦查中具有极其重要的意义。这项工作既是对整个勘查情况的总结,又是确定侦查方向和范围、采取侦查措施的基础和前提,起着承上启下的作用。正确的侦查活动,来源于对案情正确的分析判断,狱内犯罪现场分析要坚持辩证唯物主义认识论的基本原则,在汇集勘查所得各种信息材料的基础上,采用个别剖析、综合分析以及逻辑推理的方式,进行去粗取精、去伪存真、由此及彼、由表及里,以及从个别到整体、从现象到本质的归纳、分析、判断、推理,使现场勘查工作由感性认识上升到理性认识,准确把握现场上反映出的犯罪情况并作出正确的决策。从侦查实践来看,分析判断贯穿于整个侦查活动的始终。其基本工作程序如图 6 - 5 所示。

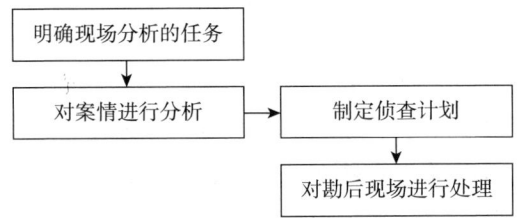

图 6 - 5 狱内犯罪现场分析工作程序

(一) 明确现场分析的任务

1. 汇集现场勘验、访问所获材料,研究现场勘查中有无遗漏,以利决定是否采取补救措施。

2. 判明案件性质,确定是否需要立案侦查。

3. 研究案件中所涉及的有关作案时间、地点、人数、作案工具、手段、目的动机、作案过程等重要情况。

4. 在分析判断案情的基础上,确定侦查方向和侦查范围。

5. 在上述任务完成之后,再提出对犯罪现场的处理方案。

(二) 对案情进行分析

经审查确定立案后,在现场勘查和现场访问的基础上就要进行案情分析。案情分析是侦查破案的重要环节,主要依据是现场勘查材料和现场访问材料。在分析中主要有以下几方面:

1. 案件情况的分析。对案件进行分析应从以下几方面进行:

(1) 案件性质的分析。首先要分析判断该事件是一起又犯罪事件,还是一起事故或意外,或是一起伪造犯罪现场的假案。通常应根据勘验、检查、现场访问、现场实验结果、技术检验和鉴定结论等方面进行分析判断。在事件性质判明之后,才能确定是否立案侦查。在确定为案件后，还应根据犯罪的动机目的、犯罪行为方式、又犯罪嫌疑人对现场的知情情况等几个方面进行分析，判明案件性质。在判明案件性质的基础上，才有利于侦查工作的顺利开展。

（2）作案时间的分析。主要分析从犯罪分子进入现场作案到逃离现场的时间。分析判断作案时间的主要依据是：事主、被害人和现场周围有关人员提供的作案时间；犯罪现场有关痕迹（如血迹）及其变化情况；犯罪现场上能够提供时间参考的物品；尸体现象及胃内溶物的消化排空情况；现场实验情况；事主、被害人的作息规律、生前习惯。

（3）作案地点的分析。主要分析发现案件的地点是否是犯罪分子原始作案地点。在监狱这个特殊环境中，作案地点一般都是清楚的，只有极少数案件才存在分析判断作案地点的问题。通常应依据现场上有无反常情况、犯罪痕迹、尸体或尸体附近的异常物质、现场附近有无移尸迹象等方面分析判断作案地点。

（4）作案手段的分析。主要分析又犯罪嫌疑人采用什么方法手段、使用什么作案工具进行作案的。

（5）作案人数的分析。主要分析是几个人到现场进行作案的。在侦查实践中，判明作案的具体人数对确定侦查方向和范围具有重要意义。一般应根据现场上遗留的足迹、手印、丢失财物的情况、尸体上的伤痕、犯罪现场上遗留的工具痕迹、被害人和其他知情人陈述的有关内容等方面进行分析判断。

（6）作案工具的分析。主要分析犯罪人使用什么作案工具进行作案。狱内案件的作案工具虽有相似的特点，但各个案件的情况有所不同。应根据现场上遗留的工具痕迹特征、遗留在现场与作案工具有关的物品、工具痕迹上附着的微量物质等方面分析判断作案工具。

（7）作案过程的分析。主要分析犯罪人由进入现场到逃离现场，在现场中犯罪活动的先后顺序，进行了哪些活动等。只要判明了这一过程，对确定案件性质、刻画又犯罪罪犯应具备的条件，甄别又犯罪嫌疑人口供等都具有重要作用。通常应根据现场足迹的走向及行进路线、除足迹以外的其他痕迹形成的先后顺序、现场上物品的变化情况、被害人和目睹人提供的情况等几个方面分析判断又犯罪罪犯的作案过程。

（8）作案的动机、目的的分析。作案的目的和动机支配着又犯罪行为，形成性质各不相同的狱内案件，而且它总会通过犯罪现场的各种现象反映出来。分析的目的，有助于正确认定案件的性质，确定侦查范围。通常应根据侵害（犯）的目标和对象，被害人的情况、现场的情况等几个方面进行分析判断。

2. 犯罪人条件的分析。在案件基本情况的分析基础上，要根据分析的结果进一步分析犯罪人具备哪些条件特征，便于在侦查中摸排犯罪嫌疑人。在分析罪犯条件时应从以下方面考虑：时间条件、地点条件、因素条件、工具条件、现场遗留痕迹条件、现场遗留物品条件、赃款赃物条件、体貌特征条件、知情条件、技能条件和前科劣迹条件等。

3. 侦查方向的分析。侦查方向，是指侦查工作的指向。侦查方向的分析和确定在侦查破案中占有重要地位。如果侦查方向分析确定有错误，案件的侦破就要误入歧途。侦查方向往往是由案件性质确定的。比如盗窃案件中，内盗性质的盗窃案件，侦查方向应确定在被盗单位内部人员中；如果是外盗性质的盗窃案件，侦查方向应确定于被盗单位的外部人员中。

4. 侦查范围的分析。侦查范围，是指对侦查工作所限定的界线范围，具体指区域范围和人员范围。侦查范围应该在确定侦查方向的前提下确定，侦查范围确定的正确与否直接关系到侦查破案的速度与质量。如果将侦查范围确定错了，又犯罪嫌疑人就可能漏网。当然，侦查方向和侦查范围的确定也并不是一成不变的。随着侦查工作的不断深入、侦查材料的不断增多、对案件情况认识的不断加深，侦查方向和侦查范围可以及时地调整和修正，以适应侦查工作的需要。

5. 侦查途径的选择。侦查途径，是指在刑事案件侦查中，查明犯罪事实，搜集犯罪证据，实现侦查破案的道路和方法。选择侦查途径，就是选择侦查破案的道路和方法。任何一起案件的侦破中，都可能存在若干条通往侦查破案的途径可供选择，但不可能每条途径都能达到破案的终点，因此，要选择最优途径。在案件侦查中，可供选择的侦查途径有：从又犯罪嫌疑人的体貌特征入手；从又犯罪嫌疑人的损伤特征入手；从作案的方法手段入手；从现场遗留痕迹入手；从现场遗留物品入手；从赃款赃物入手；从作案时间入手；从因果关系入手；从查对犯罪资料档案入手；从侦查手段措施入手；从可疑人、可疑事入手；从并案侦查入手等。

（三）制定侦查计划

侦查计划，是刑事案件侦查中，所制定的侦查行动规划。对案件分析判断后，根据案件分析的具体情况，要制定案件的侦查计划，以保证侦查工作有组织、有计划、有步骤地进行。

1. 侦查计划的内容。侦查计划的内容主要包括以下几方面：①对案情的初步分析和判断（包括线索来源可靠程度和涉嫌范围的测定）；②侦查方向和侦查范围；③查明案情应当采取的措施；④侦查力量的组织和分工；⑤需要有关方面配合的各个环节如何紧密衔接；⑥侦查所必须遵循的制度和规定；⑦如属预谋犯罪案件，还应当提出制止现行破坏和防止造成损失的措施。

2. 制定侦查计划的要求。

（1）内容要明确具体。侦查计划的内容必须明确具体，不能含糊其辞、粗枝大叶，致使计划无法实施。在内容上，必须反映出立案侦查的事实依据和法律依据；初步分析判断；确定的侦查方向、范围和选择的侦查途径；采取的侦查方法，运用的侦查措施手段以及预料可能出现的问题和解决办法；侦查的组织分工、要求和纪律等。只有侦查计划的内容明确具体，侦查工作才有章可循。

（2）措施要切实可行。侦查计划拟定所采取的侦查措施和手段，必须切实可行，要有针对性。所谓切实可行，就是要从案件的具体情况出发，从侦查队伍的实际情况出发，不能脱离侦查队伍和案件情况的实际。必须在侦查中能解决实际问题，必须是侦查队伍所能够完成的。所谓有针对性，就是能有针对性地解决案件中的关键问题，这才有可能取得侦查的胜利。

（3）部署要及时严密。侦查计划各项部署的制订，必须及时、周到和严密，符合案件侦查的指导思想。刑事案件的侦查具有较强的时间性，因此，对侦查计划的部署要及时，及时部署，及早组织实施，及早捕获罪犯，否则，就会贻误战机。另外，部署侦查计划，还要将方方面面的情况考虑周到，尽量少出漏洞和差错。

（4）计划要符合法律。刑事案件侦查的开展，必须依法进行，必须接受国家有关法律的指导和制约。在侦查计划的制定中，侦查的各个环节都必须保证侦查的合法性。从立案侦查开始到侦查终结，侦查工作的全过程必须严格按照有关法律的规定拟定侦查计划，使侦查工作在准确合法、手续完备的条件下开展。这是侦查工作的一项重要基本原则。

总之，侦查计划制定的要求，必须具有明确性、可行性、及时性和合法性。

侦查计划制定后即可报经有关领导批准执行。在执行侦查计划过程中，应随着狱内侦查工作的逐步深入，适时修改补充计划，使狱内侦查工作沿着正确的方向开展。

（四）对狱内勘后现场进行处理

1. 对需要继续保留现场的处理。对受主客观条件的限制，一次不能勘验清楚，或一次勘验无法解决某些疑难问题，而又需要进一步勘验的，都应将犯罪现场部分或全部保留下来。对于室内犯罪现场，可由有关监区、分监区对门窗加封，布置专人保护；对室外犯罪现场可划出一定警戒范围，采取恰当措施予以妥善保全。

2. 对不需保留现场的处理。对勘后不需要保留的现场，可通知有关监区、分监区及时处理。对现场上的重要财物，应及时向事主或监区、分监区当面点清，借用物品应如数归还。

3. 对尸体的处理。对不需要保留的尸体，可通知有关监区、分监区处理。对需要解剖或提取人体组织、胃内溶物、血迹的尸体，应按有关规定执行。对需要暂时保留的尸体，应采取有效保存措施予以保存，防止腐败和主要特征的消失与损坏。

4. 对提取的痕迹和其他物证的处理。对在勘验过程中提取的犯罪现场物品，应填好物品清单，并向事主和主管监区或分监区出具收据。对提取的痕迹和其他物证应妥善包装、运送，专人负责保管，以免损坏和丢失。

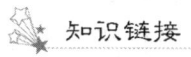 知识链接

犯罪现场分类

犯罪现场分类的方法很多，常用的分类标准和方法有以下几种：

1. 原始现场与变动现场

以犯罪现场形成以后有无变化为标准，可将犯罪现场分为原始现场和变动现场。

（1）原始现场。原始现场是指刑事案件发生以后到实施勘查以前，现场没有受到人为或自然因素的影响，现场状态没有发生改变的现场。这类现场由于保持了案件发生时的本来面貌，能客观、真实地反映犯罪行为人在现场作案的行为方式和过程，犯罪的痕迹、物品没有遭到破坏。因此，原始现场对侦查工作具有重要作用。

（2）变动现场。变动现场是指刑事案件发生后到实施勘查前，由于自然或人为因素的影响，使现场的原始状态部分或全部发生改变的现场。

变动现场的特点是犯罪行为人遗留的痕迹和物证受到了某种程度的破坏或散失，不能客观、全面地反映犯罪行为人在现场上的行为方式与作案过程。这为发现侦查线索、搜集犯罪证据、分析判断案情等带来了一定的困难，有时还会导致在分析判断案情上发生错误。这就要求侦查人员用正确的态度对待变动现场，只要有严肃认真的科学态度，不断探索总结变动现场的规律、特点，善于从变动中去发现那些没有变动的部分，即使是遭到严重破坏的现场，也可以获得一些有价值的侦查线索和破案证据。

2. 主体现场与关联现场

犯罪现场按照它们在犯罪发展过程中的地位和作用，可分为主体现场和关联现场。

（1）主体现场。主体现场是犯罪行为人实施主要犯罪行为的处所。例如：杀人案件杀人的处所、抢劫案件实施暴力抢劫的处所、爆炸案件发生爆炸的处所等。

主体现场大多能较充分地反映犯罪行为人的犯罪行为，能为侦查人员提供认识犯罪和揭露犯罪的主要情况，如犯罪的动机、目的、手段、方法以及实施犯罪的过程等。通常，犯罪行为人在主体现场上遗留的痕迹和其他物证比较多，犯罪行为人的人身形象和其他个人特点，在主体现场上也会有不同程度的暴露。这对于判明案件的形成，分析案件的性质，刻画犯罪嫌疑人，发现侦查线索，搜集破案证据，确定侦查工作的方向和范围，都有十分重要的作用。

（2）关联现场。关联现场是指主体现场以外同犯罪行为相关联的现场。如预谋场所，藏赃毁证、移尸埋尸场所等。犯罪行为人在实施侵害行为以前，一般都有一定的预谋活动，如对犯罪地点的选择、犯罪目标的窥探、作案工具的准备等。在实施侵害行为以后，一般都有处理赃物罪证、设法逃避打击的活动，如隐藏赃物、罪证，隐匿尸体等。所有这些活动都是与犯罪嫌疑人实施侵害行为的活动密切联系着的。预谋是实施侵害行为的准备，处理赃物、罪证，逃避打击等活动，则是实施侵害行为的继续和发展。在实践中，有一些重大案件的侦查活动是从关联现场的发现与勘查开始的。如杀人案件中的移尸、碎尸案件，其侦查工作就是从最先发现移匿尸体或尸体残肢的关联现场开始，经过勘验、检查，并以此为出发点，循迹追索主体现场的。

关联现场有一个重要的特点，即不容易全部被发现，有的关联现场还容易被忽视。由于所有的关联现场都与犯罪行为人实施侵害行为有着直接的因果联系，通过对关联现场的寻找、发现与勘验，可以获得更多的侦查线索和破案证据，有利于及时揭露犯罪和揭发犯罪嫌疑人。有时，由于侦查人员对关联现场的重要性认识不足，在发现了主体现场以后，常常忽视了对关联现场的寻找与勘查，以致失去了许多本来可能获得的侦查线索和证据。因此，为了及时揭露犯罪行为人，必须重视对关联现场的查找。一旦发现了关联现场，应认真勘验，即使是破案以后犯罪嫌疑人供述的关联现场，也应及时前往勘验。这样既可以印证犯罪嫌疑人的口供，也可以进一步充实犯罪证据。关联现场可以从不同角度和不同方面反映刑事案件发展的过程，它与主体现场互相关联、互相补充，完整地反映着案件的整体状况，是犯罪现场的有机组成部分。

3. 真实现场与伪造现场

以现场现象的真假为依据，可分为真实现场和伪造现场。

（1）真实现场。真实现场是指犯罪行为人实施犯罪行为时形成的现场。这类现场直接反映了犯罪嫌疑人侵害行为的情况，现场现象无虚假成分。这对于分析判断案情，发现犯罪痕迹和其他物证有着重要意义。但是，实践中犯罪行为人为了掩盖犯罪事实，转移侦查视线，往往在犯罪过程中或犯罪之后，故意对现场进行破坏或伪装，如将他杀伪装成自杀现场、将外盗伪装成内盗现场等。无论犯罪行为人采取什么办法进行伪装的犯罪现场都属于真实现场。

（2）伪造现场。伪造现场又称为假案现场，是指当事人为了达到某种目的而有意布置的现场。

这类现场不能反映案件的存在，当事人陈述的"案情"纯属虚构，现场是为了印证虚构的案情而布置出来的。例如，贪污、侵占等犯罪行为人为了掩盖其贪污、侵占罪行，而将自己使用的办公桌、保险柜撬坏，谎报被盗的现场；为掩盖不正当的两性关系而谎报被人强奸并制造假现场；等等。这种没有犯罪事实的现场都属于伪造犯罪现场。伪造现场必然假象甚多，当事人的陈述矛盾频出，勘查、询问时只要认真分析研究，就能识破骗局，使事情的本来面目暴露出来。

能力训练

【训练项目一】 现场保护模拟演练

一、训练目的

理解和掌握犯罪现场保护的规则和要求，形成犯罪现场保护的意识，并能在实际工作中加以运用。

二、训练说明

请认真阅读下面给出的案例，并根据犯罪现场保护的规则和要求，结合案例分组进行现场保护模拟演练，并讨论犯罪现场保护的重要性。

三、训练内容

案例：1993 年旧历年正月十六，在×省省会郊区城乡接合部×镇的铁路轨道边发现一女尸。尸体是在与铁道呈 30 度的斜坡泥雪地面上。被害人约 30 岁，身长 1.65 米，微胖。其上身着布棉衣，衣扣敞开，内穿套头式毛衣，内衣被翻卷至乳房下。下身着蓝色条绒裤，内穿红色毛线裤，灰色衫裤，米黄色裤衩，裤衩上有一个宽 10 厘米、长 17 厘米的手工缝上的红色布口袋，下身衣物被脱至膝盖下。经检验，被害人阴道内未见精虫。被害人死亡时间是在 15 小时左右前。

侦查人员很快查寻到死者身份，被害人系附近铁路职工赵×的女儿，曾于春节时回家探望父母，正月十五日过后，由于要返回婆母家，于是去附近购买火车票并在途中被害。据被害人母亲讲，其女儿裤衩口袋内装有 700 元。

勘查人员勘查现场时，发现被害人是被棍棒一类的凶器打伤后，施暴未成，犯罪嫌疑人转而实施抢劫，而将其扼脖颈窒息死亡。犯罪嫌疑人应是 20~25 岁的无业青壮年。

经调查了解，某副食店售货员反映，此地一个无业男青年吴×（25 岁），平时因无固定收入，很少光顾副食店。正月十七日这一天，几次到副食店购买高价食品，并告诉售货员，昨日见铁路旁有一女人被杀，衣服也被脱掉。

侦查人员很快找到吴×，在问话过程中，吴×躲躲闪闪，又说看见了，又说是听说的。侦查人员正告吴×，吴×在政策、法律的威慑下，交待了他的犯罪事实。吴×承认被害人是他杀害的。正月十六晨，他发现一女子独自一人向远处的售票厅走去，突起歹心，想欺辱人家，在纠缠过程中，发现难以将其制服，转而在路旁捡到一根约 1 米长的硬木棍向被害人头部打去，被害人被打昏后，他本想施暴，正脱去被害人衣服时，被害人苏醒，于是他用双手掐扼被害人脖颈至其昏死。随后，他发现被害人身上的裤兜内鼓鼓的，解开后，发现有 700 元，又从被害人外衣裤兜内搜出 100 多元，于是便偷盗一空扬长而去。

由于现场勘查人员勘查现场时，并未发现木棍，而被害人头部有明显的钝器打击伤，因此，案件移送检察院后，检察院将其返回，要求补充勘验，找到凶器。

凶器在何方？据案犯交待，木棍（凶器）被随手扔在现场。侦查人员观察勘查现场录像时，发现有一组镜头是：侦查人员到达现场后，因天冷，侦查员们在现场寻找各种草、木棍等堆在一起，点燃取暖。

【训练项目二】 现场实地勘验综合实训

一、训练目的

理解和掌握犯罪现场勘验的步骤和规范要求，并能在实际工作中加以运用。

二、训练说明

请认真阅读下面给出的案例，分析侦查人员勘验时主要运用了哪些基本方法。

三、训练内容

案例：1993 年 7 月 15 日，×省×市公安局接到报案，该市东区顺昌巷内 6 号四合院发生一起抢劫杀人案件。被害人是 6 号院的孤寡老人李某某。

侦查人员、技术人员接案后，迅速赶赴现场。指挥人员与侦查人员到场后，了解了案发情况：60 岁的孤寡老人李某某性格开朗脾气好，一贯勤奋爱干净，常与邻居们聚一起打扑克，聊聊天。白天，院内各家上班后，李某某帮助各户看院、扫院，接送小孩上下幼儿园。老人凡事出门均和邻里打招呼，院内各家对她都很尊重。但 7 月 15 日晨，院内邻居不自觉地在一起议论，李某某的房门几天来一直上锁，又未和邻里打招呼，大家觉得蹊跷，随即从门上张望，发现窗里面挂帘，看不清屋内情况。直到邻居王某某从门缝隙看到李某某仰卧在屋内炕上，头部覆着许多衣物，才立即报案。

侦查人员、技术人员随即在指挥人员领导下分为两大组，一组为勘验组，另一组为调查组。经勘验现场，他们注意到 6 号院处在顺昌巷内中间部位，左右邻居均为居民住户。院内呈四合院，院内约有 70 平方米的空闲地，地面为砖地，东西南北各有一户人家。北屋住着死者李某某，是由三间小屋拆后翻盖为一大间屋，其他各户均为两室一厅。李某某外屋靠西侧有一间 5 平方米的小厨房，卧房灶上有一铁锅，锅内有未刷洗的两双筷子、两只碗、两个盘子。死者房门锁完好，开锁进屋所见，室内陈设整齐。死者李某某仰卧在床上，衣裤完好。床置于室内西侧，床北有一枕头，床上铺一白色光面塑料床单。室内西侧写字台上有当年的台历，台历翻至 1993 年 7 月 8 日。屋内其他部位的衣箱均上锁。

现场地面经勘验，未发现足迹。勘查人员观察后，认为死者床上为勘查重点部位。床宽 1.8 米，长 2.8 米，是自制的大木床板，床板下有大木凳支撑。从地面到床上，从外到内勘验，发现死者头部右侧有一铁斧，经检查，斧把长 40 厘米，木把因多年使用呈纵向裂纹状，铁斧一端沾有血迹。尸体左侧距尸体头部下颏仅 4 厘米处有一烟袋。烟袋把长 40 厘米，烟袋锅内装有未燃尽的烟丝。床北有一枕头，枕头紧靠墙，枕头中间有一直径 12 厘米的浅圆坑。翻开覆盖死者头部的衣物等，所见死者口塞手帕，尸体呈巨人观状，右颞部颅骨塌陷，直径约 2 厘米，颈部有被压迫的痕迹。检验死者物品时，发现死者唯一较昂贵的物品——一块进口手表不在手臂上。检验衣箱，箱内衣物整齐，未见翻动迹象，箱内的存折（内存 2500 元）原封未动。

【训练项目三】 现场访问笔录制作实训

一、训练目的

理解和掌握访问笔录制作的步骤和规范要求，并能在实际工作中加以运用。

二、训练说明

请认真阅读下面给出的案例，结合案例完成对报案人及其他可能知情人员的现场访问笔录的制作。

三、训练内容

案例：1994 年 7 月 10 日，×省×县公安局接到报案，该县×镇×村村民李某某及其 3 岁幼子被杀死在家中。死者屋门已开，客厅后墙下有新挖的洞。从洞口至客厅，有明显的解放鞋印，鞋印长 25.5 厘米。地面上有两枚"一剪梅"香烟烟蒂，无火柴棍。沿鞋印进入卧室内，地面脚印很乱，难以分辨。床上凌乱。被害人脸上撒有石灰，裤子脱至膝盖下，会阴部、乳房都有被抓破的痕迹。墙上的电灯开关上发现一枚清晰的带血的螺旋状指纹。

李某某家居村中间，丈夫许某在外打工。死者李某某，26 岁，1990 年成家，1991 年生一子，取名许某某。夫妻感情不和。李某某生活作风不好，与多人有不正当两性关系。

李某某住室为三室一厅，坐南朝北。西一间为李母子二人住室，接西室为客厅，东一间为库房，东二间接客厅为另一住室。李某某及 3 岁幼子死在西一间床上。

复习与思考

1. 什么是狱内犯罪现场？它有哪些类型？
2. 什么是狱内犯罪现场保护？狱内犯罪现场保护的工作程序是什么？
3. 狱内犯罪现场访问的工作程序是什么？
4. 狱内犯罪现场访问的对象和内容如何确定？
5. 狱内犯罪现场实地勘验的工作程序是什么？
6. 狱内犯罪现场勘验的个体顺序中，应遵循哪些原则？
7. 狱内犯罪现场分析的工作流程是什么？分析判断作案时间的依据有哪些？

工作任务七

调查取证工作

学习目标

知识目标：了解和掌握调查访问、摸底排队、侦查实验、搜查、调取物证书证、委托鉴定、密搜密取的步骤和方法。

能力目标：能运用所学的知识进行调查取证。

工作目的

调查取证的根本任务是查明案情和揭露、证实犯罪，查缉又犯罪嫌疑人。

一、查明案情

认识案情是开展侦查活动、查明案件事实的前提。狱内侦查人员对案情的认识，主要来自现场的实地勘验、侦查实验和调查访问。没有条件勘查现场或现场勘查价值不大的案件，调查取证则成为查明案情的重要途径。对案情的认识以及认识的逐步深化，离不开调查取证；调查取证有助于狱内侦查人员全面、正确地认识案情，加快狱内侦查工作的进展。

二、发现和甄别嫌疑线索

对有关人员进行调查访问是发现和甄别嫌疑线索的主要方法之一。狱内侦查人员在调查访问中应注意从以下三方面情况入手，发现和甄别嫌疑线索：一是案件发生前的反常情况或可能与案件有因果关系的情况；二是案件发生时的特殊情况；三是案件发生后的反常情况或可能与犯罪活动有关的情况等。

三、搜集和审查证据

调查取证中，狱内侦查人员应注意发现并认真审查与案件有关的证据。就《刑事诉讼法》中规定的7种证据来说，证人证言和被害人陈述等证据，需要通过调查访问加以搜集；同时，根据被访问者提供的线索又可获得书证、物证等证据材料。

✏️ **工作内容**

一、调查访问

调查访问，是指狱内侦查人员在案件侦查过程中，以了解案情，发现侦查线索，查明嫌疑事实，获取证据为目的，向知情人和有关人员了解、查证有关情况的一项重要侦查措施。

二、摸底排队

摸底排队是侦查初期主要的侦查活动，是侦查工作中常用的方法。它是指在现场勘查、分析判断案情的基础上，在一定范围内发动监狱人民警察、群众及在押罪犯提供与案件有关的线索，经过筛选、查证、甄别嫌疑，查寻又犯罪嫌疑人的一项专门工作。

三、侦查实验

侦查实验，是指为了验证或确定案件性质或与犯罪有关的事实、情节以及现象，在某种条件下是否能够发生、怎样发生以及结果如何，而在现场或其他场所进行模拟的一种侦查措施。

四、搜查

搜查，是指狱内侦查人员对狱内又犯罪嫌疑人以及可能隐藏罪犯或者犯罪证据的人的身体、物品、住处和其他有关的地方进行搜索检查的一种侦查措施。

五、调取物证书证

调取物证书证，是狱内侦查部门在案件侦查过程中要求物证书证持有人交出物证书证的一项侦查措施。

六、委托鉴定

委托鉴定，是指狱内侦查部门在具体案件的侦查过程中，为了查明案情，解决案件中的某些专门性问题，聘请有专门知识的人员进行鉴定并作出科学判断的一项侦查措施。

七、监视、密摄密录和密搜密取

狱内侦查中的监视，是指狱内侦查人员对侦查对象进行的秘密观察控制活动。监视与密摄密录紧密相关，一般情况下，密摄密录是在监视过程中进行的。

密摄密录是以隐蔽的方式秘密拍摄和录制侦查对象活动的一种侦查措施，它是获取犯罪证据材料的一种技术措施，如获取罪犯转移赃物照片或录像。

密搜密取，是指为了发现、搜集犯罪证据而对狱内又犯罪嫌疑人的住所及可能隐藏罪证的地方，进行秘密搜索检查的一种技术侦查手段；密搜密取的主要目的在于发现与案件有关的痕迹、物证和密取进行技术鉴定所需的样本材料。

工作程序

侦查计划制定后，侦查人员就要遵照侦查计划的内容，在确定的侦查范围内，根据确定的侦查方向和选择的侦查途径，有效地运用侦查措施和手段，广泛深入地开展调查取证和侦查工作，以尽快发现案件的犯罪嫌疑人。

一、调查访问工作程序

调查访问，是狱内刑事案件侦查中必须使用的、最基本的侦查措施。这项措施在侦查破案中应用极为广泛，贯穿于侦查破案的始终。在侦查破案的各个阶段中，无不运用这一措施。调查访问在侦查破案中具有重要而广泛的意义。其基本工作程序如图7－1所示。

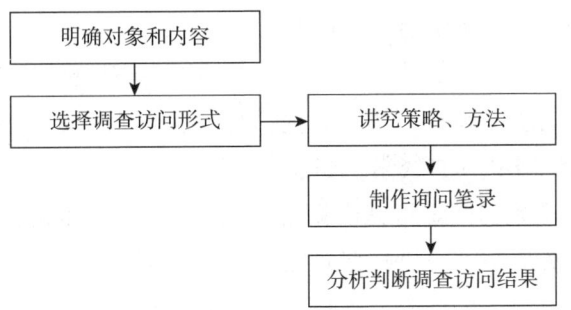

图7－1　调查访问工作程序

（一）明确调查访问的对象和内容

调查访问对象的确定，直接关系到侦查人员能否圆满完成侦查任务。调查访问对象过多，浪费时间、警力、财力和物力，事倍功半；调查访问对象过少，容易导致对案情的片面认识，甚至错误认识。案件不同，调查访问对象不同，访问目的不同，调查访问中涉及的问题也是各种各样的。但调查访问总的目的是为了查明案件情况和事实，揭露和证实犯罪。因此，调查访问的内容，应是与刑事案件有关的事实，紧紧围绕何事、何时、何地、何物、何情、何故、何人进行。根据调查访问的目的，调查访问的对象和内容应是与案件有关的人和事或了解案件有关情况的人，具体包括：

1. 现场访问过的某些对象。调查访问时主要询问其对现场访问时陈述的内容有无修改和补充。

2. 已提供侦查线索的人员。调查访问主要询问的内容是其所发现的与案件有关的疑人、疑事、疑物及发现的经过。

3. 发案监区和分监区的有关监狱人民警察。调查访问主要询问的内容是发案单位与案件有关的情况，罪犯的思想动态及异常狱情动向，监狱人民警察对案件的反映等。

4. 检举揭发又犯罪有关情况的罪犯。调查访问主要询问的内容是揭发材料的来源、犯罪事实及根据，与被揭发人的关系等。

5. 又犯罪嫌疑对象。侦查中发现的可疑对象，有时可对一些一时难以弄清的情节，采用调查访问的形式，直接对嫌疑对象进行询问。主要询问其在发案时间的行踪，有谁证明等。

6. 其他知情人员。调查访问主要询问的内容是其所知道的所有与案件有关的情况、各种疑人疑事等。

（二）根据任务和对象的不同而选择相应的调查访问形式

狱内侦查中调查访问的方式，基本上可分为公开调查和秘密调查两种。

1. 公开调查。公开调查是访问主体以侦查人员的身份，直接地、公开地就与案件有关的事实和情节询问被访问对象。公开调查的特点是公开侦查人员的身份和访问意图。公开调查的对象多为被害人和与又犯罪嫌疑人没有密切关系的人。公开调查可以采取走访、个别访问、召开座谈会的形式进行。

（1）走访。走访是狱内侦查人员深入到监狱人民警察中去，特别是对发案所在地的监区人民警察进行走访，调查了解发案前后他们耳闻目睹的与案件有关的情况，从中发现可疑的人和事，寻找侦查线索，获取证人证言。

（2）个别访问。个别访问是指狱内侦查人员为查清某一问题或某人具体情况，找知情人或定点访问有关罪犯，个别搜集证言的方法。对于那些需要排除外界干扰，保证知情人或罪犯能自由陈述的问题，均应采取个别访问的方式。通过定点访问，进行深入细致的询问，打消其顾虑，促使其将真实情况反映出来。

（3）召开座谈会。召开座谈会是指狱内侦查人员根据侦查需要，召集有关人员公开开会，了解案件有关情况的方法。为了充分发动群众，广辟情报来源，有的案件还可以在会上有领导、有目的、有控制地公布案情，组织与会人员座谈讨论，动员他们提供有关情况和线索。另外，为了解决案件涉及的某些专门性技术问题，也可以邀请某些专家或专业人员召开座谈会，进行调查。

2. 秘密调查。秘密调查，是狱内侦查人员在不暴露身份和侦查意图的情况下所进行的调查访问，是针对被询问对象和询问内容的特殊性采取的一种调查形式。秘密调查的对象多为又犯罪嫌疑人和与又犯罪嫌疑人关系比较密切的人。秘密调查的方法有两种：

（1）狱内侦查人员进行的调查。即狱内侦查人员以其他身份、其他名义作掩护，直接与被访问对象接触，进行有目的、有策略的谈话和发问，了解所要调查的问题。

（2）狱内侦查部门挑选其他人员进行的调查。即由狱内侦查人员挑选某个具有接近访问对象条件而且安全可靠、能保守侦查秘密的人同被访问人接触，了解所要调查的问题。这种调查访问的方式，往往是在一些狱内侦查人员不便接触被访问人或侦查人员不直接出面更为合适的情况下采取。根据狱内侦查的特定条件，所物色的人员如果是罪犯，要求特别慎重。要考虑其是否忠诚、能否被我方控制，有无接近被访问对象的条件，以及是否有相应的活动能力。物色好人员后，侦查人员还应在罪犯所在监区警察的配合下，交代任务、方法以及必要的策略，以便完成任务。这种人非狱内耳目，而仅仅是为了解决某一问题而临时确定的人。

（三）把握时机，讲究策略、方法

调查访问工作不同于一般的日常谈话，必须讲究策略、方法。调查访问中，侦查人员如果不采取有效的策略、方法，很难取得调查访问对象的合作以获取真实、全面、有效的犯罪信息。一般来说，调查访问应做好以下几方面工作：

1. 做好调查访问前的准备工作。其一，了解基本案情。调查访问前，侦查人员应该了解本案已有的材料，如案件发生的时间和地点、案件的性质和后果、作案人可能具有的特征、有关证据等。从而可以确定调查访问的重点，确定哪些情况可以直接正面了解，哪些情况只能间接地从侧面了解，哪些问题是需要查证核实的，哪些问题是要通过调查访问拓展线索的等。其二，了解访问对象的基本情况。了解访问对象的基本情况，是取得访问对象合作的关键之一，是确定调查访问方式、方法及策略的基础。侦查人员了解访问对象的基本情况，主要了解两方面的内容：一是访问对象与本案的关系；二是访问对象的个人情况。

2. 拟定访问提纲。调查访问中，侦查人员往往要访问多名对象，由于访问对象个人情况不同，与案件关系不同，接受访问时心理状态不同，了解案情的程度与角度不同，因此，访问的内容、方式各有差异。为保证访问工作有计划地进行，侦查人员在访问之前，应拟出一个简要的提纲，内容应包括：访问的目的、要求，访问的主要内容及侧重点；访问的方式、方法；访问中可能出现的问题及解决的办法。对于特别重要的证人，事前还应制定出详细的书面计划。

3. 确定合适的访问时间和地点。狱内侦查人员对调查访问时间的选择，应考虑以下因素：访问对象是否比较方便或有空闲；访问对象情绪是否稳定；访问对象精力是否充沛。对访问地点的选择主要考虑：是否有利于保密，是否比较安静，不易受外界干扰；是否有利于访问对象无拘无束地谈话。

4. 稳定访问对象的情绪。作为调查访问的一般证人，遇有侦查人员来访，容易产生警惕、戒备心理，或多一事不如少一事等多种复杂心理。侦查人员应根据访问对象的情况，选择合适的话题，稳定访问对象的情绪，打破开始接触时的生疏、拘谨、紧张局面，营造和谐的访问气氛，并且态度和蔼、平等待人、语言文明，尊重访问对象的人格和风俗习惯。

5. 消除访问对象的思想障碍。调查访问要接触不同的对象，不同对象有不同的思想和态度。侦查人员应针对访问对象的思想障碍，做好化解工作，使访问对象由消极变为积极，由被动变为主动。

被害人一般能积极提供情况，但由于身心受打击，情绪偏激，容易夸大某些事实；或受又犯罪行为人要挟，不敢吐露真情；或为了掩盖个人隐私或过错而谎报案情。知情人中，往往存在多一事不如少一事、怕受到报复、怕负责任的思想。其他还有对又犯罪行为人有报恩思想，讲"哥们义气"的；有出于自身利益而企图回避矛盾的等，这些都会妨碍调查访问的顺利进行。

针对调查访问中出现的情况，侦查人员应首先分析确定访问对象存在何种思想障碍，探究根源，对症下药。一方面通过自己访问的语言、方法和态度，促进与访问对象的心理接触；另一方面加强对访问对象的思想教育，启发其正义感和社会责任感，提高其对犯罪行为的认识，动之以情，晓之以理，消除其思想障碍，配合访问工作。

6. 促使访问对象回忆情况。调查访问对象所了解的问题，多是访问对象曾经感知的事物，由于时间间隔较长，或访问对象记忆力较差等原因，有的问题往往记忆不清，相互混淆。为帮助访问对象再现事物的过程，侦查人员可以寻找一定的线索，使用接近回忆、相似回忆、对比回忆、关系回忆等方法，挖掘访问对象的记忆潜力，促进其回忆起有关案件事实和情节。

7. 注意访问时的仪表神态。仪表神态在调查访问中具有重要意义。访问中，侦查人员应当衣着整洁大方，遵守社交礼节，以礼待人，以诚待人，切不可居高临下以执法者自居。仪表神态是人的身体语言，尽管是无声的，但侦查人员合适的仪表神态能增进访问对象对侦查人员及其工作的理解和支持。

8. 注意使用合适的访问用语。调查访问工作是以语言为媒介，通过问与答的形式进行的交流与沟通。讲究语言运用策略，是调查访问的重要方面之一。文明语言给人以礼貌、诚挚、平等的感觉；态度生硬、语言粗俗，容易使人反感，不愿交谈。此外，语言、语调、语速等也是狱内侦查人员在访问中应考虑的因素。访问中，狱内侦查人员用语合适，可控制访问的气氛，使访问对象感到没有拘束，同时又认真对待。用语合适，可防止访问出现僵局，推动访问对象提供情况。

9. 侦查人员必须遵守有关法律、法规。调查访问必须依法进行。这主要是指侦查人员在访问前必须出示相关的证件；访问应当个别进行；访问前，应当告知访问对象应如实提供证据，诬陷和有意作伪证或者隐瞒罪证要负的法律责任；不得采取威逼、引诱或欺骗等手段访问；访问应当制作笔录等。

总之，调查访问是一项十分复杂的工作，案件不同、对象不同、条件不同、方法不同，访问的效果也不同。实践中，侦查人员应根据案件具体情况，因案制宜，因人而异，达到查明案件事实、揭露和证实犯罪的目的。

（四）认真制作询问笔录

询问被害人必须认真制作询问笔录，把被害人陈述客观准确地记载下来。笔录内容应包括制作笔录人、参加询问人、被害人的姓名等自然情况。笔录制成后，应当交被害人阅读，没阅读能力或不能阅读的应为他宣读。如果被害人认为记载有错误或遗漏时，允许改正或补充。笔录核对无误后，被害人应签名、捺印。询问的侦查人员也应在笔录上签名。

询问证人必须认真制作询问笔录，把证人所提供证言客观如实地记载下来。证人的陈述应用第一人称加以记录，力求详细具体。笔录制成后，要交证人阅读，没有阅读能力的应当宣读。如果证人认为记载有错误或遗漏时，应当允许改正或补充。笔录核对无误后，证人应在笔录上签名、捺印，有添改处，在添改处也要签名、捺印。参加询问的侦查人员也要签名或盖章。

（五）分析判断调查访问结果

在使用调查访问结果之前，应对调查访问结果进行分析评断，确定其真伪性和使用价值。对于调查访问结果的分析评断，一般可从以下几个方面进行：

1. 分析研究其陈述来源。查清被访问人是直接耳闻目睹，还是听他人讲述间接得知案件事实的。一般地说，被访问人直接感知的要比听他人讲述而知的真实。对听他人讲述间接得知案件有关事实的内容，应进一步审查访问人是在什么情况下听说的，有无失实的可能，并尽可能寻根溯源，向直接感知案件情况的人调查核对。

2. 分析访问对象与案件的关系及心理状态。如果访问对象是案件的当事人，或与当事人有某种特定的关系，就有可能夸大或缩小，甚至捏造案件事实，提供虚假内容。如果被访问对象与案件无关，往往能够比较真实地反映案件情况。但是也有人对访问采取消极的态度，如抱有多一事不如少一事的态度；或怕说错话，承担责任的；或对司法机关有偏见，拒绝与侦查人员合作等。因此，侦查人员在调查访问时，必须认真分析被访问对象与案件的关系及其心理状态。

3. 分析判断访问对象的感知、记忆和陈述能力。被访问对象的感知能力、记忆能力和陈述能力是决定调查访问结果真实可靠性的重要因素；一个调查访问内容的形成，往往要经过感知、记忆和陈述三个阶段。感知是记忆的前提，记忆是陈述的基础，而陈述又是记忆和感知的最终体现。个体由于年龄、遗传、职业、文化素质、社会经历、兴趣爱好不同，其感知能力、记忆能力、陈述能力等都有一定差异，感知能力、记忆能力、陈述能力好的，往往调查访问结果好，反之，调查访问结果差。

4. 分析判断调查访问内容有无矛盾之处。一般来说，审查调查访问内容可以从以下几个方面判断：调查访问内容与客观规律之间有无矛盾之处；调查访问内容前后有无矛盾之处；调查访问内容与他人陈述之间有无矛盾等。如果发现调查访问内容有矛盾和可疑之处，必须深入调查，求得合理解决。

只有从各个方面十分谨慎、细致地分析调查访问结果，注意发现矛盾和可疑之处，才能对其是否真实可靠作出正确的判断。

二、摸底排队工作程序

摸底排队是发现又犯罪嫌疑人的重要手段之一。摸底排队的实质，就是对初步符合作案条件的人，排查摸清其底细，确定其是否为又犯罪嫌疑人。摸底排队是一种查清被排查人"底细"的过程，通过深挖细摸，可以发现侦查破案线索，追根溯源，破获案件。在围绕一起案件摸底排队时，除了可以发现这起案件的嫌疑对象外，还可以发现其他侦查线索或犯罪事实，破获隐案；也可以广泛了解犯罪动态及其规律、特点等，是狱内侦查人员获取犯罪情报信息的重要途径之一。摸底排队的对象，往往是符合案件中又犯罪嫌疑人个人特点的人，但要确定必须经过大量的摸底排队工作，最后做到"否定有依据，肯定有理由"。这种肯定的"理由"或否定的"依据"，就成为认定案件事实的证据。摸底排队是发现和搜集犯罪证据的途径之一。摸底排队是侦查破案的一项重要的基础性措施，但不是唯一的破案方法，在施用时应配合采用其他侦查措施。其基本工作程序如图7-2所示。

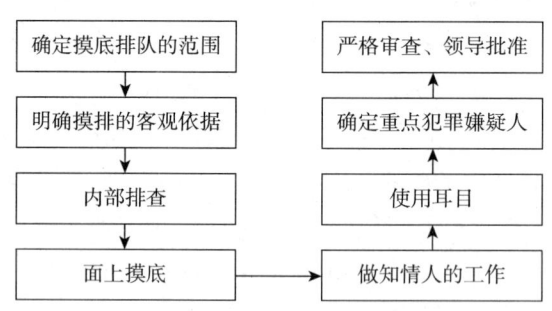

图7-2 摸底排队工作程序

（一）确定摸底排队的范围

确定摸底排队范围，应符合两个要求：准确性要求与接近性要求。

准确性是确定摸底排队范围的首要要求。确定摸底排队范围的准确性要求摸底排队范围必须包罗犯罪分子，不考虑摸底排队范围大小。根据这一要求，确定摸底排队范围绝不允许漏掉犯罪分子。

接近性要求是确定摸底排队范围的重要要求。确定摸底排队范围的接近性要求摸底排除范围越小越好，应努力接近犯罪分子。

确定摸底排队范围的两个要求是紧密相关的两个要求，狱内侦查人员在掌握这两个要求时，不能顾此失彼。

确定摸底排队范围一般应以犯罪现场所在地为中心，根据案件性质来确定，结合狱内环境、又犯罪分子作案特点、现场的物质特征等进行。以发案现场为中心向外扩张的范围要视案件的条件而定，范围要适度，要随工作深入及时调整。

(二) 明确摸排的客观依据

摸底排队，确定又犯罪嫌疑对象，要在勘查现场和分析判断案情的基础上进行。开展摸底排队应明确又犯罪嫌疑人应当具备的条件，即犯罪条件和人身形象。这是摸底排队的客观依据。

1. 时间。任何犯罪分子犯罪必须要有作案时间，没作案时间，行为人不能完成犯罪行为。所以有无作案时间，是确定又犯罪嫌疑人的重要依据，也是摸底排队要考虑的首要因素。

2. 罪犯所使用的工具。犯罪分子作案往往使用相应的工具，如行凶用的棍棒、纵火用的引火物、破坏生产用的撬棍等。这些工具是作案的重要条件，也是确定嫌疑对象的依据。但是，狱内侦查人员还应考虑到又犯罪分子用其他方法取得工具作案的复杂情况，如盗窃他人物品等，因此，摸底排队要切忌思考问题简单化。

3. 现场遗留物。犯罪分子在现场遗留的物品和痕迹也是摸底排队工作应考虑的重要因素，如现场遗留的手套、手帕、钮扣、烟头、脚印、手印、血迹等。

4. 赃物。凡是有失物的案件，无论是监狱企业财产被盗，还是干警、职工、罪犯个人财产丢失，狱内侦查人员都应将赃物纳入侦查思维范围内，把赃物作为重要的摸底排队线索。

5. 掌握技能因素。有些罪犯往往利用自己的劳动条件进行违法犯罪，如采用药物注射手段杀人，用绘图、排字印刷等手段伪造、使用监内票证等。遇到这种情况，狱内侦查可以把懂医疗、具有绘画技能的罪犯列为摸排对象。

6. 体貌因素。在一些狱内案件中，如罪犯暗中袭击监狱人民警察案件，罪犯的外貌，如身高、胖瘦、走路姿势、面部和头部特征、说话口音等是狱内侦查人员摸底排队考虑的重要因素，是确定又犯罪嫌疑对象的重要线索。

7. 知情因素。有些犯罪案件，从犯罪分子侵犯的目标及现场情况看，犯罪分子是了解内情的，是知道底细的。狱内侦查人员可以据此合理地划定摸排范围。

8. 罪犯反应。有些罪犯作案后，坐卧不安，到处在罪犯中探听风声，有的则表现异常"积极"，有的由于做贼心虚，表现得情绪消沉等。狱内侦查人员要把罪犯的反常表现纳入视野，作为摸底排队的一个依据。但是，将罪犯反应作为摸排因素需要慎重，要查明引起罪犯反应异常的大致原因，切忌主观臆断，以免将侦查引入歧途。

9. 案由、刑期、改造表现。狱内的一些案件，从作案手段可以发现罪犯作案的惯习性，狱内侦查人员可以根据犯罪分子作案的惯常手段确定又犯罪嫌疑对象。研究罪犯犯罪惯习性，可以从罪犯犯罪性质、刑期、改造表现等多方面综合判断。

（三）内部排查

狱内侦查人员可以根据日常掌握的材料进行摸底排队，也可以在监区、分监区领导甚至监狱领导主持下，召开由干警或职工参加的各种类型会议，扼要地介绍案情，说明犯罪特点，发动干警和职工了解情况，看哪些罪犯可能作案。这里需要强调的是，摸排名单要绝对保密，即使破案之后，也不能泄露，以免影响改造工作的正常开展。

（四）面上摸底

所谓面上摸底，是指公布案情，发动罪犯提供线索。面上摸底是摸底排队的一种重要方法，但它不是唯一方法。并不是任何案件都可以采用这种方法，也不是案件中的任何情节都可以公布。公布案情应"有领导、有目标、有控制"。

"有领导"指公布案情要有领导批准。领导批准时则要根据案件具体情况，考虑公布案情是否会泄密，是否有碍于侦查等。

"有目标"指案情公布在可能隐藏又犯罪分子的范围内进行，不盲目公布。

"有控制"指公布内容有所选择，不能不根据案件的性质和情节全部公布。

公布案情要迅速及时，要有步骤地展开。

公布案情时，要注意宣传政策，讲明又犯罪分子只有投案自首，坦白认罪，才能得到宽大处理，如果执迷不悟，必将受到从严惩罚。对知情者，号召他们积极检举揭发，并明确宣布凡是对破案有贡献者予以奖励，对知情不举或对检举揭发人打击报复的应予以制裁。

（五）做知情人的工作

知情人多数与又犯罪分子关系密切，狱内侦查人员要针对不同情况，做深入细致的教育工作。

（六）使用耳目

根据摸底排队的初步工作结果，可以布置耳目接近怀疑对象，寻找可疑线索，这也是摸底排队常用的方法。

（七）确定重点又犯罪嫌疑人

狱内侦查人员综合运用各种摸底排队方法将可疑线索集中起来，按疑点大小，依轻重缓急，组织侦查力量逐人摸排、查证，反复筛选，逐个澄清核实，做到怀疑有理由，否定有根据，摸出一般嫌疑对象，提出重点嫌疑对象。确定重点嫌疑对象时要全面分析判断。一般情况下，凡具备下列情况之一的，可以列为重点又犯罪嫌疑人：

1. 具有作案时间和其他多方面作案条件的，暂时没有取得证据的人。

2. 具有作案动机和部分间接证据，而作案时间暂未查清的人。

3. 具有犯罪的某些间接证据，而作案动机和时间暂未查清的人。

4. 具有脱逃等犯罪迹象的人等。

（八）严格审查，领导批准

由于确定重大又犯罪嫌疑人，直接涉及是否对其实施侦查手段，所以必须严格审查，经过领导批准。

三、侦查实验工作程序

侦查实验是实施其他侦查措施的继续和发展。侦查实验应用的范围很广泛，既可以在现场勘查和侦查过程中使用，也可以在审查起诉和审判中使用。侦查实验作为侦查办案过程中的一项检查性措施，可以审查案件是否成立；可以审查证据是否真实可靠；可以验证侦查判断是否符合实际；可以发现新的情况，加深对案件的认识。侦查实践证明，只有认真做好侦查实验，才能正确查明案情，审查证据，从而提高侦查效率和质量。其基本工作程序如图 7 - 3 所示。

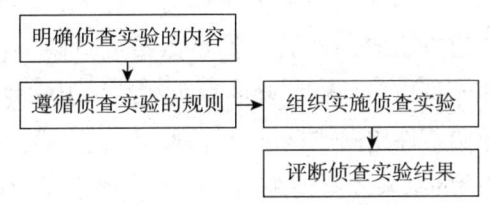

图 7 - 3 侦查实验工作程序

（一）明确侦查实验的内容

1. 通过侦查实验，确定在一定条件下某人能否听到或看到某一事实或现象。某些案件中关键证人或又犯罪嫌疑人的证词或口供中，涉及其听到或看到了案件的某个情节，鉴于其证词对案件具有重要的证明作用，为检验证词的准确性，狱内侦查人员应在相同或相似的条件下进行模拟实验。

2. 通过侦查实验，确定在一定的时间内能否完成某种行为。为了证实证人证词或犯罪嫌疑人的口供中涉及的重要情节，狱内侦查部门在相同或相似的条件下进行实验，用来验证这种行为能否在一定的时间内完成。如在一定时间内能否步行从甲地点到乙地点。

3. 通过侦查实验，确定某种事实或现象发生的条件。某些现象的发生是有特定条件的，当这些现象发生在案件中时，为了证实这种现象发生的原因，可以在狱内侦查人员的主持下进行多次的模拟实验，以证实在何种条件下才能发生这种现象。

4. 通过侦查实验，确定在某种特定条件下某种行为和某种痕迹是否一致。在现场勘查过程中，往往会发现一些可疑的痕迹，这些痕迹与又犯罪行为是否存在相互联系，在发案时的条件下，什么样的行为能留下这种痕迹，或是特定的又犯罪行为能留下什么样的痕迹，就可以通过侦查实验来进行验证。

5. 通过侦查实验，确定在某种条件下，某种造型客体能否在某种承受客体上形成某种痕迹。当不能确定承受客体上的痕迹为何种造型客体所形成，可以通过分析判断，选择多种造型客体进行模拟实验，进行验证。

6. 通过侦查实验，确定在某种条件下，某种痕迹是否会发生变异。在犯罪现场上提取的痕迹有的较为复杂，有的是变形痕迹，有的痕迹物证会随着时间的推移而发生变化，狱内侦查人员就可以通过侦查实验来验证这些变异。

（二）遵循侦查实验的规则

为了保证侦查实验的科学性和合法性，进行侦查实验必须严格遵循以下规则：

1. 严格依照法定程序进行实验的规则。侦查实验是侦查行为，因此必须严格依照法律规定进行，主要体现在以下几个方面：①侦查实验必须在侦查人员的主持下进行；②侦查实验必须在用其他方法都不能达到检验、核实证据，查明案情的目的时才能进行；③侦查实验必须经过法定的审批手续，即经领导批准才能进行；④侦查实验进行时必须邀请两名与案件无关、为人公正的公民作为见证人，必要时还应聘请或指派具有专门知识的人参加；⑤侦查实验中严禁一切足以造成危险、侮辱人格或有伤风化的行为；⑥参与侦查实验的人员应对侦查实验的过程和结果保守秘密。

2. 实验条件力求与原始条件相同或接近的规则。侦查实验只有在与案件发生时相同或相近的条件下进行，实验的结果才有说服力。因此，侦查实验应尽量在接近某事实或现象发生或被发现时的相应条件下进行。这条规则主要体现在以下四个方面：①侦查实验应尽量在与原时间相一致的条件下进行；②侦查实验应尽量在原地进行；③侦查实验应尽量在原自然条件下进行；④侦查实验应尽量使用原有的物品和工具。

3. 同一实验反复多次进行的规则。为了保证侦查实验结论的科学可靠性，在进行侦查实验时必须反复多次地进行同一实验，这种反复实验既包括在相同条件下的反复实验，也包括在不同条件下的反复实验。

（三）组织实施侦查实验

1. 制定侦查实验计划。在侦查实验实施之前，必须制定全面的实验计划，以确保实验的顺利进行。尤其是一些较为重要、复杂的侦查实验，更应如此。侦查实验计划的内容应包括：进行侦查实验的目的；进行侦查实验的时间、地点；进行侦查实验所要求的自然条件；进行侦查实验所需的工具、器材和有关物品；参加侦查实验的人员及其分工；侦查实验的内容、具体实施步骤和方法；记录实验过程与结果的方式方法；侦查实验的警戒工作。

2. 侦查实验的实施。实施侦查实验应注意以下几点：①参加侦查实验人员的组织分工。侦查实验应当做到统一指挥，各负其责，在指挥员的组织领导下，有条不紊地进行。②组织实验现场的警戒工作。实验现场的安全是侦查实验顺利进行的保证，同时也是保守侦查实验秘密的首要条件。因此，必须指派专人在实验现场周围进行警戒，禁止无关人员靠近或围观。③对场地、条件、器材、工具的检查。在侦查实验开始之前，要组织人员对实验的场地、环境及气候条件等进行观察，对实验中使用的器材、工具进行检查，确定是否符合侦查实验的要求。④按照侦查实验计划有步骤地进行实验。首先要对实验设备进行安装，调试，并通过调试性实验对实验设备、器材进行检验，然后再进行正式实验，并对实验及实验条件进行仔细的观察和记录。

3. 记录侦查实验的过程。应将侦查实验的过程客观如实地记录下来。记录的形式多种多样，可以使用笔录、绘图、照相、录像、录音等形式。在实践中，最常用的记录形式是侦查实验笔录。侦查实验笔录的内容一般分为三个部分：①介绍基本情况部分。在这一部分主要应记明：案件的基本情况；进行侦查实验的主要目的；参加侦查实验所有人员的基本情况，包括见证人、被邀请的专家；侦查实验的地点及周围环境、实验开始的时间、当时的气候条件等。②记述实验过程部分。这部分主要应记述：侦查实验的具体实施步骤和方法；参加侦查实验人员的组织和分工；侦查实验过程中出现的现象和最后的结果。如果侦查实验进行了数次，则应当记明每次实验的条件和具体方法及每次实验过程中出现的现象和结果。记录侦查实验过程的照片、绘图、录音、录像带，应作为案件笔录的附件一并保存。③记录结尾部分。在结尾部分应当记明侦查实验结束的时间。所有参加侦查实验的人员应签名或盖章。

（四）评断侦查实验结果

1. 评断侦查实验的主体。对侦查实验的主体进行评断，主要是评断参加实验的侦查人员的业务素质，包括其知识水平、业务能力及其心理素质、身心投入程度，以判断这些因素是否会影响实验结果的正确性。

2. 评断侦查实验的过程。对侦查实验的过程进行评断涵盖的内容较多，包括：①侦查实验的组织实施是否严密，有无违反侦查实验的原则，实验过程中有无出现偏差的可能；②侦查实验的方法是否科学，侦查实验的步骤、程序、过程是否具有科学的逻辑性，进行侦查实验的条件是否与案件发生时的条件相一致，实验时所使用的工具、器材、物品是否与案件发生时相一致。

3. 评断侦查实验结果的证据价值。由于侦查实验是一种模拟性实验，通过实验得到的结果只是表明某种情况的发生具有极大的可能性，而不能说明被验证的事实或情况就完全符合客观事实，所以对侦查实验的结果应当非常慎重。应当将实验结果与其他证据认真进行核对，判明其是否能与其他证据相互印证，能否与其他证据材料形成一个完整的证据体系，如果侦查实验的结果与案件中的其他证据相矛盾，则应探明原因，对实验结果的可靠性作出判断。

四、搜查工作程序

搜查是侦查破案过程中一项非常重要的措施。搜查的目的在多数情况下是搜集犯罪证据，有时也可能是查获狱内又犯罪嫌疑人。犯罪人作案后，总会千方百计把赃物、作案工具及其他可以证明其犯罪行为的物品隐藏起来。通过对有关人员的身体或有关场所进行搜查而发现上述物品，可以为侦查和审判提供证据。如果又犯罪嫌疑人作案后藏于某处，通过搜查将其查获，便可将又犯罪嫌疑人抓获归案。其基本工作程序如图7-4所示。

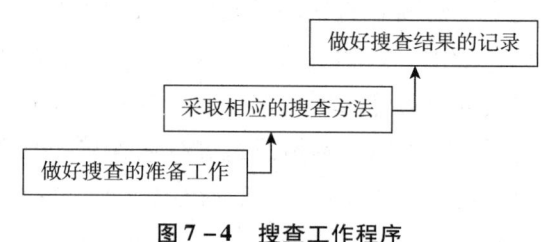

图7-4 搜查工作程序

（一）做好搜查的准备工作

1. 明确搜查的目的。首先明确搜查是为了寻找犯罪证据，还是为了查获狱内又犯罪嫌疑人。如果是为了寻找犯罪证据，要明确证据的种类、形状、数量等。如果是为了查获狱内又犯罪嫌疑人，应明确又犯罪嫌疑人的姓名、年龄、特征等。

2. 了解搜查对象。根据被搜查对象所在地的环境、住所特点及其生活方式等情况，分析又犯罪嫌疑人及犯罪证据可能藏匿的地点。

3. 确定搜查执行人。根据搜查任务的大小，确定参加搜查的人数以及每个参加搜查的侦查人员的分工，除配备直接进行搜查的人员外，还应设置有警戒人员。对女性犯罪嫌疑人进行人身搜查，要由女性工作人员执行。

执行搜查前还应选择见证人，整个搜查过程应有见证人在场见证。

如果案件涉及监狱职工或社会上的其他人员，但主犯是监狱在押罪犯时，需要采用搜查这一侦查措施的，根据《狱内侦查工作规定》，应以监狱为主，公安机关派员持搜查证协助搜查。

4. 制定搜查方案。搜查方案的主要内容应包括：搜查的目的、时间和地点；搜查的顺序和重点；警戒力量的设置；断绝与外界联系的措施；搜查过程可能发生的问题和应对办法。

5. 搜查的物质准备。搜查前应做好必要的物质准备，如武器、警戒、检查工具、提取工具、通信联络工具等，以保证搜查顺利进行。

（二）根据对象不同采取相应的搜查方法

1. 人身搜查。其一，人身搜查的重点。人身搜查主要是查获又犯罪嫌疑人携带的凶器、赃物、身上留下的伤痕和血迹等。人身搜查的重点部位主要是衣裤口袋、腰带、衣帽及鞋袜的夹层补丁。另外，对于头发、肛门、耳朵、女性生殖器和贴附有膏药、涂料和包扎有绷带的部位，都应作为重点部位检查。其二，人身搜查的方法。一般由一名搜查人员执行搜查，另一名或几名搜查人员负责警戒和监视。搜查时应令被搜查人举起双手，站在不能拿起任何物品行凶和不能发生意外的位置，执行人员站在被搜查人背后。搜查应按顺序进行，首先检查衣裤口袋、腰带、衣领等部位，注意发现有无凶器及其他可供行凶、自杀的物品、器具。然后对全身从上到下、由外到里进行仔细检查。对被搜查人身上携带的物品，也应该一一仔细检查。

2. 室内搜查。其一，室内搜查的重点。一般是地板、天花板、墙壁、门窗、房间的隐蔽部位、室内的各种家具、被褥、枕头、衣裤的口袋及补丁等可能用来藏匿罪证的部位及物品。其二，室内搜查的方法。如果房间较小，可按由外向内或由内向外的顺序进行搜查，或确定一个起点，顺着一个方向进行搜查。搜查中应注意发现重点部位的异常特征，如地板有无动过，墙壁有无活动的砖头，悬挂的装饰镜框有无藏匿物品，天花板有无开缝，箱柜抽屉有无夹层等，必要时还可借助工具进行搜查，以便从中发现破绽，查获犯罪嫌疑物品及证据。

3. 露天场所的搜查。其一，露天场所搜查的重点。主要是庭院、菜园、路旁等可能隐藏逃犯或罪证的地面、厕所、院墙、畜圈、粪池、草堆等部位。其二，露天场所搜查的方法。搜查前应先对所要搜查的场所进行巡视，了解大致的情况，根据地形划定搜查范围，然后分片分段进行搜查。如果搜查的范围较大，地形复杂，还应访问熟悉地形的基层监狱人民警察，了解搜查范围的地形地物，确定搜查重点。

（三）做好搜查结果的记录

1. 在人身搜查和场所搜查中发现的可以用以证明又犯罪嫌疑人有罪或无罪的各种物品和文件，均应依法予以扣押。对需要扣押的物品和文件，应尽量在原地拍照，并由狱内侦查人员会同该物品或文件的持有人和搜查的见证人，当场进行清点，开列清单，三方分别签字或盖章。清单应一式两份，一份交物品或文件的持有人保存，另一份附卷备查。如果持有人拒绝签名盖章，除应在搜查笔录上注明外，还应将扣押物品或文件连同持有人一起拍成照片，附卷备查，扣押的物品和文件要妥善保管，不得遗失和损坏。需要扣押但又不便即时提取的物品，应予以封存或责令持有人暂时保管，并拍成照片附入案卷。

2. 搜查结束后应制作搜查笔录。笔录的主要内容包括：搜查单位和执行搜查人员的姓名；搜查依据；被搜查人的姓名、住址、职业，搜查的范围和过程；搜查中发现和提取的物品、文件及其发现的地点；搜查开始和结束的时间等。笔录上要有被搜查人（或其在场的家属）、见证人和搜查人员的签名或盖章。如果被搜查人或其家属在逃或拒绝署名，应当在笔录上注明。

3. 搜查结束后，应及时做好有关人员、场所、物品的善后处理工作。

五、调取物证书证工作程序

调取物证书证，是狱内侦查部门在案件侦查过程中要求物证书证持有人交出物证书证的一项侦查措施。其基本工作程序如图7－5所示。

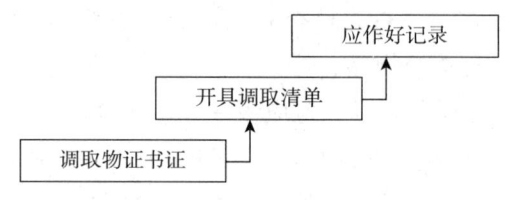

图7－5 调取物证书证工作程序

（一）使用不同的方法调取物证书证

1. 说服教育，动员自动交出。要做好物证书证持有人的思想工作，对于不知情及思想有顾虑的赃物持有人，要对他们讲清有关的法律规定和政策，消除他们的顾虑，促使他们自觉交出所持有的与案件有关的物品、文件。

2. 说服教育与公开搜查相结合。物证书证持有人经多次教育拒不交出物证书证时，可采取搜查措施强制收缴。

3. 押解狱内又犯罪嫌疑人到实地追缴。狱内又犯罪嫌疑人供述的赃物、物证藏匿地点不详时，可押解又犯罪嫌疑人到藏匿地点追缴赃物、物证。

4. 秘密发现，公开收缴。如果狱内又犯罪嫌疑人拒不供认罪证的下落，狱内侦查部门可以采用秘密搜查等手段发现罪证，但为了使秘密发现的罪证在诉讼中具有证据效力，应采用公开收缴、扣押的方式对证据进行固定，以便在刑事诉讼中公开使用。

调取物证书证时，尽可能调取正本、原本。书证的原本、正本是原始证据，不容易伪造，而复制件容易伪造，因此，应尽量提取正本、原本。提取正本、原本有困难时，与正本、原本核对无误后也可以提取副本、复制件，但应记明原本、正本存于何处。

（二）开具调取清单

调取的物证、书证应当面清点，并开具调取清单。调取证据清单应对调取的特别物证、书证逐件编号，写明物品文件的名称、数量、特征。

（三）应作好记录

调取物证书证应向物证书证持有人发出《调取证据通知书》，持有人交出物证书证，除开具调取证据清单外，还要制作询问笔录，说明物品文件与案件的关系和来源情况。

六、委托鉴定工作程序

这是侦查案件常用的一种取证措施。委托有专门知识的人进行鉴定，是侦查工作和科学技术密切联系的一种重要形式。狱内侦查部门应当把案件在侦查过程中发现并提取的痕迹、其他物证连同取自受审查人（或物）的痕迹样本或笔迹样本送交鉴定部门。通过委托鉴定所得到的鉴定结论，具有法律意义上的证据作用。其基本工作程序如图 7 – 6 所示。

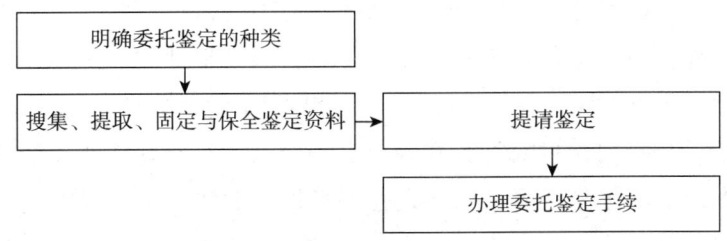

图 7 – 6　委托鉴定工作程序

（一）明确委托鉴定的种类

1. **法医学鉴定。** 法医学鉴定主要包括尸体检验、人身检验以及法医物证检验等。具体有确定死亡原因、推断死亡时间、判断伤害原因及伤害程度，确定现场发现的血迹、毛发、体液是否与犯罪嫌疑人的相符合等。

2. **司法精神病鉴定。** 司法精神病鉴定主要包括确定又犯罪嫌疑人、被害人、证人的精神状态，为判断被鉴定人精神是否正常、有无行为能力和责任能力提供依据。

3. **痕迹鉴定。** 痕迹鉴定包括的内容十分广泛，主要有手印鉴定、足迹鉴定、工具痕迹鉴定、枪弹痕迹鉴定、牙齿痕迹鉴定、断离体痕迹鉴定、车辆痕迹鉴定等。这里所说的痕迹是指狭义的痕迹，即形象痕迹。形象痕迹鉴定在侦查实践中占有很大的比例，能为侦查人员判明案件事实提供科学依据，如现场手印、足迹、牙齿痕迹是否为又犯罪嫌疑人所留；现场发现的工具痕迹、车辆痕迹是否为又犯罪嫌疑人的工具、车辆所形成；现场发现的弹头、弹壳是否为又犯罪嫌疑人的枪支所发射退出等。

4. **文件鉴定。** 文件鉴定主要包括笔迹鉴定、印章印文鉴定、印刷品检验、复印材料的检验等，同时也包括对文件有关的纸张、墨水以及其他书写材料的检验。文件检验、鉴定通常能够说明可疑笔迹是否为某人所书写，印章印文的真伪以及判断书写时间等。

5. **微量物证鉴定。** 微量物证鉴定主要是利用一般的显微镜检验法、微量化学鉴定检验法对现场遗留的形小量微的物证进行检验、鉴定，从而为案件的侦查提供线索和缩小范围，为证实犯罪提供科学依据。常遇到的微量物证有油漆、涂料、粉尘、纤维、油脂、金属、玻璃等。

6. **毒物鉴定。** 毒物鉴定是运用化学、光谱物理学、毒物检验学等方面的知识，对可疑物品、药品、毒物进行分析、化验，从而作出被检物中是否含有毒物、毒物的性质以及毒物的含量等结论。

（二）搜集、提取、固定与保全鉴定资料

鉴定资料，是指鉴定过程中直接用于检验的一切资料的总称。鉴定资料包括检材和样本两个方面。

1. 检材。检材就是被检验的对象，是作为证据的原始资料。狱内又犯罪案件检材的来源主要有以下几种途径：一是在现场勘查过程中从现场及其有关的人身或物体上获取；二是在案件侦查过程中从又犯罪嫌疑人或其他与案件有关的单位和个人处依法获取；三是知情人提供。检材搜集、提取、固定与保全的要求是：

（1）手续合法。搜集检材的行为和程序必须合法，只有遵守有关法律规定搜集的检材才具有证据价值。收取时须有见证人在场，提取的实物检材需按要求填写清单并由有关人员签名盖章等。

（2）搜集的范围全面。凡与案件有关的或可能有关的检材都应搜集、提取。

（3）方法科学。能够原物提取的要原物提取；承受有各种痕迹的物体要尽量连同痕迹一起提取。任何形式的提取，都必须先经过照相，以固定被提取物在现场的原始状态以及与其他证据之间的关系，并且在勘验、搜查笔录上详细记录。

（4）迅速及时。检材存放的时间越久，客体自身特点随时间推移的变化就越大，对鉴定造成的困难也就越多，特别是特征稳定程度差的客体。同时，从现场上提取检材，若时间过长，其痕迹、物品、文书等形成后就会受到各种因素影响，发生不同程度的变化或被破坏，甚至难以发现和提取。

（5）注意保全。对于已提取的检材，在鉴定前后均应采取一定的保全方法。不管是在运输保存过程中还是在鉴定过程中，都要防止检材丢失、被破坏，或者腐败、变质。

（6）符合鉴定要求。对检材的要求主要表现在质量和数量两个方面。检材的质量，必须能够比较清楚地反映出被寻找客体某一部分的重要特征。检材的数量，必须在国家规定的科学技术检验标准范围以内，如果检材数量太少，会造成鉴定困难，即使作了鉴定，其结论的科学可靠性也值得怀疑。

2. 样本。样本即是供鉴定对照、比较用的参照物，它是通过侦查人员有目的地进行侦查、调查活动后所获得的。按样本的作用划分，有同一认定鉴定样本和非同一认定鉴定样本。同一认定鉴定的比对样本，可以是客体物的反映形象，也可以是嫌疑客体自身。非同一认定鉴定的比对样本，通常是与检材的种类、产地、生产批量相同的样品，或者是检材的其他同类物质。样本搜集、提取、固定与保全的要求是：

（1）来源真实可靠。为了保证样本来源真实可靠，要求样本的搜集、提取必须是狱内侦查人员亲自进行，并应对收取的样本进行记录，由受审查人或受审查物的持有人在记录上签名。

（2）数量充分。样本的数量要以能够反映客体的特征为最低限度，即必须充分反映受审查客体的种类特征和特殊特征。因此，必须收取客体各种类型、各个时期、各种条件下形成的样本。

（3）程序合法、有效。收取样本的方法、程序、范围必须合法，才能使鉴定结论具有法律效力。

（4）具备较好的可比条件。样本必须与受审查客体的特征无大的差异，样本必须能够真实地反映受审查客体各个方面的特征及特性；样本在形成的机理上、种类上、性状上都要与检材一致。

（5）方法科学、恰当。由于鉴定种类繁多，鉴定客体千差万别，收取样本时的技术条件要求和具体方法各不一样。

（6）注意保全。对送交的样本材料必须全面查验，进行编号登记，不得毁损和遗失；对于送交鉴定的文书材料、痕迹、物品，要科学地封存、固定，并妥善保管；对文字、图像不要粘贴、装订，不得添加任何记号；对其他物质性材料要科学包装，不要混杂，防止污染、霉变。

（三）提请鉴定

狱内侦查部门在侦查阶段，对需要采用鉴定的方式进行解决的问题，应以书面的形式提请鉴定。

监狱的侦查部门在决定鉴定后，要根据被鉴定问题的性质、难度和案情特点，选择技术水平高、仪器设备先进和与案情无关的专业鉴定机构和鉴定人进行鉴定。

（四）办理委托鉴定手续

委托鉴定需按照《刑事诉讼法》和有关鉴定条例的规定，办理委托鉴定手续并准备以下有关材料：

1. 鉴定委托书。说明委托事项，明确鉴定要求。委托书不能要求鉴定人对案件的事实作出法律评价。

2. 检材及样本资料清单。在委托时，必须准备符合鉴定数量、质量要求的检材和样本，并列出清单，对检材、样本及附送资料逐一登记，注明其名称、数量、现状、来源、收取及保全方法，应予鉴定的确切部位。在送往鉴定部门的过程中，应根据检材与样本的条件、性状以及运送可能出现的破坏因素，采取科学的方法进行包装、保存，并选择和准备好运送方式。

3. 案情介绍资料。

4. 受审查人与有关人员的基本情况。

5. 供鉴定使用的补充文书资料。如现场勘查记录、物证检验记录、侦查实验记录等文书副本。有些鉴定还要求有其他类别的补充文书资料，如轻重伤鉴定所需的原始门诊或住院病历记录、检查时所摄取的 X 光片、CT 片、心脑电图；司法精神病鉴定所需的被鉴定人及其家庭、证人证言等材料、医疗记录和相关检查结果等。

6. 如果是重新鉴定或复核鉴定，除送交上述资料外，还必须送交前一次或前几次的鉴定书和附件。

七、监视、密摄密录和密搜密取工作程序

监视、密摄密录和密搜密取是狱内案件侦查的查缉措施，其主要目的在于发现案件线索；发现与案件有关的痕迹、物证和密取进行技术鉴定所需的样本材料。其基本工作程序如图7-7所示。

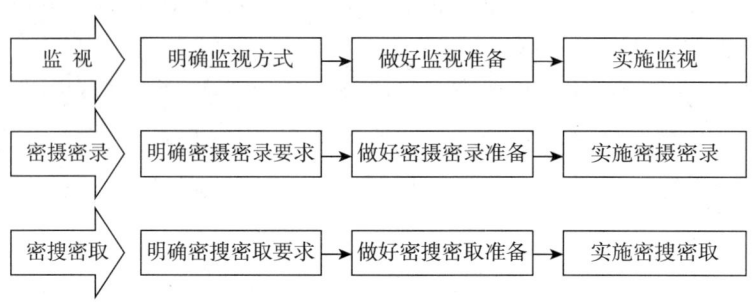

图7-7　监视、密摄密录和密搜密取工作程序

（一）监视

狱内侦查中的监视的主要任务是：发现侦查对象的交往关系，扩大侦查线索；发现同案犯；考核耳目；保护犯罪人可能侵犯的目标；发现和防止侦查对象转移赃物、销毁罪证等。

1. 明确监视方式。狱内侦查中的监视方式主要是定点监视与技术监视：

（1）定点监视。相对于移动监视而言，定点监视可以在室内监视，也可以在室外监视，可以以最简单的方式进行，如站在值班室监视；也可以以最复杂的方式进行，如狱侦干警隐藏在装好监控器材的监视点中。定点监视除可以选择在哨兵哨位、值班室、监区制高点进行外，还可以考虑选择工具室、储藏室等作为监视点进行监视。

（2）技术监视。技术监视是指利用电视监控设施进行的监视。技术监视的长处是能很好地隐蔽侦查人员，能在监控设施监控范围内随时监视、观察侦查对象行为。技术监视的不足之处是缺乏机动性。特别是一些摄像设施暴露后，又犯罪分子有意躲避监视，技术监视无能为力。

2. 做好监视准备。做好监视准备需做到以下几点：①熟悉案情，明确监视的任务、方式和方法。②明确分工，把定点监视与技术监视结合起来。③做好必要的物质准备，如望远设备、夜视设备、拍照设备等。

3. 实施监视。具体要求包括以下几点：①执行监视任务的干警要隐蔽好自己。监视能否达到目的在很大程度上取决于侦查人员是否隐蔽好自己，侦查人员隐蔽好自己就可以避免被侦查对象怀疑、影响侦查工作的进展。②要保证执行定点监视的干警与

操作技术监视设备的人员秘密联络。③要保证执行定点监视任务干警的安全，特别是保证在工具房、储藏间等这样地点执行监视任务的干警的安全。

（二）密摄密录

1. 明确密摄密录的要求。使用密摄密录侦查措施对突破审讯、破案、采证都有积极意义，但是，由于密摄密录是在极其秘密的条件下进行，不能像一般摄录那样任意反复测距、测光、取像和调光。因此，要求侦查人员不仅要精通摄影、录像技术，而且要做到"三快、三稳和三正常"。所谓"三快"，就是发现情况快、反应快和技术操作快，将应摄录的情况不失时机地摄录下来；所谓"三稳"，就是摄录机稳、启动摄录开关稳和摄录、跟踪画面稳；所谓"三正常"，就是掩护动作正常、操作正常和摄录效果正常。一般情况，密摄密录是在监视过程进行的。

2. 做好密摄密录准备。具体应做到以下几点：①熟悉案情，明确密摄密录的任务、方式和方法。②明确分工，把秘密拍照与秘密录音结合起来。③做好必要的物质准备，如望远设备、夜视设备、拍照设备、录音设备等。

3. 秘密拍照。秘密拍照和秘密录像由于摄录的内容，环境和时间难以事先预料，所以常常带有偶然性和突发性。成功地运用这一手段的关键在于在不同的环境、不同的角度、不同的自然条件下，针对不同的摄录内容采取具有隐蔽性和有效性的摄录方法。

（1）以摄录机同被摄录对象等距离的其他物体为参照物，事先调整好距离和用光量，旋转摄录机摄录。侦查人员为了不使被摄录对象发现自己的意图，可先将摄录机对准和被摄录对象等距离、但不同方向的物体调好焦距和用光量，并大致确定好摄录对象的倾斜角度，做好摄录准备，然后向被摄录对象徐徐转动，当对象进入取景器镜头内时，按下快门，完成摄录。而后侦查人员继续不停顿地转动摄录机，直到远离被摄录者为止。

（2）预先调好焦距、用光量及摄、录角度，在行进中暗中摄录。侦查人员于拍摄前预先调好焦距、用光量、调整角度，开启摄录开关，将摄、录机固定于某一位置，如挂在胸前、持于手中，固定于拍摄架等物体上自己行走或等待对象进入取景器内（照相机此时启动快门）暗中摄录。

（3）使用自拍装置摄录。侦查人员将摄录机放于便于摄录的位置上，做好摄录准备并启动自动摄录像装置后，伪装从事其他活动，且视线偏离摄录机和摄录对象的方向，以掩护摄录活动。在守候监视点固定的监视控制区域进行密摄密录时，可以选用自动监视摄像机，将摄录机秘密架在便于密录的地点，录制监视控制区域内人员往来、活动的情况，或现场上物品的变化和增减状况。

密摄密录器材的选用，应从我国侦查工作的实际情况出发，有条件的可选用先进的特种警用密摄密录装置和适应夜间、微弱光线下的红外线胶片或红外线胶卷，若选用普通摄录器材，则应根据具体情况采取相应的掩护手段。

4. 秘密录音。秘密录音不仅可以用以审讯和调查访问，在其他一些侦查活动中也可能用得上。由于秘密录音是在录音对象不知道的情况下进行的，所以在方法上和技术上比较复杂。通常可以用以下几种方式进行秘密录音：①在设有永久性录音设备的场所录音。这些场所是事先设计好的，装有公开和秘密的录音设备，专供用来审讯又犯罪嫌疑人和同有关人员谈话。在录音对象对录制持不合作态度时，当面取走室内的公开录音设备，或当面将其关闭，往往更能打消录音对象的怀疑。②在临时决定使用的谈话场所专门预设录音设备录音。如在侦查机关以外的地点录音，可以采用这种方法。③在没有经过准备的会面地点录音。如在事先没有或很难进行有关技术处理的房间、场所或汽车内录音，可使用随身携带的微型录音机或微型无线传声器，进入会面地点录音。也可以临时送上适合会面地点的物品，如送上烟缸、递交个人常见使用物品等方式，将隐蔽好的录音机或传声器送到对方处，进行录音。④录制电话谈话内容。在录制侦查人员同录音对象的谈话内容，或录音对象同他人的谈话内容时可使用录音电话，或外接电话录音设备。

（三）密搜密取

狱内侦查中的密搜密取是狱侦干警在不触动侦查对象的情况下获取罪证的侦查措施。

1. 明确密搜密取的要求。其具体要求如下：①保守秘密，是指实施密搜密取要严格保密，仅限于实施密搜密取的狱内侦查人员知情，不得向其他任何人员泄露。②精心组织，是指实施密搜密取前要周密设计方案。③把握时机，是指实施密搜密取在具体时间上要根据监狱罪犯监管的情况进行选择。④不留痕迹，是指实施密搜密取要谨慎行事，避免在现场留下任何外来痕迹。

2. 做好密搜密取的准备工作。应注意以下几点：①认真研究密搜密取对象的情况。②分析研究密搜对象所在的房屋结构、周围地形环境及情况。③确定密搜人员的组成及分工，选定密搜时间，制定密搜方案。④做好器材及物质上的准备。如武器、警戒、检查工具、照明工具、提取工具、通信联络工具等。

3. 审慎选择密搜密取的方式。一般可供选择的方式有两种：①以公开身份掩护密搜密取。这种方法对侦查对象的调离控制要求不是很严格，只要求利用掩护的名义合情合理。时机的选择要因人、因地、因案制宜，既要达到搜查取证的目的，又不暴露侦查意图。如可以利用检查卫生、清监、查铺等作掩护，进入现场察看，伺机取证。②秘密进入有关场所进行搜查。这种方法是借故将密搜对象调离有关场所或乘其外出劳动之机进行密搜密取。采取这种方法要注意掌握时间，做好应急方案，控制不让密搜对象突然返回。

4. 实施密搜密取的要求。具体有如下几点：①在进入现场执行密搜时，侦查人员应尽可能将身上的证件和无关物品清理干净，避免搜查中不慎遗落。②进入后要仔细观察现场，观察有无反侦察暗记。③具体搜查的顺序是先看后动，先试后动，先主后次，先易后难，先上后下，先外后里，谁搜查谁还原，边搜查边还原，谁先进谁后出。④在撤离现场时，要认真清点工具、器材，防止遗落在现场。

能力训练

【训练项目一】 调查访问、询问综合实训

一、训练目的

理解和掌握现场调查访问和询问的步骤和规范要求，并能在实际工作中加以运用。

二、训练说明

请认真阅读下面给出的案例，结合案例分析如何开展现场调查访问。

三、训练内容

案例： 1992 年 5 月 18 日晨 7 时 55 分，某旅游城市公安局接到报案，一日本旅游团的两位日本女游客被杀死在她们居住的宾馆卫生间内。这两位日本游客，一位 76 岁，另一位 63 岁，于 1992 年 5 月 17 日 17 时 20 分，随旅游团住进×市宾馆 229 号房间，待翌日赴旅游景点。

现场勘验所见，两位被害人住 229 号房间内，两张单人床上物品凌乱，两只皮箱均被打开，衣物四处乱扔。经检验，死者是被案犯用手卡压颈部窒息后推入卫生间的浴盆水中溺死。法医验尸，确定死亡时间为 5 月 17 日 21 时至 22 时之间。

【训练项目二】 侦查实验综合实训

一、训练目的

理解和掌握侦查实验的步骤和规范要求，并能在实际工作中加以运用。

二、训练说明

模拟案发当时的光照、气候等条件，驾驶黑、灰两种不同颜色的本田牌小轿车，按"证人"提供的情况依次向现场驶去，请"见证人"指认他在发案前所看见的轿车与实验用的两辆轿车中的哪一辆颜色相同或接近，进而断定发案前"见证人"所见轿车的颜色。

三、训练内容

案例：某地一工厂发生一起贵重金属被盗案件，在调查访问过程中侦查员发现一线索：一名叫王某的见证人，在案件发生前一天晚上11点20分左右，曾看见一辆黑色或是灰色本田牌小轿车停在发案地附近，且看见有2名青年男子神色慌张地往车上运东西，后开车离去。

【训练项目三】搜查实训

一、训练目的

理解和掌握搜查的步骤和规范要求，并能在实际工作中加以运用。

二、训练说明

请认真阅读下面给出的案例，结合案件情况分析该如何进行搜查。

三、训练内容

案例：2011年5月2日上午，赣州市章贡区文明大道164号2栋3单元601室发生入室抢劫杀人案，在此居住的江西齿轮箱厂退休职工朱某某（女，60岁）被犯罪分子用绳索勒死在家中，室内抽屉内2万元现金、1枚黄金戒指、1枚铂金戒指、1只银手镯、1把儿童长命锁和1本存有五万元的存折被抢走。

在侦查过程中，死者儿子薛某提到一个人，是其服刑期间的九江牢友唐某，今年22岁，曾因抢劫入狱，此前曾找过薛某，现住在章贡区大公路121号。

侦查人员迅速出击，到犯罪嫌疑人唐某住处将其抓获，并进行了搜查工作。

复习与思考

1. 调查取证的工作目的是什么？
2. 什么是调查访问？调查访问的工作程序是什么？
3. 调查访问的对象、内容和形式有哪些？
4. 询问被害人、证人应注意哪些问题？如何对证人证言进行审查判断？
5. 什么是摸底排队？摸底排队的工作程序是什么？
6. 确定又犯罪嫌疑对象主要考虑哪些因素？
7. 如何确定重点犯罪嫌疑人？
8. 什么是侦查实验？侦查实验的工作程序是什么？
9. 侦查实验应做好哪些准备工作？

10. 什么是搜查？搜查的工作程序是什么？

11. 搜查前应做好哪些准备工作？

12. 什么是委托鉴定？委托鉴定的工作程序是什么？

13. 什么是密搜密取？密搜密取的工作程序是什么？密搜密取的原则是什么？

———— 工作任务八 ————

查缉控制工作

学习目标 ≪≪

知识目标： 了解和掌握追缉堵截、控制赃物、守候监视、辨认的步骤和方法。
能力目标： 能运用所学的知识进行查缉控制。

工作目的

一、查明案件事实

正确运用辨认，可以为确定嫌疑人是否是犯罪行为人提供依据；可以弄清某种作案工具或现场遗留物为何人所属；可以证实所获赃物是否为损失之物；可以甄别某个场所是否为犯罪的实施地点等。

通过守候监视，可以发现侦查对象的交往关系，扩大侦查线索；发现同案犯；考核耳目；保护犯罪分子可能侵犯的目标；发现和防止侦查对象转移赃物、销毁罪证等。

二、搜集犯罪物证

通过控制赃物既可以搜集重要的犯罪物证，为下一步起诉、审判工作提供证据，又可以发现线索，通过以物找人，及时破案，减少国家或个人经济损失。

三、查缉捕获罪犯

通过守候、追缉堵截，可以捕捉在逃罪犯，迅速破案。在一些狱内犯罪案件中，如盗窃案件，罪犯销赃比较困难，案发后往往将赃物隐藏起来，伺机销赃。侦查人员如果从藏赃处守候监视，往往可以人赃俱获，一举破案。

工作内容

一、追缉堵截

追缉堵截，是缉捕逃犯所采用的紧急侦查措施。追缉，是指狱内侦查人员发现罪犯逃跑，及时组织力量，根据罪犯逃跑方向或路线跟踪追捕。堵截，是指狱内侦查人员对罪犯可能路经的地点或落脚的地点，派人或通知有关单位，守候拦截罪犯。在追捕逃犯实践中往往同时采用追缉和堵截两种侦查措施。

二、辨认

辨认，是指在案件侦查过程中，根据侦查工作需要由狱内侦查人员组织有关人员对又犯罪嫌疑人、尸体、现场遗留物、赃物、作案工具、犯罪场所等进行识别和指认的一项侦查措施。辨认是一种与询问证人、被害人密切相关的侦查措施，是询问的一种特殊形式。辨认人的辨认结论与被害人陈述和证人证言一样可以作为诉讼证据。

三、阵地控制

阵地控制，是指狱内侦查部门在又犯罪嫌疑人经常活动的场所或重点要害部位，公开或秘密布建力量，发现犯罪线索，监视、查缉又犯罪嫌疑人的一项侦查措施。

四、控制赃物

控制赃物，是指在侦破有赃物的案件过程中，狱内侦查人员在监狱有关部门及人员的配合下，通过控制、发现赃物而发现又犯罪嫌疑人或犯罪线索的一项侦查措施。

工作程序

一、追缉堵截工作程序

追缉堵截是查缉逃犯的重要措施，对侦查破案、打击犯罪有着特别重要的意义。追缉堵截可以防止犯罪分子逃避惩罚；加快侦查破案的速度；制止犯罪分子继续作案、危害社会。其基本工作程序如图 8 – 1 所示。

（一）追缉堵截的准备

1. 掌握罪犯逃跑的时间。掌握罪犯逃跑的时间，结合逃跑时可能使用的交通工具，干警就可以大体判断出罪犯最远与最近的行程，从而决定搜捕区域。

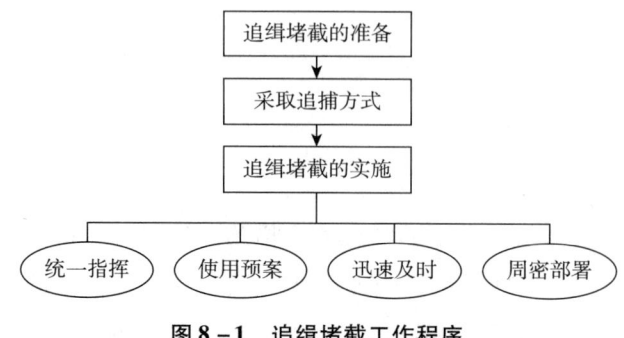

图8-1 追缉堵截工作程序

2. 了解罪犯逃跑的方向与路线。追缉堵截是一种带有地理方向性的查缉措施,判明罪犯逃跑方向与路线对追缉堵截非常重要。方向不明,不但可能浪费人力、物力和财力,而且可能丧失追捕良机。因此,判明罪犯逃跑方向与路线非常重要。判明罪犯逃跑方向与路线可以通过下列途径进行:其一,通过访问调查目击者了解罪犯逃跑方向和路线;其二,采用警犬和步法追踪,确定罪犯逃跑方向和路线。

3. 熟悉罪犯情况。如罪犯年龄、身高、外貌、发型、口音,逃跑时所穿衣着,携带物品。对罪犯情况掌握可以通过调查访问目击者、直接管理干警和查阅档案完成。

4. 人员装备的准备。在追缉堵截前,监狱应组织一支高度纪律性、有良好身体素质和良好业务素质的追捕队伍。如果监狱有快速反应队伍,追捕队伍应以快速反应队伍为核心。此外,监狱还可以与当地公安机关联系,争取他们的协助。

为了保证追缉堵截快速、有效,追缉堵截要准备好必备的设施,如交通工具、通信器材、武器、警戒具、警犬等。

(二)采取追捕方式

1. 单路尾追法。单路尾追法,是指沿着罪犯逃跑路线直追。这种方法适用于罪犯逃跑方向及路线明确,地理环境不复杂的情况。单路尾追法常常需要与步法追踪、警犬追踪配合进行。这是比较常用的方法。

2. 前截后追法。前截后追法,是指根据罪犯逃跑方向与踪迹,一方面派员尾随,另一方面通知前方有关部门或派员在逃犯可能要经过的交通要道、车站码头等设卡堵截。

3. 分路追缉法。对罪犯逃跑方向不明确的案件,监狱干警可分路追缉。进行分路追缉时,监狱干警可以根据罪犯逃跑方向可能性大小,确定主次追缉路线,合理安排追捕力量,分兵多路进行追缉,也可以采取分兵多路,中间直追,两侧迂回策应的方法进行追堵。

4. 包剿围捕法。包剿围捕法,是指在追捕过程中,确认罪犯已经隐藏在一个明确的地点,或被逼入一个较小的区域范围内时,狱内侦查人员应迅速控制关卡,抢占有利地形、地物,将罪犯包围起来,然后采取机动灵活的方法将其抓获,或以政策攻心与威力逼迫相结合，促使罪犯投降归案。

（三）追缉堵截的实施要求

1. 统一指挥。为了提高狱内侦查部门应付狱内突发事件的能力，监狱要建立一个集中统一的指挥系统。当狱内发生罪犯脱逃，尤其是发生严重暴力犯罪案件后，监狱的侦查部门要迅速到达现场，查明罪犯逃跑的方向、人身形象、携带的物品特征以及逃跑的方式等，立即向监狱的指挥系统报告，由指挥中心统一下达命令进行追缉堵截。

2. 使用预案。狱内侦查部门要根据监狱的地理环境、交通状况及警力分布调配等情况，对可能发生的严重暴力越狱犯罪案件及罪犯脱逃案件等，预先做好卡点、网点的工作；组织一支有高度纪律性、有良好身体素质和业务素质的追捕队伍；准备好必要的设施，如交通工具、通信器材，武器、警戒具、警犬等。一旦发生狱内案件，在指挥中心的统一命令下，各负其责，各就各位，对罪犯进行追堵。

3. 迅速及时。追缉堵截要抢时间，抓战机，快速布置任务，迅速出击。如果贻误战机，就会给追捕带来较大的困难。

4. 周密部署。周密设计具体的追捕方案，综合运用多种追捕方式，讲究斗争艺术。要紧密跟踪脱逃的罪犯，随时根据情况调整警力。实施追缉堵截的过程中，要保持高度的安全戒备，防止逃犯拒捕、行凶、劫持人质等。

二、辨认工作程序

辨认是一种重要的侦查措施。辨认可以为分析案情和确定侦查范围提供依据；可以为发现侦查线索和查找嫌疑人提供帮助；可以为审查嫌疑人提供依据；可以为查获案犯提供帮助；可以为证实犯罪提供证据。其基本工作程序如图8-2所示。

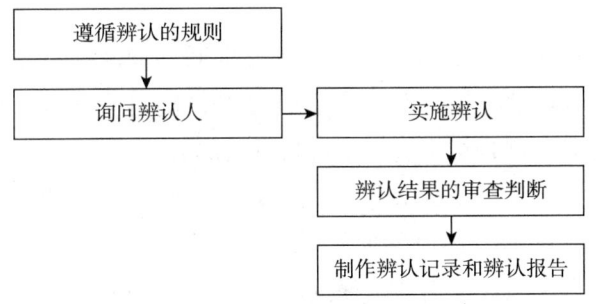

图8-2　辨认工作程序

（一）遵循辨认的规则

1. 混杂辨认。此即进行辨认时，应当让被辨认人混在若干无关人员中间。正面辨认应事先挑选数名掺杂人员。掺杂人员应同辨认人互不相识，而且在年龄、衣着、体貌特征等方面同被辨认人没有引人注目的重大差异。侧面辨认，应选择适当的时机、地点、将辨认人安排在适当的隐蔽处所，让其暗中观察有被辨认人的人群，进行辨认。采用混杂辨认的方法可以促使辨认人客观地进行特征的回忆对比，避免产生主观臆断的错误结论。

2. 分别辨认。如果有数名辨认人对同一被辨认人进行辨认时，应让他们分别依次单独辨认。分别辨认的规则对于避免辨认人之间互相影响，克服从众心理倾向，保证辨认的客观准确是十分必要的。

3. 侦查人员不能让辨认人受到任何暗示。暗示对于那些自主性差，对被出示的辨认对象缺乏仔细的观察，对犯罪人的体貌特征没有清晰的感知及记忆，同时又坚持认为自己能准确指认目标的辨认人，有着极其严重的消极影响，常常会使他们顺应暗示意图作出结论。因而，侦查人员应当科学地组织辨认，以让辨认人无干扰、独立地进行辨认。

4. 严格防止让辨认人在辨认开始前看到未被混杂在无关人员中间的被辨认人。侦查中发现的犯罪嫌疑人，不能在辨认之前让辨认人看到，否则混杂辨认就失去意义。实践表明，有些辨认人之所以坚决指认某人是犯罪人，并不完全是因为确实看清并记住了犯罪人的体貌特征，而在很大程度上是他事先知道被辨认人已被侦查人员怀疑为犯罪人，甚至已经被拘捕。所以，如果让辨认人看到未被混杂在无关人员中间的被辨认人，将会严重影响辨认结果的准确可靠性。

有时限于条件，不可能对犯罪嫌疑人进行直接辨认，也可以将犯罪嫌疑人的照片提交辨认人辨认。对照片进行辨认，应当选用嫌疑人接近发案日期拍摄的未加修饰、化妆、能充分表现其面部本来特征的照片，并应严格遵守对人进行直接辨认所应遵守的规则。

(二) 询问辨认人

无论组织哪一种辨认，都应当对辨认人进行询问。询问通常在辨认开始前和结束后进行。有些案件在开始侦查时，侦查人员就已经访问过辨认人。但在辨认前还应当再次详细询问有关情况。这是组织辨认不可缺少的部分。

辨认前，应当重点查清辨认人掌握了犯罪人的哪些特征，能否依据对此的感知和保持的记忆进行辨认。同时，还应问明辨认人是在什么时间、环境下看见犯罪人的，当时的视觉、听觉能力和条件如何，以便据此设计、提供相应的辨认环境和条件。

辨认结束后，针对辨认人作出的结论，还应对辨认人再次进行询问，问明作出辨认结论的依据，以便对辨认结论进行正确的评断。

应当指出，实践中常常有这种情形，辨认人在回答侦查人员的询问时，由于陈述能力的限制，无法准确、详细地描述犯罪人的体貌特征，但在辨认时却能准确地指认犯罪嫌疑人。因此，在询问中如发现辨认人不能具体地说明犯罪人的体貌特征或作出辨认结论的依据，应结合辨认人的具体情况，分析原因，不能轻率地作出取消辨认的

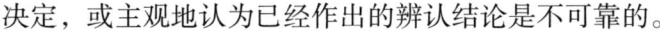

决定，或主观地认为已经作出的辨认结论是不可靠的。

（三）实施辨认

针对辨认方式、对象的不同，应根据侦查的需要分别采取不同的辨认方式和方法：

1. 公开辨认。公开辨认，是指在狱内案件的侦查过程中，侦查人员组织有关人员对重大嫌疑人、无名尸体、与犯罪有关的物品和场所等所进行的公开指定和识别的侦查措施。

（1）对人的公开辨认，主要是对犯罪嫌疑人的辨认。在辨认前首先应问明辨认人所见到犯罪嫌疑人的特征情况，要选择好辨认场所，注意光线、距离等条件；在辨认中应该执行混杂辨认的原则；有些案件在辨认时应把体貌特征、坐立行走姿势、声音等结合起来。辨认场所一般不应在拘押场所，以免先入为主，影响辨认结果的真实性。对于犯罪嫌疑人的辨认，一般是先进行秘密辨认，在肯定是又犯罪分子或重大犯罪嫌疑人的基础上，再进行公开辨认，以便使辨认结果具有证据作用。

（2）对于无名尸的公开辨认，在狱内案件侦查中比较少见。辨认尸体前，应先进行尸表检验，并对头、面部进行整容拍照，还要捺印死者的十指指纹。

（3）对物的公开辨认，主要是对现场遗留物、赃款赃物和其他与犯罪有关物体的辨认。在辨认中，注意遵守混杂辨认的原则。

（4）对场所的公开辨认，主要是对犯罪现场的辨认。在辨认中，可以利用被害人对场所的回忆，由侦查人员带领被害人到与被害人陈述的场所特征相近的地点进行识别和指认。

2. 秘密辨认。秘密辨认，是指在狱内案件的侦查过程中，由侦查人员组织被害人、事主和知情人等，对重大又犯罪嫌疑人以及与犯罪有关的物品进行的暗中识别和指认。

（1）对人的秘密辨认。对人的秘密辨认，主要有四种做法：一是直接辨认，通常是把辨认人隐蔽在便于观察和掩蔽的处所，对被辨认对象进行暗中观察和识别；二是寻查辨认，是指由侦查人员带领辨认人深入到罪犯生活、劳动和学习的场所，从旁侧进行暗中观察和识别；三是照片和画像辨认；四是体态、动作、声音的辨别。

在某些案件中，对人的辨认还是发现脱逃越狱罪犯的有效措施。例如，由侦查人员带领辨认人在罪犯可能出现的场所秘密寻找犯罪人。如果辨认人指认出犯罪人，即可有针对性地开展进一步的侦查，或以适当的方式，将其抓获归案。

（2）对物品的秘密辨认。对物品的秘密辨认，是指在侦查过程中侦查人员为了核对与犯罪有关的各种物品，在不暴露侦查意图和不被又犯罪嫌疑人察觉的情况下，组织辨认人进行的识别和指认。秘密辨认的物品，一般是通过秘密搜查从又犯罪嫌疑人住处、邮件或通过其他途径秘密查获的，辨认过程中对实物要精心保存，辨认后要迅速送回原处。有的物品，在辨认无误的情况下，要转为公开辨认，以便作为证据使用。

（四）辨认结果的审查判断

公开辨认的结果是认定或否定又犯罪嫌疑人的重要依据之一，因此，在审查判断中要考虑以下因素：

1. 辨认人的精神因素。主要是考察辨认人的精神是否正常。如果辨认人神志不清或精神不正常，辨认结果的准确性较小。只有辨认人在精神正常的情况下作出辨认，其结果才可能比较准确。

2. 辨认人的生理因素。主要是考察辨认人的视觉、听觉、记忆能力和辨别能力如何。如辨认人这几方面能力很强，那么辨认结果的准确性就要强。否则，辨认结果的准确性就要低。

3. 自然环境条件因素。主要是考察辨认人在原来见到犯罪分子时的自然环境条件对辨认的影响。如当时的光线、风沙、是否下雨、是否下雪、距离等，能将犯罪嫌疑人的体貌特征看清到什么程度，这自然影响辨认结果的准确性。

4. 辨认客体特征因素。主要是考察辨认客体如尸体、活体或各种物品是否有明显特征。如尸体或活体上的疤痕、痣疣、文身等，物品的型号、磨损、出产厂家等。只有有特定性特征的人或物，辨认者的印象才会深刻，这种情况下辨认的结果准确性高。否则，辨认结果的准确性要低。

5. 辨认人人品因素。辨认人人品因素，是指辨认人的一些可能影响辨认结果的主观因素，如辨认人的为人品质、与当事人有无利害关系等。

6. 组织辨认的程序与方法因素。组织辨认的程序与方法因素，主要指辨认的方法是否科学，是否客观，是否严格按照辨认的规则进行等。

（五）制作辨认记录和辨认报告

进行公开的辨认，应制作《辨认记录》。《辨认记录》是一种重要的诉讼证据。进行秘密的辨认应写出《辨认报告》。《辨认报告》不作为诉讼证据使用，只归入侦查卷宗供分析案情、部署侦查工作参考。

1. 辨认记录。《辨认记录》通常包括以下内容：①辨认前对辨认人的询问情况和辨认人的陈述；②辨认的时间、地点、环境条件；③掺杂人员的姓名、年龄、住址，掺杂物品的数量、来源、基本特征；④辨认的结论，以及就辨认结论对辨认人询问的情况和辨认人的陈述；⑤掺杂人员（物品）同被辨认人（物品）掺杂在一起的照片，以及被辨认出的人或物的照片；⑥参加辨认的侦查人员、辨认人、掺杂人员和被辨认人的签名。

2. 辨认报告。进行秘密辨认不制作辨认记录，而由组织辨认的侦查人员写出《秘密辨认报告》。其内容同《辨认记录》基本一致。无论辨认结果如何，《辨认报告》均不能作为证据使用，只供侦查人员参考，并收入侦查卷宗中备查。

三、阵地控制工作程序

犯罪人进行犯罪活动，离不开一定的场所和地方。狱内侦查部门采取措施"占领"

这些场所和地方，就可以把犯罪人经常出没活动之地变成侦查、控制犯罪活动和查缉犯罪嫌疑人的阵地。所以，阵地控制是侦查破案、发现和打击刑事犯罪活动的一项重要的基础性措施。其基本工作程序如图8-3所示。

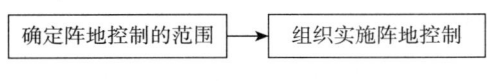

图8-3　阵地控制工作程序

（一）确定阵地控制的范围

狱内侦查阵地的范围主要的有以下三类：

1. 生活场所。生活场所是服刑人员日常生活的场所，是服刑人员监狱服刑最主要的活动场所，也是又犯罪嫌疑人经常活动的场所。主要包括起居场所（寝室、洗漱室、厕所等）、就餐场所、文体活动场所（礼堂、排练场所、运动场馆、文化娱乐室、监舍、禁闭室等）。

2. 劳动场所。劳动场所是服刑人员劳动生产的场所，也是又犯罪嫌疑人经常活动的场所。主要包括狱内劳动场所（生产车间、车间的更衣室、保管室、库房等）、狱外劳动场所（从事狱外建筑、挖沟、修路、输出劳务的劳动场所等）和零星分散劳动场所。

3. 学习场所。学习场所是监狱对服刑人员实施思想、文化、技术教育的场所以及用于服刑人员学习的其他场所，也是又犯罪嫌疑人经常活动的场所。主要包括教室、图书阅览室、实验实习场所、电教中心、听报告或看电影的露天场所或礼堂、服刑人员自学的场所、进行个别教育的场所等。

（二）组织实施阵地控制

1. 公开管理控制。对生活场所、劳动场所和学习场所等，狱内侦查部门应主动与狱政管理、教育改造、生活卫生等部门联系、配合，利用日常管理和查处违规违纪注意发现犯罪活动的可疑迹象，加强对三大场所的监督和检查，搜集狱内犯罪活动情报，搞好阵地控制。

2. 布建耳目控制。对监狱的要害部位和重要场所，应加强控制和保卫。对在要害部位劳动的服刑人员，除重点审查外，还应布建耳目加以控制，发现不安全因素，应立即做出妥善处理。对服刑人员活动的公共场所，以及分散劳动点，除公开严格管理外，应布置隐蔽力量或采用技术侦查手段进行监控。在重大节日或活动期间，应加强各项监控措施。

3. 监控技术控制。使用现代技术装置对有关场所进行控制，对搞好阵地控制和打击犯罪活动日益发挥着重要作用。在阵地控制中，主要是运用摄像、红外装置、现代通信、安全防范技术等实行遥控控制。现代技术的采用能大幅度地提高阵地控制的水平。

狱侦部门应根据不同场所的具体情况，灵活运用不同的控制方法。上述三种控制方法，既可以单独使用，也可以几种方法结合起来使用。多种控制方法的综合运用，可以弥补各自的不足，从而发挥控制方法的整体功能，取得阵地控制的最佳效能。

四、控制赃物工作程序

控制赃物是狱内侦查基础业务工作与具体的案件侦查措施的有机结合。涉及财物的案件一旦发生，狱侦部门就应迅速部署控制赃物，并常常以此作为侦查破案的主要途径。就某一起个案而言，控制赃物是一项侦查措施，它随着案件的发生而被启用，又随着案件的侦破而停止使用；就狱内侦查工作全局而言，控制赃物既是阵地控制措施的重要内容又是一项重要的侦查基础业务建设。通过控制赃物发现侦查线索；可以直接破获案件，抓获现行犯罪嫌疑人；可以搜集犯罪证据；可以挽回和减少被害人的损失。其基本工作程序如图8-4所示。

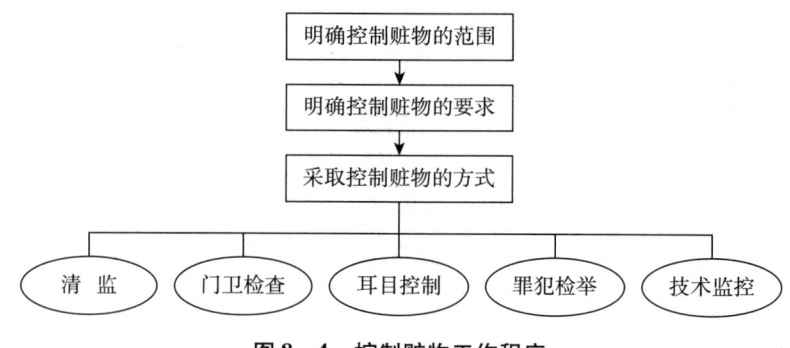

图8-4 控制赃物工作程序

（一）确定控制赃物的范围

1. 罪犯本人的身体、衣箱、床铺、被褥夹层等处。

2. 监舍的隐蔽处和罪犯生产劳动、学习的场所。

3. 野外可能藏匿赃物、赃款的处所。

4. 可能帮助转移、隐藏、销售赃款、赃物的其他人员。

5. 其他可能成为罪犯转移、隐藏赃款、赃物的场所。

（二）控制赃物实施的要求

1. 布置控制赃物后，狱内侦查部门应当指派专人负责。

2. 各项控制措施要迅速落实，加强具体指导。

3. 注意勤联系，勤查问，及时研究和解决控制中出现的问题。

4. 在控制赃物时，必须严格执行党的政策和国家法律，严禁侵犯在押罪犯的人身权利和其他合法权利。

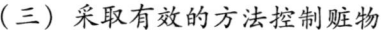

（三）采取有效的方法控制赃物

1. 进行经常性的清监，搜寻控制赃物。这种控制赃物的方法很适合监内盗窃罪犯个人财物的案件的侦破。搜寻要特别注意罪犯个人身体、床铺、被褥夹层以及监舍的隐蔽处等。

2. 加强门卫警戒。门卫应对出监车辆、可疑人员进行仔细检查，避免罪犯利用车辆和其他来监人员携带赃物出监。这种控制方法比较适合内外勾结盗窃监狱财物的案件的侦查。

3. 使用耳目监控赃物。狱内侦查人员既可以使用狱内耳目调查罪犯的异常反映，也可以使用耳目控制有关罪犯，尤其控制与嫌疑对象来往密切的即将刑满释放的人员，防止他们将赃物带出监狱。

4. 动员罪犯检举。加强对罪犯的宣传教育，动员罪犯检举揭发。

5. 技术监控。利用技术监控设施，对可能的藏赃处和嫌疑人进行严密监控。

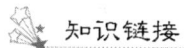 知识链接

追缉堵截过程中的人质保护

在追缉堵截犯罪人遇到犯罪人劫持人质时，一定要以保证人质安全为原则，决不能为了缉捕犯罪人而使人质受到伤害。在追缉堵截过程如遇有劫持人质的犯罪分子应用以下方式保护人质，缉捕犯罪分子。

1. 利用谈判的方法缉捕犯罪分子

在缉捕劫持人质的犯罪分子时，人质的存在极大地限制了缉捕措施的选择余地。因此，围控格局形成后，要力争以和平的方式解决战斗。和平解决的方式有两种：一是应立足于政策感召、亲情感化，使犯罪分子迷途知返，中止犯罪活动，放出人质，争取宽大处理。二是要力求通过谈判达到和平解决的目的。谈判小组可由若干名经验丰富的干警组成，有条件的可邀请有关心理专家参加，现场指挥员也可亲自参加这项工作。谈判中，我方需要做出一定的让步，促使犯罪分子在一定条件下中止犯罪；如果犯罪分子的要求具有一定的合理成分，我方可以答复在其交出人质后（在法律允许的范围内）予以解决，但不能就原则问题让步。

谈判还可作缓兵之计，稳定犯罪分子情绪，保护人质不受伤害；同时借以发现或造成犯罪分子防守上的破绽，为武力解决创造战机，为筹备各种战术措施赢得时间。因此，谈判应贯穿于处置活动的始终，对犯罪分子提出的非分要求不宜立即拒绝，而应以"可以商量、可以考虑"之词，假托目前条件不允许，巧妙与之周旋。

2. 利用战术谋略的方法缉捕犯罪分子

在用武力缉捕劫持人质的犯罪分子时，为了保护人质的安全，只能用突袭、偷袭

等方法智取，不能用公开、正面的攻击方法解决问题。

（1）声东击西，偷袭制敌。采取一定的方式吸引犯罪分子的注意力，然后从其他方向暗度陈仓，将其制服。

（2）示假隐真，攻其不备。以提供食品、医疗、交通通信条件等方式，接近犯罪分子，伺机突袭制敌。

（3）利用时空间隙实施突袭或布设神枪手点射。对峙过程中，随着时间的推移，犯罪分子的兴奋程度会有一定程度的减弱，犯罪分子与人质之间的位置关系也会出现一定的分离，对人质的控制就会呈现弱化的状态或暂时的失控。我方应充分利用这一机会，或快速行动将其制服，或由神枪手将其击毙。为保证射击的准确性，尤其在有两名以上犯罪分子的情况下，应组织多名神枪手，以二对一同时射击目标。

除以上几种方法外，在追缉堵截的实战中还可根据案件具体情况，使用以下方法解救人质，捕获犯罪分子：

（4）欲擒故纵，易地缉敌。在当场处置有难度时，可以一边谈判，一边在外围预设新的缉捕网。然后，网开一面，诱使犯罪分子进入新的伏击网后，再凭借地形和准备上的优势制服罪犯，救出人质。

（5）削弱其所凭优势，相机制敌。具体方法有：借其所欲，巧撤人质；偷梁换柱，以"人"易人；欲取先予，以物换人。待其放出人质后，再采取措施进行缉捕。

（6）利用非致命性武器制敌。用非致命性武器如催泪弹、麻醉枪等，使犯罪分子暂时失去抵抗能力，再乘机突袭制敌。

能力训练

【训练项目一】 追缉堵截

一、训练目的

理解和掌握追缉堵截的步骤和规范要求，并能在实际工作中加以运用。

二、训练说明

请认真阅读下面给出的案例，结合案例归纳追缉堵截的规范要求。

三、训练内容

案例：1990 年 12 月 26 日凌晨 1 时 30 分，坐落在贵州省黔南州罗甸县城的武警中队营部发生了一起盗枪杀人案件，6 名犯罪分子杀死司务长并盗走 4 支"五六"式冲锋枪、1 支"五六"式半自动步枪和 721 发子弹后逃窜。凌晨 2 时许，罗甸县公安局接到

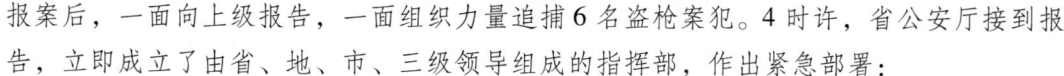

报案后，一面向上级报告，一面组织力量追捕6名盗枪案犯。4时许，省公安厅接到报告，立即成立了由省、地、市、三级领导组成的指挥部，作出紧急部署：

（1）通报全省公安机关及铁路、民航公安机关，火速调集警力，设卡堵截，配合黔南州公安部门尽力将案犯控制在该州范围内。

（2）向云南、广西等毗邻省份公安机关通报案情，请求协查，防止案犯窜出边境。

（3）贵阳市公安机关立即组织力量设卡堵截，坚决阻止案犯进入市区。

（4）省武警总队立即派出一个30多人的小分队赶赴现场，配合邻近市、县追缉堵截。

（5）省公安厅刑侦处组织精干力量前往现场协调追堵行动。

上午7时许，被案犯租用过的出租车司机驱车到罗甸县公安局报告了情况：他们5时许在惠水县毛家苑乡政府门前下车，并声称要去贵阳……8时许，省厅指挥部根据这一情况召开紧急会议，制定并部署了处置措施：

——以惠水县毛家苑为中心，形成严密包围圈，同时依靠当地党政机关，深入发动群众堵卡、搜索。

——贵阳市以花溪为重点部署堵卡，黔南州以毛家苑为重点部署围捕；邻近县、市从外围堵卡，形成大包围圈。省公安厅、武警派出800余名公安干警、武警战士前往惠水。

——省公安厅及贵阳市公安局加强要害部位守护工作，并组织力量加强贵阳市区巡逻。

——处置原则：军事围堵，开展政治攻势，分化瓦解，迫使6名案犯缴械投降。如遇顽抗，就地围歼，尽量减少伤亡和损失。

到中午12时，以毛家苑为中心的前线兵力已达到1000多人，外围兵力也已达4000多人。下午5时30分，6名案犯在小龙寨附近的公路上劫持了一辆载有乘客的中巴车，在劫车过程中与赶到的公安干警相遇，在驾车逃窜时打死打伤多名堵截干警和路旁群众。下午7时许，6名案犯被干警围堵在贵阳至罗甸公路93公里处，一名下车排除路障的案犯受伤后被抓获。经审查得知：中巴上有20名人质，5名案犯被围住后心情比较紧张。遵照省厅指挥部"确保人质安全，开展政治攻势，迫使5名案犯缴械投降"的精神，前线指挥部对5名案犯实施了强有力的攻心战："你们都还年轻，放下武器投降才是唯一的出路，顽抗到底只有死路一条。""黄某，你父亲已经来了，你好好想一想，这样干下去对得起你父亲吗？主动投降吧。"27日凌晨3时50分，5名案犯要求进行谈判并提出三个条件：①提供一辆汽车；②撤离包围圈；③要见中队长。根据对案犯当时心理状态的分析，前线指挥部决定：谈判可以，但不能附加任何条件。6时30分，5名案犯答应取消三个条件，进行谈判。我方立即同意，案犯之一的黄某先放下武器从中巴车中走出与我方代表及武警支队副支队长谈判，经说服教育后黄某终于跪下投降。7时30分，另一案犯张某走出中巴车来谈判，经工作后拒不投降。前线指挥部命令：拖住张某，不让其返回车中。8时许，另3名案犯见张某未回来，更加惊慌，相继离开中巴车前来投降。至此，案犯全部被抓获，中巴车上的人质安全脱险。

【训练项目二】 辨认结果审查判断

一、训练目的

理解和掌握辨认的步骤和规范要求，并能在实际工作中加以运用。

二、训练说明

请认真阅读下面给出的案例，结合案例分析如何对辨认结果进行审查判断。

三、训练内容

案例一： 某年7月25日中午，某市郊区某单位女职工张某在回家途中，行至距她家约300米的高粱地中的小路时，被一个男青年拦住，要求与其发生性关系，张某宁死不允，该男青年扑上来强行非礼，张某便与其撕打起来，然而终因体力不敌，被该男青年打昏并被强奸。犯罪分子逃离现场之后，张某立即去公安机关报案。侦查人员经过询问得知，犯罪分子年龄在25岁左右，个子较高，身材较瘦，脸型较长，下颌较尖，肤色较黑，头发较短，发式为偏分。身穿草绿色军衣上装，蓝色裤子，腰间有一条白色毛巾，脚穿黄色胶鞋，说话当地口音。经现场勘查，除该女的鞋印等痕迹之外，还发现长为26.5厘米的胶底鞋印4枚、粗条状线裤压痕2处，撕打痕迹多处。根据现场现象和该女伤势（颜面部多处呈青紫血肿状、鼻口流血等）及其自述内容等情况，市公安局领导决定立即以强奸案立案侦查。首先，在市区内召开各单位保卫组织领导会议，全面布置摸底排队工作。3天后，被害人伤情有所好转，侦查人员便请她戴上太阳镜、换上与被强奸时不同的衣服，在侦查人员陪伴下于发案现场附近城郊到市区的有关地点进行巡查守候辨认。辨认开始后的第二天，张某在某单位附近发现一人非常像强奸她的那个犯罪分子，便将他指示给侦查人员，经过侦查人员查证，因其不具备作案时间而予以排除。此后，被害人张某继续在上述地点进行巡查守候辨认，终于在一天下午跑到公安局报告说发现了犯罪分子，称他正在某餐厅吃饭。侦查人员立即随被害人赶到该餐厅，认清了那个被指认的男青年，待他吃完饭离开餐厅后，一直跟踪了2个多小时，直到他进了某单位的大门。侦查人员经过向该单位门卫人员询问，得知该男青年是该单位职工刘某。经过与该单位保卫干部联系，了解到刘某现年26岁，其爱人是农村户口，身体半残。刘某平时作风不正派，曾因流氓鬼混而被派出所干警审查过。而后，侦查人员又去派出所查阅了刘某的档案材料，证实了其单位保卫干部介绍的情况，遂经局领导批准，将刘某拘留。此后经调查，查明发案当时，刘某在班上维修某段电话线路，为单人作业，由于该单位在管理工作上存在疏漏，无法掌握刘某当时的具体情况，故可视为他具有作案时间，然而，又经调查发现，他从未穿用过现场足迹所展示的鞋和印压痕迹所展示的线裤，故应不予认定。但是由于种种原因，侦查人员没有及时请示领导处理此事，一直将刘某关押了3个月有余，在主管局长的再三催促下，才将刘某放回，此案也就此了结。

案例二： 某年9月20日下午，某煤矿青年女工王某（28岁）带着她丈夫的妹妹（9岁）从矿区到县城来办事，当日晚，住在该煤矿在县城所办的招待所里。晚10时许，姑嫂二人刚刚准备入睡，忽然听见敲门和呼叫开门的声音，王某听其声音很生疏，不敢开门，门外人说是派出所来查身份证的，王某只得开门。进来的是一个20多岁的男青年，上身穿蓝夹克，下身穿草绿色裤子，脚穿白色旅游鞋。该男青年进门后便说："我是派出所的警察，为了便于工作，今天没穿警服，请你拿出身份证来给我看看。"王某立即拿出身份证，该男看了一下。又看了看躺在另一个床上注视着他的小女孩，说了声："你们休息吧！"就出去了。过了近一个小时，姑嫂二人刚刚入睡，王某又听到敲门声，并听到刚才那个男青年用较小的声音说："还是我，我再看看你的身份证。"王某生性胆小怕事，尤其不敢与领导顶撞，便顺从地开了门，该青年进门后，看了看她的身份证，又看了看睡在床上正在翻身而且嘟囔着什么的小女孩，又出去了。又过了近一个小时，王某在睡梦中再一次听到敲门声，并且听到该男青年用更小的声音说："还是我，刚才没有记下你的身份证号码，还得再看一下。"王某说："我的身份证号码在开住宿票时登记过了。"该男青年说："服务台登记得不清楚，我必须记一下。"王某只好再一次把门开开，该男青年进门后，看了看已经熟睡的小女孩，压低了声音对王某说："你的身份证有问题，要想过关，你必须听我的。"王某说："我的身份证有什么问题，你能不能说清楚。"该男青年厉声道："反正是有问题，你必须听我的。"一边说一边抱起王某走到床边，并将其压在床上，王某高声呼救并且奋力与之撕打，小女孩被惊醒之后又哭又喊，该男青年用力拽断王某的表带，抢走手表后逃窜。王某报案后，公安局立案侦查。一个月后的一天，王某因公进城办事，晚上去电影院看电影。电影开演后，一男青年迟到，坐在她旁边的座位上，在他落座之前的一瞬间，王某瞟了他一眼，顿觉十分眼熟，待认真地再三看过之后，不由得浑身颤抖，认定他就是那个对她施暴并抢走手表的歹徒。待稍事平静之后，她退出影院去公安局报告。侦查员在王某的指引下将该男青年带回并立即投入讯问，得知其姓名为谷某，现年22岁，为某农场园林队职工。翌日，侦查人员找来5名20岁左右的男青年作为陪衬，请王某的小姑子隔窗进行秘密辨认。该女端详片刻，指认谷某即犯罪分子。于是，主办该案的部分侦查人员便坚定地认为谷某即该起强奸未遂、抢劫犯罪案件的重大嫌疑人。此后，侦查人员对谷某进行了频繁的讯问，都未获得预期结果。但本案主要侦查人员和主管领导认为犯罪分子三次进入犯罪现场，王某及其小姑子绝对不会认错，故一直将谷某关押了数月，直至真正的歹徒李某被其妻告发之后，才洗清了谷某的嫌疑。

【训练项目三】 辨认规则

一、训练目的

理解和掌握辨认的规则要求，并能在实际工作中加以运用。

二、训练说明

请认真阅读下面给出的案例，结合案例分析辨认措施的实施必须遵守哪些基本规则。

三、训练内容

案例一： 某年12月上旬，我国南方某市火车站、长途汽车客运站和市区大东门附近等地区，连续发生了5起诈骗案件。犯罪分子身着民警制服，冒充值勤民警，以公开检查旅客证件为名，在大庭广众下大肆进行诈骗犯罪活动。接到报案后，该市公安局刑侦部门立即和几个有关地区的市区公安分局以及航运公安局、铁路公安处组成了联合专案组，全面开展侦查破案工作。联合专案组的侦查人员根据事主陈述的有关情况（包括犯罪分子的人数、年龄、相貌、口音和作案的时间、地点、手段、对象等），分析连续发生的5起诈骗案件可能是同一伙犯罪分子所为，而且可能都是本地人，在案件被侦破之前，还有可能继续作案。于是，侦查人员除印发案情通报，以求得本市各城区、郊区和邻近有关地区的协同作战和清查民警服（以发现其丢失或者被盗情况）等项工作外，还加强了对车站、码头、旅馆、饭店及其他复杂场所的控制和守候监视。几天后，某邻县公安局告称，他们抓获了一个诈骗犯罪嫌疑人。专案组立即派侦查人员去该县，经了解得知，在由该县发往某地的一班客轮上，有一位旅客遇到了过去曾经对他进行过诈骗犯罪活动的一伙人（共3名），对方也认出了他，便狡猾地先发制人，将他抓住，反诬他是坏人，要把他扭送到公安局去。当这位旅客向围观群众进行解释时，那3个犯罪嫌疑人见势不妙，乘人多混乱之机跳水逃窜，船员和乘客们奋力追赶，终于将其中一个叫田某的犯罪嫌疑人抓住，并扭送至公安局。田某在讯问中供出已经潜逃的另外两个犯罪嫌疑人的姓名，并交待了他们合伙所作的几起扒窃案，但拒不交待其他罪行。侦查人员便组织上述5起诈骗案件事主之一余某对田某进行了辨认，辨认是在侦查人员单独讯问田某时由余某隔窗进行的。为慎重起见，辨认进行了3次，余某始终一口咬定田某就是合伙对他实施诈骗犯罪活动的3个人中的一个，但田某拒不承认。数月后，当一伙人在该市某地进行诈骗犯罪活动时，实施守候监视措施的侦查人员在事主和周围群众的配合下，将这伙人全部抓获。经过讯问，他们交待了上述5起诈骗犯罪案件的作案过程。这时，侦查人员反思前一阶段的侦破工作情况，回忆起他们在去邻近某县公安局看守所看到田某时，根据5起诈骗犯罪案件的事主陈述的犯罪分子的各方面特征，就认定田某为其中之一无疑。而后，在请事主余某对田某进行辨认时，他们先入为主的倾向性通过其言谈举止使余某受到暗示和感染，加之田某因为本人有过诈骗行为，当时正在反省和接受审查，便急匆匆地错认了田某。

案例二： 某年 7 月 25 日 0 时 30 分左右，某厂青年女工张某下夜班回家途中，突然听到身后有脚步声，张某顿时非常紧张、恐惧，当她还没有完全反应过来时，嘴已被从她身后伸过来的手捂住，并听到一男人压低了声音警告她不许出声，接着，她的嘴里被塞进了一团东西（似乎是毛巾），双手被捆在背后，尽管张某竭力挣扎、反抗，但仍被强奸。无奈她只好睁大双眼，死死盯住犯罪分子的脸，以便更多、更深地发现、记忆他的相貌特征。事后张某报案，侦查人员采取了多种措施进行侦查、调查。措施之一是在发案地点附近进行守候监视。然而一个月过去了，侦查线索一一中断，嫌疑对象被一一否定，守候监视也没能获得任何结果，由于其他案件侦查工作的需要，只得将守候监视组撤了下来，居住在发案现场附近的职工群众的警惕性也松懈了下来。不久，在距离发案现场 200 余米的另一条小路上，又发生了一起拦路强奸案，下夜班回家途中的青年女工王某被强奸，犯罪分子的作案手段、人身形象及其他个人特点与一个月前发生的张某被强奸案件基本一致。经并案侦查，发现无业青年孙某具有重大嫌疑，侦查人员便组织张某、王某二人共同对孙某进行秘密辨认，王某通过仔细端详，认为孙某很像那个强奸犯罪分子，而张某观察片刻，说不太像。侦查人员报经主管领导批准将孙某依法拘留后，又请张、王两名被害人对孙某一同进行公开辨认，王某一口咬定孙某就是强奸犯罪分子，张某仍旧犹豫不决，王某坚定不移地说："就是他，我绝对没有记错，就是把他剥了皮烧成灰我也认得出来。"并指责张某说："政府、同志们这么辛苦，好不容易抓住了坏蛋，为我们报仇，为社会除害，你还怕什么？"这时，张某嗫嗫嚅嚅地说："好像是大部分像。"结果，孙某被认定为强奸犯罪分子，并且由于抗拒交待而被从重判处死刑，缓期 2 年执行。孙某不服提起上诉，二审法院维持原判。此后不久，又有一名下夜班的青年女工在上述两案现场附近被拦路强奸。经侦查发现了嫌疑对象赵某之后，又按照辨认规则由 3 名被害妇女分别进行了秘密辨认，才得到正确结论，赵某的交待也与 3 名妇女的陈述相符。

案例三： 某年 6 月至 8 月，在某省某县的一条山间小路上，连续发生了 4 起拦路强奸案件，被害人都是上山砍柴的山下村民。县公安局领导在最后一次接到报案后，进行了精心的设计和周密的部署，在发案现场附近进行了为期一个月的守候监视，终于将正在挑逗一过路女青年的吴某抓获。经审查，吴某为山下某村青年农民，作风不正派，言行不轨，曾经多次调戏同村女青年，对此，吴某供认不讳，但一再保证绝无其他罪行。侦查人员便将吴某混杂在其他 5 名青年农民中（对于这 5 名青年，侦查人员都从身高、体态、相貌等方面进行了认真选择，并且在衣着上作了适当安排），请 4 名被害妇女分别进行秘密辨认。在辨认过程中，前三名被害妇女都将吴某认出，第四名被害妇女指着吴某说他有点像，但不能百分之百地认定。侦查人员又将吴某安排在审讯室里，请4名被害妇女依次分别地进行公开辨认，前三名被害妇女都当场认定吴某就是强奸她们的犯罪分子，而第四名被害妇女则说，这个人不大像。她的话刚刚出口，吴某立即激动地站起来说："这回我可遇到好人了，要不然他们就把我冤枉死了。"他的话音刚落，该妇女马上说道："就是他，就是他，他的模样我确实记不太清楚了，但是他的声音我还记得很清楚，没有错，就是他。"吴某顿时无言答对，只好交待了他先后拦劫、强奸4名妇女的罪行，他所供述的时间、地点、情节与4名被害妇女的陈述基本一致。

复习与思考

1. 什么是追缉堵截？追缉堵截的工作程序是什么？
2. 追缉堵截应把握哪些条件？
3. 什么是控制赃物？控制赃物的工作程序是什么？
4. 如何控制赃物？
5. 什么是阵地控制？阵地控制的工作程序是什么？
6. 如何进行阵地控制？
7. 什么是辨认？辨认的工作程序是什么？
8. 辨认应遵循的基本规则是什么？

工作任务九

侦查讯问工作

◎ 学习目标 ≪≪≪

知识目标：了解和掌握侦查讯问的步骤、方法及工作程序。

能力目标：能运用所学的知识进行侦查讯问。

✎ 工作目的

侦查讯问是狱内侦查部门为了查明在服刑期间的罪犯是否构成又犯罪或查清案件事实真相、情节轻重，对又犯罪嫌疑人进行正面审查的一种侦查措施。

一、获取又犯罪嫌疑人真实完整的供述

获取又犯罪嫌疑人真实完整的供述，是侦查讯问的直接目的，也是侦查讯问的重要任务。又犯罪嫌疑人是案件的当事人，他对全案情况是最知情的，其知情度远远大于其他当事人和诉讼参与人。只要又犯罪嫌疑人愿意如实交待，其口供就能再现案件事实的全貌与细节，并印证、串联其他众多的零散的证据材料。因此，狱内侦查讯问人员要善于运用各种策略、方法和手段促使又犯罪嫌疑人就有关案件事实作出供认，特别是非作案者本人不可能知晓的有关情节。又犯罪嫌疑人出于对利害关系的考虑，其供述往往是虚假的或者真中有假、假中有真。侦查讯问人员的职责在于去伪存真，并通过对虚假供述的揭露，敦促又犯罪嫌疑人如实交待。

二、甄别嫌疑，排除无辜

惩罚犯罪，保护无辜，是我国刑事诉讼价值取向中不可偏废的两个方面。

侦查讯问的对象是又犯罪嫌疑人，这一称谓明显地反映了讯问对象的诉讼地位。由于案件本身的复杂性以及办案工作中的某些失误，在讯问的对象中，尽管绝大多数人后来被人民法院依法判决有罪，但也有一些人确实是无辜的。特别是在侦查的初始

阶段，经过摸底排队和其他侦查手段的运用，往往会发现一个或者多个又犯罪嫌疑对象，显然，这些人不可能都是本案的犯罪行为人。因此，甄别嫌疑，排除无辜，就成了侦查讯问的重要任务之一。又犯罪嫌疑人是案件的当事人，他对自己是否犯罪是最清楚的；同时，有罪与无罪的又犯罪嫌疑人在讯问中的心态及行为表现是有差异的。通过对这些嫌疑对象的讯问，既可以加大某人的嫌疑，使之上升为重点嫌疑对象；又可以在听取又犯罪嫌疑人合情合理的辩解的基础上，结合调查，澄清某人的嫌疑，排除无辜。

三、发现新的犯罪线索，扩大战果

侦查讯问的目的和任务不仅要突破又犯罪嫌疑人已经败露、侦查讯问人员已经明显发现掌握的案件事实情节，而且要通过讯问这一直接、经济、有效的途径和办法，在前期讯问已经取得的成果的基础上，突破又犯罪嫌疑人的余罪及与其共同犯罪的同案犯，深挖其所知的其他犯罪线索，从而破获积案和隐案，追诉应当被追诉刑事责任的人，扩大战果。

四、教育犯罪人认罪服法，改恶从善

讯问中对犯罪行为人进行认罪服法、改恶从善的教育，从挽救人、改造人，逐步遏制和减少犯罪的角度讲，它是侦查讯问的一项重要任务和目的；若从转变犯罪行为人的思想认识和立场态度，敦促其坦白交待罪行的角度看，它又是讯问的一种基本方法。在讯问中，侦查人员应围绕认罪服法、改恶从善这个核心对犯罪行为人进行政策、法制、道德、前途等教育，使其真正认识到自己所犯罪行的严重性和危害性，感到政府确实是在挽救他、帮助他，从而从内心深处痛悔自己的过去，并为争取光明前途而真诚坦白，彻底招供。对犯罪嫌疑人进行认罪服法和改恶从善教育，不仅对完成讯问工作是必要的，而且为人民检察院的起诉和人民法院的审判工作也创造了有利条件，并为犯罪分子今后继续服刑改造，成为遵纪守法的公民打下了良好的思想基础。

五、研究犯罪活动规律、特点

研究犯罪活动规律、特点，既是一项重要的基础业务建设，又是侦查讯问工作的一项经常性的任务。它对于提高侦查讯问人员的业务素质和办案能力，有效地打击和预防犯罪，具有重要的现实意义。

又犯罪嫌疑人是犯罪行为的实施者，对自己如何犯罪、为何犯罪最为清楚，对自己归案后为何抗拒、为何又交待也最为明白，只要其愿意如实陈述，特别是愿意自我反省，袒露自己的心迹，就能够获取众多有价值的信息。借助这些信息，就可以了解掌握诱发犯罪的原因和促成犯罪的条件，归纳、概括出一个时期犯罪的或者一类案件的规律、特点，就可以检验侦查讯问工作的成败得失，进而可以为领导机关决策和有

关部门改进工作提供依据与建议，为改进日后的侦查讯问工作和制定有针对性的讯问对策提供依据。

工作内容

一、侦查讯问准备

讯问又犯罪嫌疑人，是一场尖锐复杂、面对面的攻心斗智的"心理战"，因此讯问前的准备工作至关重要。尽管狱内侦查人员在审讯中居于主动地位，讯问对象处于被动地位，但由于狱内侦查人员面对的讯问对象通常是被判刑一次以上的各类罪犯，他们在被判刑入狱之前，已经历过几次、几十次乃至上百次的审讯，一般都有对付审讯的伎俩，累、惯犯尤其如此。因此，这就决定了狱内审讯是一场异常尖锐激烈的斗争，作为狱内侦查人员，如果不事先做好准备就仓促上阵，则往往击不中要害，难以达到讯问目的。

二、第一次侦查讯问

第一次侦查讯问，也称初审，是指审讯人员对又犯罪嫌疑人的第一次审讯。第一次侦查讯问应在破案后或确定了重大嫌疑人后及时进行。审讯及时，使嫌疑人来不及周密考虑如何对付审讯，可以出其不意，攻其不备。同时，可以迅速获取新的犯罪线索和证据，查获同案犯，制止预谋案件的发生。

三、续审

续审，是指审讯人员对又犯罪嫌疑人进行初审后的历次审讯活动的总称。狱内案件，尤其是案情重大、复杂的案件，在经过初审后，通常都要进行续审。

四、侦查讯问终结

侦查讯问终结，又称结束审讯或审讯终结，它是审讯工作的终止和结束，属于我国刑事诉讼法中侦查终结的范畴。讯问终结是狱内审讯工作的一项重要活动，是整个审讯工作的最后一道工序，是对侦查讯问阶段全部活动的检查与总结，同时又是人民检察院审查起诉、提起公诉乃至人民法院审判活动能否顺利进行的基础。

工作程序

为了使侦查讯问工作取得成功，讯问工作的组织指挥人员必须精心组织，精心指挥，从组织上、行动上、物质上把讯问的各项工作落到实处。其基本工作程序如图9 -

1 所示。

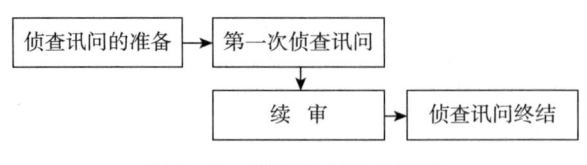

图 9 - 1　侦查讯问工作程序

一、侦查讯问准备工作程序

侦查讯问的准备工作是十分重要的工作，准备工作的好坏与讯问的成败密切相关。因此，在开展讯问工作之前，要认真做好各项准备：安排适当合理的力量，尽量汇集案情资料，客观全面地研究分析案情，制定切实可行的讯问计划，选准突破口等。同时，要把握好讯问的时机。总之，讯问的准备工作做得越细致、越充分越好。其基本工作程序如图 9 - 2 所示。

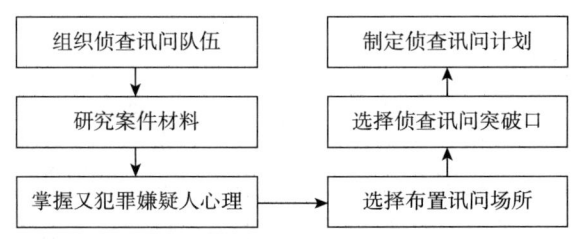

图 9 - 2　侦查讯问准备工作程序

（一）侦查讯问队伍的组织

1. 讯问组织。应根据案件的性质，案件涉及的又犯罪嫌疑人人数的多少，案件的重大程度、复杂程度，以及案情发展趋势，组织讯问力量。

一般案件，应组织不少于 2 人的讯问小组，负责讯问工作。

重大、特大案件，应组织 2 人以上的强大讯问组，负责讯问工作。对于又犯罪嫌疑人人数较多的复杂的共同犯罪案件，应当适当增调讯问力量，统一部署，统一指挥，互相协调，密切配合，分组同步开展讯问工作。

对重大、特大和复杂疑难的案件，可以根据案件的不同情况及监狱狱侦部门的设置情况，确定讯问指挥人员。

2. 讯问人员的分工。讯问由一人主审，一人作记录，必要时可增加人员协助讯问和录音、录像。协助讯问的人数可视案件的复杂程度而定。主审人可以由监狱分管领导、狱侦科长担任，也可以由侦查案件的负责人和专门从事讯问业务的人员担任。上级机关派出的业务指导人员可以担任主审人，也可以作为助审人参加讯问。

主审人主持讯问人员会议，研究分析案情，编制讯问计划，确定讯问的策略、步骤和方法，主持讯问工作。

助审人和记录员应协助主审人做好讯问的各项工作，和主审人共同分析研究案情，编制讯问计划，必要时可以向又犯罪嫌疑人提出补充性的问题和进行思想、政策教育。记录人负责记录，包括文字记录和录音、录像，准确无误地把讯问的真实情况记录下来。

在讯问时，主审人、助审人、记录人要根据各自的分工和事先约定的方法，各负其责，互相配合。在一般情况下，应按照原定的讯问计划和步骤进行讯问。如果主客观情况发生了重大变化，主审人可以根据变化了的情况改变讯问计划，或按事先研究的其他方案进行讯问，助审人和记录人应密切配合。

在装备了录音、录像设备的审讯室进行讯问，主审人可以用图文传输系统与审讯室外的指挥人员联系，报告讯问的进展情况，或提出要求其他人员配合讯问的问题和事项。讯问指挥人员也可以通过该系统直接指挥讯问。

（二）认真研究案件材料

讯问人员应当汇总案件有关材料，并进行整理，每个参加讯问的侦查人员应当对汇总的案件材料进行认真的分析研究，熟悉案件的各种情况，了解又犯罪嫌疑人是怎样犯罪的，犯罪的前后表现如何，做到心中有数。

1. 研究案件发生的基本情况。基本情况应包含以下几点：①发案的时间。包括：案件发生的时间或发现案件的时间，又犯罪嫌疑人当时的活动情况。②发案的地点。包括：发生案件的地点或发现犯罪痕迹物证的地点，或发现犯罪的第二现场，和由犯罪的第二现场推断出的犯罪第一现场，以及这些地点、现场周围的环境等。③犯罪现场情况。包括：现场痕迹、物证的具体位置，案犯的来去方向等。④被害人的情况。包括：被害人姓名、年龄、性别、经历、发案时被害人的活动、所在位置，以及被害人的交往情况等。

2. 研究侦查破案的情况。研究侦查破案的情况包括：①现场分析对案件所作出的推断结论有无充分的依据；②确定侦查范围的依据及开展侦查的情况；③确定又犯罪嫌疑人的依据及线索来源。

3. 研究又犯罪嫌疑人的情况。研究又犯罪嫌疑人的情况，可以了解又犯罪嫌疑人犯罪的动机、目的、作案的手段，作案时是准备周详还是突发的。掌握这些情况，对制定讯问计划，确定讯问策略、方法很重要。研究又犯罪嫌疑人的情况包括：①又犯罪嫌疑人个人及家庭的基本情况；②又犯罪嫌疑人受教育的程度；③又犯罪嫌疑人的经历（包括犯罪经历）；④又犯罪嫌疑人的社会关系及社会交往情况；⑤又犯罪嫌疑人的个人性格、品质、案件发生前后的表现；⑥又犯罪嫌疑人对案件侦查情况的知情程度。

4. 研究证据材料和案件的其他材料。讯问又犯罪嫌疑人要有一定的证据。讯问前，要认真研究已搜集的证据材料和其他材料。通过研究、审查证据材料的可靠程度，弄清哪些犯罪事实、情节有证据证实，与案件具有内在的联系。哪些没有证据证实，哪些还有疑点、矛盾。必要时应对相关证据和材料进行检验、鉴定。弄清有无查清案件疑点、矛盾的线索，若有，这些线索涉及什么地方、单位、个人，应当采取什么方式调查取证，哪些疑点或矛盾要通过讯问又犯罪嫌疑人才能排除或证实。对共同犯罪案件，通过研究证据和其他材料，看共同犯罪案件中有几个犯罪人，从已有的证据材料中能否确定主犯、从犯、胁从犯，有无同伙漏网。通过研究案件的其他材料，还可以了解犯罪涉及的范围，犯罪分子犯罪行为的暴露程度和影响程度。这样经过对已有的案件证据材料和其他材料综合起来进行去粗取精、去伪存真、由此及彼、由表及里的加工制作，能使侦查讯问人员对案情作出初步判断，对又犯罪嫌疑人的供述意向有所了解。这对制定讯问计划，确定讯问策略、步骤、方法是十分重要的。

（三）研究掌握又犯罪嫌疑人心理

又犯罪嫌疑人在受讯问时，心理变化虽然有共同的规律，但由于每一个又犯罪嫌疑人的生活经历、交际关系、社会经验、文化程度、性格、气质和生理条件不同，在受讯问时，其心理是不同的。同一个又犯罪嫌疑人，在不同的讯问阶段，其心理也不同。因此，讯问人员必须认真进行调查研究，掌握又犯罪嫌疑人的心理，根据案件性质和案情的需要，根据又犯罪嫌疑人的个性心理特点及其行为表现，确定讯问的策略、形式、方法和讯问速度。

1. 研究又犯罪嫌疑人心理的途径。

（1）研究反映又犯罪嫌疑人基本特点的材料。这些材料包括：反映又犯罪嫌疑人年龄、文化、职业、家庭状况、社会交往等的材料，以及拘留、逮捕等材料和证据材料，又犯罪嫌疑人的犯罪经历材料，等等。显示出又犯罪嫌疑人的年龄层次，受教育的程度，个人所处的家庭环境和小范围社会环境状况，是惯犯还是偶犯，以及对付侦查的态度和手段的材料。研究反映又犯罪嫌疑人基本特点的这些材料，可以发现和掌握又犯罪嫌疑人的一些心理特点。

（2）向有关人员调查。又犯罪嫌疑人的犯罪行为、对待侦查案件的行为，以及其他行为，是不以人的主观意志为转移而客观存在的，尽管不同的行为形式有别，手段各异，但可以从遭受侵害的对象上残留的痕迹和留在人们大脑里的印象中找到其心理踪迹。因此，应向受害人，接触过又犯罪嫌疑人的其他侦查人员，管教干警，又犯罪嫌疑人的亲朋好友，同监罪犯等，进行全面的调查，掌握又犯罪嫌疑人的心理。

（3）运用电子监控设备进行观察。一是充分利用羁押场所内安装的电子监控设备对又犯罪嫌疑人在监所内的动态实行跟踪观察，全面掌握其在监所内的言论及行为表现。二是在讯问策略的指导下，有意给又犯罪嫌疑人与知情人或与案件有牵连的人创造接触的机会，用电子监控设备临场监听他们谈话的内容。

2. 掌握犯罪嫌疑人心理的方法。具体的方法有以下几种：①从又犯罪嫌疑人对侦查情况的知情程度进行分析；②从又犯罪嫌疑人被拘留、逮捕时的行为表现进行分析；③从又犯罪嫌疑人被羁押后的表现进行分析；④讯问时注意分析。

研究分析又犯罪嫌疑人的心理不是一次性的工作，要真正掌握犯罪嫌疑人的心理，需要经过不同途径，采取多种方法才能实现。

（四）选择布置侦查讯问场所

讯问场所和周围环境可对又犯罪嫌疑人起到一种心理刺激作用。因此，讯问场所的选择和布置应引起高度重视。

1. 选择讯问场所应考虑的因素及要求。选择和布置讯问场所是讯问准备工作的一项重要内容。讯问场所要根据案件的大小，证据的多少及可靠程度，又犯罪嫌疑人的身份、地位、年龄、性格和身体状况、社会关系、社会交际能力及对又犯罪嫌疑人是否采取了拘留、逮捕等强制措施确定。只有这样，才能创造适宜的环境和气氛。选择和布置讯问场所的基本要求是：严肃、安全、保密，便于通讯联络和交通方便。

2. 监所审讯室的布置。对已经被拘留、逮捕的又犯罪嫌疑人，讯问应当在监所的审讯室进行。监所审讯室分为能录音、录像的审讯室和普通审讯室。不论是能录音、录像的审讯室，还是普通审讯室，都要求布置得严肃、隔音、通风，便于保密和防止外界的干扰。审讯室的面积要适中，不宜过大，也不能过小。在有条件地方，对重大、特大案件或复杂疑难案件的又犯罪嫌疑人，应在能录音、录像的审讯室进行讯问。为了取得良好的录音、录像效果，录音、录像设备要高度隐蔽，不能让又犯罪嫌疑人察觉，墙壁和天花板要用吸音材料装修。装修墙壁的吸音材料以米黄色或乳白色、乳黄色为宜，装修天花板的材料宜用白色。审讯室内的光线要按照标准照相馆对照相光线的要求设计，为防止外界噪音的侵入和讯问人员走动的声音影响录音效果，审讯室的门窗要紧闭，室内安装通风条件好、无噪音的空调设备，室内地板可铺垫浅色地毯。室内要有闭路电视系统与监控指挥室联系，便于讯问人员与监控指挥室的指挥人员及录音、录像操作人员通信联络。

（五）选择侦查讯问突破口

1. 选择讯问突破口的作用。讯问的突破口，是指讯问所指向的与案件、又犯罪嫌疑人有关联，能迫使又犯罪嫌疑人如实供述的人、事、物、时间、空间。在讯问中，能被选为讯问突破口的，可以是对查清全案具有关键意义而又能够使又犯罪嫌疑人如实供述的某项案件事实、情节或时间、地点；也可以是经讯问人员指出或点破，能瓦解又犯罪嫌疑人对抗讯问的意志，使其放弃对抗的其他事实；如果是共同犯罪案件，还可以是共犯中对查清共同犯罪具有关键作用的某个又犯罪嫌疑人。

要使又犯罪嫌疑人从不如实供述到如实供述，正确选择突破口是关键。突破口选得准，能迅速攻破又犯罪嫌疑人的防御体系，或解除其对抗讯问的思想武装，促使又犯罪嫌疑人如实供述，达到讯问的预期目的；可以用较少的时间、警力和物力、财力，取得较大的讯问效果，有利于迅速查明全部案情。突破口选得不准，则会使讯问出现僵局。

讯问突破口的选择和实施，适用于对所有案件的讯问，也适用于讯问的各个阶段。

2. 选择讯问突破口的方法。

（1）从案件事实和情节中选择突破口。这类突破口可以从以下几个方面去选择：证据比较确实、充分的；与主要犯罪事实有关联，突破后有利于查明有关联的主要犯罪事实或其他犯罪事实的；较为公开暴露的犯罪事实或情节，又犯罪嫌疑人难于掩盖的。

（2）从又犯罪嫌疑人防御薄弱的环节中选择突破口。这些薄弱环节有：又犯罪嫌疑人故意作虚假供述暴露的矛盾；又犯罪嫌疑人认为与犯罪事实无直接联系，其实却有密切的内在联系，不加防范或疏于防范的事实或情节；又犯罪嫌疑人认为同案人不会供认的事实或情节；又犯罪嫌疑人认为亲属不会说出或举报的事实或情节；又犯罪嫌疑人认为无法查到的物证、无法找到的证人证言。

（3）从又犯罪嫌疑人心理弱点中选择突破口。可以通过分析他在这个时候需要什么、害怕什么、将采取什么行动来满足自己的需要和如何避免所害怕的事情发生的心理动向，选择其有求于我的心理或薄弱的心理作为讯问突破口。常见的这类心理有：求生心理；思亲心理；矛盾心理；慌乱心理。

（4）从共同又犯罪嫌疑人中选择突破口。具备以下条件之一的共同又犯罪嫌疑人应当选择为突破口，先予突破：我方掌握犯罪证据较为确实、充分的；对主犯情况，或某一项犯罪事实了解较多的；与主犯或其他共犯有利害冲突的；思想中毒不深，容易动摇，性格脆弱，或者是有悔改和立功赎罪愿望的；犯罪经验较少，或被胁迫参加犯罪的。

一起案件，讯问的突破口可能有一个，也可能有多个，应从案件的具体情况出发，根据讯问目标、讯问重点、必须查明的问题的先后缓急，择优选用。

（六）制定侦查讯问计划

讯问计划分为全案讯问计划、个别事实情节讯问计划和突击讯问计划。由于每个案件和受讯问的又犯罪嫌疑人不同，在制定这些讯问计划时，要分析具体情况，从实际出发。应根据讯问任务的大小、难易程度和受讯问人身份、地位，案件性质及复杂程度，讯问有利和不利的因素，经集体研究讨论后制定。在证据材料不多，对案件或某些事实、情节确知程度不深的情况下，制定讯问计划更要慎重。对特别重大、复杂的案件，涉外案件，不仅要制定出书面计划，而且要报有关领导批准，然后再执行。

1. 全案讯问计划。全案讯问计划是讯问又犯罪嫌疑人全部犯罪事实的计划或讯问某一起犯罪案件的计划。内容应包括：①案件的简单情况。包括又犯罪嫌疑人的基本情况，发生案件或发现案件的时间和地点，有哪些证据材料，证据材料中有哪些疑点和矛盾，缺乏哪些证据材料。②要通过讯问查明的事实、情节及核对的证据。③讯问的步骤和方法。④讯问时需出示的证据材料，出示证据材料的方法。⑤讯问如何与其他侦查措施结合（如查证、监控等）。⑥讯问中可能出现的问题，解决问题的预设方案。

2. 个别事实情节讯问计划。个别事实情节讯问计划是为了查明案件中某一项关键性事实或情节的讯问计划，一般在全案讯问计划的基础上制定，是全案讯问计划的深化，内容与全案讯问计划大同小异。

3. 突击讯问计划。突击讯问计划是指由于案情紧急或重大，需要通过讯问迅速查明又犯罪嫌疑人的犯罪事实，或迫切追讯有现实危险性的问题的讯问计划，除了必须列明案情紧急程度或重大程度和需要迫切追讯的内容以外，其余内容与全案讯问计划基本相同。

讯问计划要根据案情的变化和讯问的进展，及时进行修改和调整。

二、第一次侦查讯问工作程序

根据《刑事诉讼法》和有关法规的规定，第一次讯问的一般工作程序或步骤如图 9 - 3 所示。

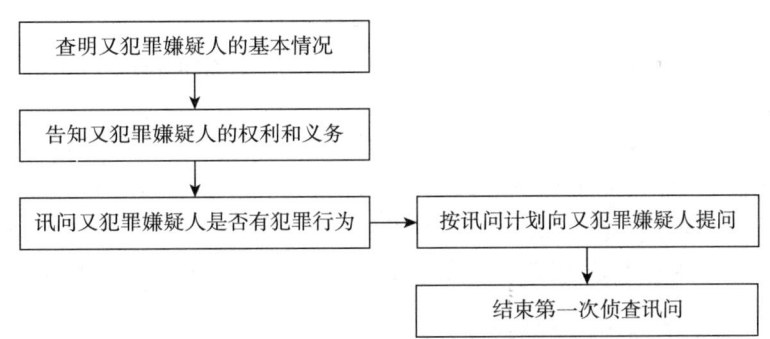

图 9 - 3　第一次侦查讯问工作程序

（一）查明又犯罪嫌疑人的基本情况

第一次讯问要问明又犯罪嫌疑人的姓名、化名、曾用名、出生年月日、住址、籍贯、民族、职业、文化程度、家庭情况、社会经历、是否受过刑事处罚或治安处罚等情况。讯问以上情况，不仅可以防止错拘留人、错逮捕人、错拘传人、错传唤人，还可以了解又犯罪嫌疑人的智力水平、心理特点、对待讯问的态度，为讯问的施谋用策创造条件。

（二）告知又犯罪嫌疑人在侦查阶段的权利和义务

第一次讯问要向又犯罪嫌疑人明确告知他在讯问中所处的地位，在侦查期间享有的权利，应当履行的义务，教育他面对现实，如实回答侦查人员的提问。

（三）讯问又犯罪嫌疑人是否有犯罪行为

第一次讯问，应当讯问又犯罪嫌疑人是否有犯罪行为，如果又犯罪嫌疑人承认有罪，就让其陈述犯罪的全过程和具体情节；如果他否认犯罪，要听取他的无罪辩解。然后就其供述或辩解中的不清楚、不全面或前后有矛盾的地方向他提出问题。

（四）按讯问计划或讯问提纲向又犯罪嫌疑人提出问题

针对讯问的具体情况，要按讯问计划或讯问提纲向又犯罪嫌疑人提出问题，敦促又犯罪嫌疑人尽早把全部问题或主要问题交待清楚。争取讯问能够深入或澄清案情。

（五）结束第一次侦查讯问

根据案情和讯问的具体情况，可在适当的时候结束讯问。结束讯问时，讯问笔录应当交给又犯罪嫌疑人核对，并让他在笔录上签名（盖章）或者捺指印。又犯罪嫌疑人拒绝签名（盖章）或者捺指印的，侦查人员应当在笔录上注明。对于讯问没有取得实质性进展或者未能排除又犯罪嫌疑人犯罪嫌疑的案件和有证据证明有犯罪事实的案件，结束讯问时，应当提出问题，责令又犯罪嫌疑人反省，为以后的讯问创造条件。对于已经排除了又犯罪嫌疑的，结束讯问时要做好善后工作。

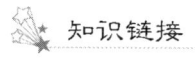 **知识链接**

不同情形下对又犯罪嫌疑人的第一次侦查讯问

又犯罪嫌疑人到案接受讯问的情形可以分为：又犯罪嫌疑人被监狱机关查获和又犯罪嫌疑人自己投案自首。被监狱机关查获的又犯罪嫌疑人中，有经过监狱机关立案侦查的，有未经立案侦查而在犯罪现场被抓获的，有未经侦查偶然在其身上或住处发现重大又犯罪嫌疑物品而被抓获的。这些情形，对第一次讯问的结果影响很大，不可忽视。

1. 对经立案侦查查获的又犯罪嫌疑人的第一次讯问

监狱机关经过立案侦查，掌握了又犯罪嫌疑人犯罪的重要证据，但是，由于没有经过正面接触，还不能完全肯定又犯罪嫌疑人就是本案真正的犯罪人。而犯罪人作案后，自知有罪，大多数在第一次讯问中都采取对抗的态度。他们对抗讯问的态度可以归结为：佯装自己是无辜的，甚至喊冤叫屈，对讯问人员进行反诘，索要证据；假装糊涂，东拉西扯，不正面回答问题，意在投石问路；沉默不语，看讯问人员的反应。因此，第一次讯问既是讯问人员与又犯罪嫌疑人之间互相摸底、互相试探的一场较量，也是追讯与反追讯的一场尖锐激烈的斗争。对这类又犯罪嫌疑人进行第一次讯问，方法有以下几种：

（1）压制嚣张气焰。对犯罪不知罪，不认罪，不服罪，明目张胆对抗讯问的又犯罪嫌疑人，要限制和制止其嚣张气焰。具体办法有：一是针锋相对，用真理和正义适时揭露其对抗讯问的非真理、非正义性，阐明坚持对抗必将受到从严惩处的严重性和危险性。然后敦促其权衡利弊，改变错误立场、观点，收敛对抗，尽快选择"坦白从宽"之路，如实作出供述。二是后发制人，让对抗讯问的又犯罪嫌疑人充分表演，同时将其拙劣的言行全面完整地记录下来，然后选择适当的时机予以有力的揭露和批判，置其于理屈词穷的境地，迫使其放弃对抗。

（2）打掉幻想。对企图以对抗蒙混过关的又犯罪嫌疑人，首先要运用辩证唯物主义原理揭露他们唯心主义的思想方法。说明真的就是真的，假的就是假的，事实胜于雄辩，再诡秘的行为也会被人发现，更何况人过留影，雁过留声，犯罪会留下各种痕迹。其次要运用案中涉及的科学知识和科学原理说明在现代科学技术高度发达的年代，许多犯罪问题都可以用现代技术手段解决，任何伪装都可以被识破，以此打破他们的幻想。

（3）循序渐进。针对又犯罪嫌疑人的戒备心理，以有连贯性、系统性、逻辑性的一系列问题向又犯罪嫌疑人提问，步步为营，稳扎稳打。前一问题为后一问题作准备，后一问题为前一问题作补充，使又犯罪嫌疑人如实回答了前一问题，再回答后一问题就处于被动状态，如对后一问题再如实回答，以后的问题就非如实供述不可。如果又犯罪嫌疑人前后供述自相矛盾，讯问人员就可以抓住矛盾，结合具体案情适时再提出反问或质问，最终迫使又犯罪嫌疑人如实供述。

（4）及时点破一些问题。利用又犯罪嫌疑人心虚理亏既想侥幸逃避，又害怕重罚的心理，有意就某些相关事实或情节提醒、点破，使他们认识到罪行隐瞒不住，顽抗没有好下场，从而放弃对抗，走"坦白从宽"之路。

2. 对在犯罪现场抓获的又犯罪嫌疑人的第一次讯问

这类又犯罪嫌疑人，大多数因为在犯罪现场被抓获，人赃俱获，或人证俱全，自知狡辩已失去客观基础，但他们在证据面前仍极力抵赖，以顽固的态度对抗讯问。他们一方面企图以顽抗逃避惩罚；另一方面以顽抗自我安慰，寻求精神上的满足，减轻心理压力。他们对抗讯问的态度是：笼统地承认犯罪，但不如实交待具体情节；把罪责推给同伙；把犯罪说成是被害人造成的；一问三不知，闭口不谈。对付这些又犯罪嫌疑人，第一次讯问的方法有：

（1）及时、就地讯问。要趁又犯罪嫌疑人刚被抓获，惊魂未定，人赃俱在或人证俱全的有利时机，当即就地讯问现行犯罪事实。讯问时，要加快讯问节奏，加剧他们的恐惧情绪，使他们忙中出错，露出破绽，授我以柄。在抓住把柄后，揭露破绽，置他们于无可辩驳的境地，不让他们有喘息的机会。力争第一次讯问就把现行犯罪的主要事实和情节讯问清楚。

（2）用法律、政策攻心，指明出路。运用法律、政策陈明利害，以转变又犯罪嫌疑人的思想。具体做法有：一是运用宽、严案例进行教育，使他们看到前途和出路，认识到像他们这样的人，宽能宽到什么程度，严会严得如何；二是严肃揭露批判他们的态度，使他明白受惩罚的轻、重，除了犯罪事实外，对待讯问态度的好、坏是个重要的筹码。促使他们在利害得失上作出正确的选择。

（3）预防反悔翻供。由于在犯罪现场被抓获，这类又犯罪嫌疑人在第一次讯问就能供述犯罪事实的可能性较大，但过后在各种不良思想的影响下也有出现反复、反悔翻供的可能。为此，在又犯罪嫌疑人供述现行犯罪事实后，要巩固其认罪思想，防止其翻供。

3. 对在身上或住处发现又犯罪嫌疑物品的又犯罪嫌疑人的第一次讯问

这类又犯罪嫌疑人多是一些"二进宫""三进宫"的顽危犯。监狱机关查获他们，其实是一场遭遇战。他们普遍感到，如果罪行暴露，一切都完了；但又认为，只要自己死硬不说，监狱机关也查不清他们的罪行。因此，在受讯问时，他们或是用事先编造的一套骗人花招，掩盖事实；或是赌咒发誓、鸣冤叫屈。第一次讯问，对付他们的办法有：

（1）制造错觉，乘虚而入。这类犯罪嫌疑人大多数对讯问已有防备，防御严密，企图以狡辩抵赖蒙混过关。为了不至于讯问陷入僵局，讯问时要避实就虚，制造宽松的气氛，把需要讯问的问题用自由交谈的方式对又犯罪嫌疑人进行讯问，使他们误认为讯问人员并不是在讯问他们，而是在聊天，只要神情自若地对答，监狱机关也就不会再去追问别的东西，他们的问题就可以隐瞒过去了。待他们放松戒备回答了讯问人员需要证实的细枝末节后，讯问人员就可以对不清楚的问题继续讯问或开展调查，或对他们的谎言进行揭露和质问，最终迫使他们如实供述。

（2）表明侦查案件的决心，摧垮顽抗的侥幸心理。这类又犯罪嫌疑人往往盲目相信自己的骗人花招能掩盖他们的犯罪事实真相，因而施展种种反讯问伎俩。为此，要明确向他们摆明，查清他们的嫌疑问题是法律赋予监狱机关的权力和职责，监狱机关查获他们是依法有据的。他们的问题如何解决，他们对问题是否如实供述是个重要的因素。使他们意识到，顽固抵赖占不到便宜，从而放弃对抗。

（3）运用证据，后发制人。在对又犯罪嫌疑人的人身和携带的物品进行搜查和对他们周围的人进行调查，掌握了比较充分的证据之后，而犯罪嫌疑人却拒不如实供述，仍然负隅顽抗时，可有意识地让其表演下去，任其申述无罪或罪轻的种种理由，然后出示有关证据，对他们的谎言和狡辩予以揭露和批驳，打击他们顽抗的意志。

（4）情意感化，促其醒悟。以严肃诚恳的态度对待又犯罪嫌疑人，尊重其人格。恰如其分的情意感化，能使这些又犯罪嫌疑人相信讯问人员的善意，改变对抗的态度。首先，对他们的目前处境表示一定程度的同情，对他们在生活中遇到的一些实际困难表示关切，对他们千方百计寻求自我保护的做法表示一定程度的理解。其次，向他们挑明，要想摆脱目前的窘境，唯一的办法就是如实交待问题，编造谎言、顽固抵赖，绝对不会得逞，只能得到相反的后果。这样给予疏导，能促使其转变思想态度，作出如实供述。

（5）抓住嫌疑问题穷追不舍。责令又犯罪嫌疑人对嫌疑问题，或可疑物品的来源、去路一一作出交待，不交待清楚决不罢休。

4. 对投案自首又犯罪嫌疑人的第一次讯问

犯罪后能投案自首的人，不管其动机如何，都希望获得从宽处理。对这类犯罪嫌疑人进行第一次讯问的方法是：

（1）从正面直接讯问又犯罪嫌疑人投案自首的动机。

（2）阐明对待投案自首的法律、政策。要针对又犯罪嫌疑人投案自首的动机和具体案情，详细宣讲处理投案自首的法律、政策，明确告诫他：真正的投案自首，应该是完全彻底地坦白交待自己的犯罪事实，不能有任何欺诈和隐瞒，否则，不以投案自首论处。

（3）详细讯问犯罪事实。要让投案自首的又犯罪嫌疑人详尽供述所有犯罪事实和情节，不放过任何疑点和不清楚的地方。

（4）教育又犯罪嫌疑人检举犯罪线索。在讯问投案自首动机和犯罪事实以后，要教育、动员投案自首的又犯罪嫌疑人检举揭发他所知道的其他犯罪线索，争取立功赎罪。

（5）宣布投案自首后的纪律。向投案自首的犯罪嫌疑人宣讲投案自首后必须遵守的法律和纪律，并提出具体的要求。

又犯罪嫌疑人在第一次讯问中的不同表现及对策

1. 又犯罪嫌疑人否认犯罪并作出辩解

又犯罪嫌疑人否认有罪，并作出辩解，有两种情形：一是不承认有任何违法犯罪行为并为自己的辩解提出反证；二是承认实施了某种行为，但不承认是犯罪。无论哪种情形，讯问人员都应认真听取又犯罪嫌疑人的辩解或陈述，让他详细具体地陈述无罪的理由和根据。不应随便指责犯罪嫌疑人"态度不老实"，更不能威胁、恫吓和引供诱供。要及时对又犯罪嫌疑人的辩解或陈述进行查证核实。证明无罪的要立即释放，证明有罪的要予以揭露和批驳。

2. 又犯罪嫌疑人公开对抗

遇到这种情况，侦查讯问人员头脑应当保持冷静，不要急于求成，避免讯问陷入僵局。要让又犯罪嫌疑人充分表演，并将其言行如实记录下来，然后选择适当的时机予以揭露和批驳。

3. 又犯罪嫌疑人沉默不语

遇到这种情况，侦查讯问人员可以采取如下对策：一方面，对又犯罪嫌疑人进行耐心细致的政策、法律教育和思想教育，向他指明，他有权为自己辩护，如果沉默不语，等于自己放弃这种权利，对他反而不利，刺激他为了自我辩护而开口回答问题。

只要他就案件问题说了话，不管他说什么，都会为讯问和调查提供线索。另一方面，避开对又犯罪嫌疑人刺激性大的词语，用自由交谈的方式与之交谈，千方百计引发他说话的兴趣，以便从中发现问题，为以后的讯问和查证创造条件。

4. 又犯罪嫌疑人承认犯罪，并作了初步供述

遇到这种情况，如果有证据证明又犯罪嫌疑人的供述是真实的，讯问人员应抓住时机，及时把又犯罪嫌疑人供认的犯罪事情节详细讯问清楚。如果因条件所限一时难以判断又犯罪嫌疑人供述的真伪，可先让又犯罪嫌疑人交待主要犯罪事实和主要情节或只有作案者本人才知道的关键性情节（例如作案工具和其他罪证物品的藏匿地点等），详细的犯罪经过留待查证后续审时讯问。无论如何，都不要被又犯罪嫌疑人的供述所迷惑，更不能轻易表态，使又犯罪嫌疑人摸到我方的底细。

三、续审工作程序

侦查讯问中的续审，是指对又犯罪嫌疑人第二次及以后的讯问，根据实践，又犯罪嫌疑人在受讯问过程中，一般都有一个从不如实供述到如实供述的心理转变过程。要使犯罪嫌疑人实现这种心理转变，大多数要在第一次讯问后，经过讯问人员多次艰苦的续审才能促成。即使又犯罪嫌疑人在第一次讯问就能供述问题，但侦查讯问人员对犯罪案件的认识仍有个不断深化的过程，在对又犯罪嫌疑人供述的线索经过调查后，为了核实调查搜集的证据的真实性和可靠性，也必须对又犯罪嫌疑人进行续审。

（一）对犯罪不认罪又犯罪嫌疑人的续审

1. 刚柔相济，打拉结合。"刚"和"打"，就是对又犯罪嫌疑人对抗讯问的伎俩进行针锋相对的斗争，对他们的狡辩、抵赖、假供进行无情的揭露和批驳，对他们的嚣张气焰给予迎头痛击，坚决斗争。首先要对他们明白宣示：监狱机关有证据证明他们犯罪，对他们不坦白、假坦白或狡辩、抵赖的行为，一定要斗争到底，一定会按照他们的犯罪事实和"坦白从宽"政策给他们一个合适的结果，这种决心任何时候都不会动摇，以此震慑其对抗心理。其次，要让他们了解监狱机关教育、感化、挽救他们，把他们改造成为守法公民的决心和信心也是十足的。最后，要使他们明白，任何犯罪都是要靠行为来完成的，任何犯罪都会占有一定的时间和空间，都会留下蛛丝马迹；监狱机关现代的侦查手段高超，能捕捉到犯罪的证据，知情人也会向监狱机关举报他们犯罪的线索，他们被讯问本身就证明了他们的罪行已经暴露。为了配合揭露和批驳，在必要的时候要打出一些证据。总之，要通过揭露和斗争，使又犯罪嫌疑人意识到已经隐瞒不下去，不得不考虑在此情况下应该怎么办的问题。"柔"和"拉"，就是在对犯罪嫌疑人对抗讯问的态度和反讯问伎俩进行坚决斗争的同时，在坚持原则的前提下，对他们进行劝告，指明出路，规劝他们为自己的前途，为妻儿、老小，为家庭着想，尽快老实交待问题，争取宽大处理。

2. 重复讯问，寻找破绽。续审时要有极大的耐心，对需要通过讯问查明的问题，采用重复讯问的方法，从多方面、多角度进行讯问。如果犯罪嫌疑人的供述是虚构的，他的每次供述都不免有所不同，难免会在某些重要问题上出现破绽，从而把案件事实的一些情节暴露出来，讯问人员便可以从中选择突破口进行迫讯，迫使他老实供述犯罪事实。

3. 巧妙迷惑，伺机突破。为了避免陷入僵局，在续审过程中，把要查明而犯罪嫌疑人极力回避的犯罪事实或情节，分解成一组或几组从表面上看与讯问的主要问题没有直接联系，其实有非常密切的内在联系的问题进行提问，以麻痹犯罪嫌疑人，使他摸不清讯问的真实意图，而误以为讯问人员问的只是细枝末节，无关大局，对自己无大碍。他只要如实回答侦查讯问人员的提问，就达到了查明有关犯罪事实或情节的目的。

4. 利用矛盾，分化瓦解。在讯问人员的严密追讯之下，又犯罪嫌疑人为了掩盖犯罪事实，故意编造虚假情节对抗讯问，不可能周密地处理口供与犯罪事实的关系，常常顾此失彼，而为了把谎言编造得更令人相信，甚至出现画蛇添足的局面，反而暴露出更多的矛盾。要抓住这些矛盾，正确地加以利用，从解决个别的、具体的矛盾入手，深刻揭露又犯罪嫌疑人对抗讯问的伎俩，把解决矛盾的过程作为分化瓦解又犯罪嫌疑人对抗讯问心理的过程。对共同犯罪中的又犯罪嫌疑人，还要认真分析共同犯罪各成员之间的相互关系和利害得失情况，充分利用他们之间互相倾轧、尔虞我诈、保护自己、抛弃同伙的事实或行为，有意挑起他们之间的冲突，使他们各自为了自己的利益，互相检举揭发，充分暴露犯罪的内情。如图 9 - 4 所示。

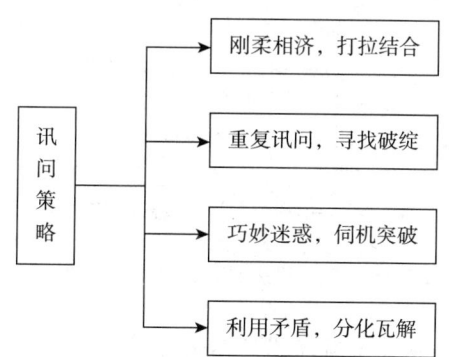

图 9 - 4　对犯罪不认罪又犯罪嫌疑人续审的策略

（二）犯罪嫌疑人动摇时的续审

1. 加强思想教育，唤醒罪责感。提高又犯罪嫌疑人对自己犯罪行为造成的社会危害和自己应负责任的认识，促使他们进行自我反省、自我批判，分清善恶美丑、是非曲直、正义与邪恶的界限，树立良好的道德观念，是使又犯罪嫌疑人认罪的思想基础，也是他们弃旧图新的必备条件。为此，必须从他们犯罪行为的具体危害入手，进行教育。

2. 加强法律、思想攻心。又犯罪嫌疑人出现动摇，表明其供述与拒供两种思想斗争处于相持阶段。这时，侦查讯问人员加强法律、思想攻心，施加外因影响，能促使其供述心理战胜乃至瓦解、消除拒供心理，使其思想向供述犯罪事实的方向转变。

3. 因势利导，少打多拉。又犯罪嫌疑人从不交待到交待，有一个复杂的心理转变过程。在如实交待前，有的顾虑重重，有的心慌意乱，有的讨价还价、提出要求等。这时，讯问人员要及时给予引导。对顾虑重重的，要针对其顾虑的问题耐心地讲解，客观地分析，设法消除其顾虑。对心慌意乱、失去主意的，要晓以利害，边教育边安定其情绪，帮助其端正认识。对讨价还价的，要根据具体情况及在政策允许的条件下予以满足，不能满足的要讲明理由。总之，要尽量做到多劝、少打多拉，以体现讯问人员对犯罪嫌疑人教育、挽救的诚意，促使其下决心如实供述。

4. 调动情感，迫其就范。方法之一，对直接导致又犯罪嫌疑人走向犯罪道路的社会消极因素和不道德的行为进行正面抨击，给他某些精神上的满足，使他对侦查讯问人员产生亲近感和敬意，相信侦查讯问人员会实事求是地为他解决问题，从而向侦查讯问人员吐露真情，如实供述犯罪事实。方法之二，用又犯罪嫌疑人的亲属希望他如实供述争取得到宽大处理的愿望来打动他。方法之三，在犯罪嫌疑人担心被同伙出卖，或担心知情人揭发的情况下，制造其同伙已经如实供述或知情人已经揭发的假象，使他感到同伙已经靠不住，罪行已经无法隐瞒，被迫为争取主动而供认犯罪事实。如图 9 - 5 所示。

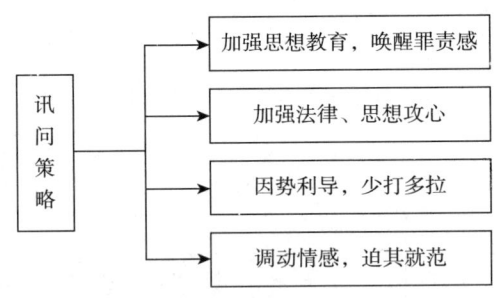

图 9 - 5　又犯罪嫌疑人动摇时的续审策略

（三）又犯罪嫌疑人初步作出有罪供述后的续审

1. 全面追讯犯罪事实。首先，抓住又犯罪嫌疑人初步供认主要犯罪事实的有利条件，对又犯罪嫌疑人初步供述的犯罪事实中不清楚、不细致或与其他证据有矛盾的事实或情节作详细讯问；其次，详细追讯全案犯罪事实，追讯又犯罪嫌疑人作案的详细经过。对多次作案的，先把现行犯罪事实详细追讯清楚，然后责令又犯罪嫌疑人按照时间顺序将犯罪事实一宗宗作详尽的交待，或者采取逆时追踪的方法，责令又犯罪嫌疑人将时间往回倒推，详细供述每宗犯罪事实。对于共同犯罪案件，要让又犯罪嫌疑人详细供述犯罪的经过和每个同伙在犯罪中的地位、作用。

2. 追讯犯罪动机、目的。犯罪的动机、目的是对又犯罪嫌疑人及案件作定性定案处理的重要依据之一。又犯罪嫌疑人犯罪的动机、目的，有的案件虽然可以通过调查搜集其他证据来证明，但仍需要通过讯问予以核实，有的案件则必须通过讯问作案犯罪者本人才能查清。讯问犯罪的动机、目的，要尽量避免使用对又犯罪嫌疑人刺激性大的言语，以免又犯罪嫌疑人因畏罪而拒绝如实供述，可用又犯罪嫌疑人能够接受或描述犯罪的具体动作的词语提问。

3. 教育有犯罪行为的又犯罪嫌疑人认罪服法。在又犯罪嫌疑人如实供述犯罪事实之后，要继续对又犯罪嫌疑人进行政策、法律、形势、前途教育，巩固其认罪思想。通过教育，使其认识到虽然犯了罪，但如实供认了犯罪事实，只要改邪归正，重新做人，前途仍然是光明的，使其甘心接受法律的惩罚。

4. 查清犯罪线索。在又犯罪嫌疑人如实供述了自己的犯罪事实后，侦查人员要教育他们检举所知道或了解的其他犯罪线索，协助监狱机关查破积案，把隐藏的犯罪分子挖出来，将功赎罪。如图 9 - 6 所示。

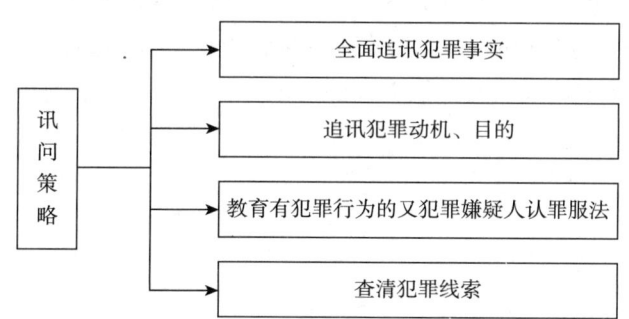

图 9 - 6　犯罪嫌疑人初步作出有罪供述后的续审策略

（四）续审应注意的问题

1. 坚持实事求是的作风，切忌简单粗暴。讯问中，实事求是的要求是：是就是，非就非，既不夸大，也不缩小，既不能让有犯罪行为的又犯罪嫌疑人狡辩抵赖，也不能使无罪的人含冤受屈，真正做到不枉不纵。侦查讯问人员要认识到，讯问并非办案的唯一手段，即使又犯罪嫌疑人不供认，只要他确实犯罪，终归要查个水落石出，只要有可靠的证据，照样可以治罪。因此，任何主观主义、唯心主义的东西和简单粗暴的做法都是要不得的，都应该坚决反对。侦查讯问人员在讯问中只有实事求是，才能征服又犯罪嫌疑人的心，使他认识到党的政策和国家法律的正确以及侦查讯问人员执法严谨，处事公道，以引导他感情的变化。如果主观武断，简单粗暴，只会增加又犯罪嫌疑人的对立情绪，给讯问带来更大的困难，甚至会冤枉好人。

2. 续审应与查证相结合。续审常常会出现这样的情况：监狱机关原先掌握又犯罪嫌疑人犯罪的证据并不多，在续审过程中，或是又犯罪嫌疑人供述了重要犯罪事实或重要犯罪证据的去向或销毁罪证的地点，由于案情紧急或重大，既要继续追讯其他问题，又要立即按他们供述的线索去查证，否则，会造成不可弥补的失误；或是又犯罪嫌疑人作出新的辩解，监狱机关既不能中断讯问，又要经过查证才能判断其真伪。这就要求续审与查证同步进行，通过续审，从又犯罪嫌疑人的口供中挖掘查证的线索，用查证的结果甄别又犯罪嫌疑人的口供和推动续审，不让又犯罪嫌疑人有喘息的机会，一鼓作气查清又犯罪嫌疑人的犯罪事实。对于不具备讯问与查证同步进行条件的案件，讯问与查证要交叉进行，直到查清全部案件事实为止。

3. 正确对待又犯罪嫌疑人的讨价还价。有些又犯罪嫌疑人在续审中经过权衡利害得失，表示愿意坦白，但提出一些坦白的条件。此时，讯问人员稍有不慎，就会犯两种倾向性的错误：一是丧失警惕，无原则地迁就，又犯罪嫌疑人在要求得到满足之后反悔，重新回到顽抗的道路上；二是无原则地许诺，使又犯罪嫌疑人为以后翻供找到借口。正确的做法应该是：既不能无原则地迁就、许诺，也不要一驳了之，而应当依法依理地予以回答。应明确告诫又犯罪嫌疑人，如果他们真诚悔罪，就不应当提出讨价还价的条件，而应当无条件地彻底坦白，争取宽大处理。对又犯罪嫌疑人正当、合理的要求，要根据具体情况，在法律和政策允许的条件下予以满足。当又犯罪嫌疑人提出从轻或免除处罚的要求时，可说明只要彻底坦白，如实供述，会根据实际情况，向上级或检察院、法院反映。对他们无理的要求要给予严肃的批评，进行坚决的斗争，不能迁就。

 知识链接

使用证据

使用证据（包括证据材料）是指审讯人员在讯问过程中，向犯罪嫌疑人出示、宣读或者暗示证据材料或其他与案件有关的事实、情节的讯问方法。在讯问过程中，审讯人员如果能根据讯问的目的，选择有利的时机，采取适宜的方式，巧妙地使用证据，就能顺利得到犯罪嫌疑人的口供，查清案件事实真相。因此，使用证据是侦查、预审人员在讯问活动中经常使用的一种审讯方法。

1. 使用证据的要求

（1）不能暴露侦查技术和侦查工作机密。在使用证据时，对获取证据的来源要进行认真的审查，如果是通过技侦手段获取的和可能暴露侦查工作秘密的证据一般不要在讯问中使用。如果一定要用，要请示有关领导批准后才能使用，在使用时要以不暴露侦查技术手段为原则，有些可以转化为公开的合法的证据后再使用。

（2）重要证据不能轻易使用。在讯问过程中，不能把对认定案件事实起决定作用的重要证据随便向犯罪嫌疑人出示。要让犯罪嫌疑人通过审讯人员的讯问，感觉到公安机关掌握了他犯罪的重要证据。但是，掌握了什么证据，不能让犯罪嫌疑人轻易知晓，使他总有一种悬念，产生一种内在的压力，总以为有把柄在审讯人员手中，这样审讯人员就能牢牢掌握讯问的主动权，迫使犯罪嫌疑人交代犯罪事实。

（3）不宜将全案的所有证据在讯问中全部出示。讯问中要特别注意不能把全案的证据都出示，这样容易给犯罪嫌疑人提供翻供的机会，影响证据的证明效力，也容易暴露我们的底细。如果审讯人员认定犯罪嫌疑人犯罪事实的证据确实充分，即使犯罪嫌疑人不承认，也可以认定犯罪嫌疑人有罪，没有出示的必要。

（4）不得用假证骗取犯罪嫌疑人的口供。有的审讯人员为了取得犯罪嫌疑人的口供，用虚假的证据来骗取犯罪嫌疑人的口供。这种方法是一种引供、诱供的行为，是不符合法律规定的，也是产生冤假错案的一个主要原因。这里讲的假证，是指审讯人员明知不是本案的证据，或者不是证据，而当证据来使用。

（5）注意保护提供证据的人。取证难的主要原因是证人怕打击报复而不愿作证或不敢作证。因此，在讯问中出示证据时，一定要注意方式、方法，尽量不要让犯罪嫌疑人或者其家属知道证据是谁提供的。

2. 使用证据的时机

在讯问中使用证据一定要选择有利时机，才能达到预期的目的。如果掌握不好使用证据的时机，不仅达不到出示证据的目的，反而暴露讯问的意图，增加犯罪嫌疑人的抗审和侥幸心理。

在什么时机使用证据，主要根据犯罪嫌疑人的具体情况和审讯人员的主观灵感来决定，在一般情况下，下列时机使用证据比较容易达到预期目的。

（1）犯罪嫌疑人的抗审拒供思想产生动摇的时候。

（2）犯罪嫌疑人侥幸心理严重时。

（3）犯罪嫌疑人翻供时。

（4）犯罪嫌疑人伪供时。

（5）讯问出现僵局时。

（6）案情已经取得一定进展时。

（7）当犯罪嫌疑人的口供与口供、口供与其他证据出现矛盾，不能自圆其说时。

以上几种使用证据的时机，要灵活掌握。但在讯问的过程中，不能等待时机，要利用各种有利条件，来创造使用证据的时机，把讯问和使用证据有机地结合起来，使讯问活动逐步向纵深发展。

3. 使用证据的方法

（1）明示（或称直接出示证据）。明示，是指审讯人员直截了当地向犯罪嫌疑人说明证据的内容或特征，或者向犯罪嫌疑人出示有关的实物证据（包括实物证据照片），或者向犯罪嫌疑人播放证明案件事实的录音、录像。如向犯罪嫌疑人宣读同案犯的口供或者笔供，将证人证言材料、犯罪嫌疑人的亲笔供词给犯罪嫌疑人看，向犯罪嫌疑人出示现场照片或提取的各种痕迹物品、赃物罪证等。

（2）暗示。暗示，是指审讯人员在讯问中不直接出示证据，而向犯罪嫌疑人透露一点案件中的某一个情节或者有意向犯罪嫌疑人暴露与案件有关的证据或证据材料，审讯人员与犯罪嫌疑人相互之间心照不宣，迫使犯罪嫌疑人供认犯罪事实。常用的暗示法有：

语言暗示法。其就是审讯人员用隐含、比喻、双关等语言，说出与案件事实或证据相关的内容或情节，表明公安机关已经掌握了案件有关事实情节或获取了有关证据，迫使犯罪嫌疑人交代罪行。

实物暗示法。其就是审讯人员将搜集到的赃物、作案工具等物证或者与案件有关的其他物品，放到一定的位置，让犯罪嫌疑人看到，使犯罪嫌疑人产生一定的心理压力，逐渐由抗审心理向交罪心理转化。

证人、被害人、同案犯暗示法。其就是审讯人员采取适当的形式或技巧，让犯罪嫌疑人看到能证实案件事实或者证明犯罪嫌疑人犯罪行为的证人、被害人、同案人，从而彻底消除犯罪嫌疑人的侥幸心理。

（3）明、暗结合。明、暗结合，是指审讯人员既采用明示又使用暗示的方法出示证据。明、暗结合使用证据的方法对犯罪嫌疑人震慑大，效果比较明显，能一鼓作气地推动讯问工作向前进展，突破犯罪嫌疑人的心理防线，攻下犯罪嫌疑人的口供。明、暗结合使用证据可以根据案件事实，犯罪嫌疑人的心理特点，以及审讯人员掌握证据的情况，灵活运用。

（4）虚、实并举。虚、实并举使用证据，是指审讯人员把抽象的、笼统的（虚的）证据材料或案件事实与明确的、具体的（实的）证据材料结合起来使用，动摇犯罪嫌疑人侥幸抗审心理。有的犯罪嫌疑人，特别是惯犯、累犯、流窜犯罪的犯罪嫌疑人，为了试探摸底，了解审讯人员掌握证据的情况，在讯问过程中，往往采取真真假假、虚虚实实、真中有假、假中带真、以假乱真的办法，来对付审讯，企图打乱审讯人员的讯问计划，把讯问和调查活动引入歧途。审讯人员就应针锋相对，也可采取虚实并举、虚中有实、实中带虚的方法使用证据材料，迷惑犯罪嫌疑人，打消犯罪嫌疑人的反讯问企图，使犯罪嫌疑人感到审讯人员已掌握了他犯罪的证据，迫使犯罪嫌疑人交代犯罪事实。

采取上述方法出示证据材料，应注意两点：

第一，出示的证据材料不能让犯罪嫌疑人看出任何破绽，特别是使用抽象，笼统的证据材料，一定要作技术处理，把容易暴露审讯人员审讯意图和底细的部分去掉，不能让犯罪嫌疑人知道事实真相。

第二，出示证据的材料和方法要符合法律的规定，防止出现引供、诱供的情况。要在法律允许的范围内，巧妙地使用证据，做到顺理成章，顺其自然，不致有引供、诱供之嫌。

四、侦查讯问终结工作程序

案件经过一定时间的讯问和调查，证据材料已经搜集充分、完备，讯问对象的又犯罪事实、情节已全部查清，或者已经查明讯问对象的行为不构成犯罪时，则对案件的讯问即可终结。讯问终结从刑事诉讼程序上讲也就意味着侦查程序终结。其基本工作程序如图9－7所示。

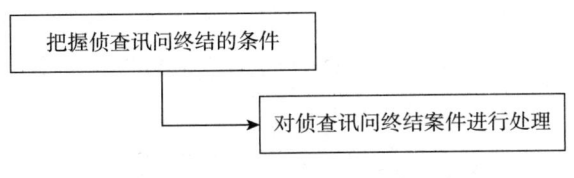

图9－7　侦查讯问终结工作程序

（一）侦查讯问终结的条件

经讯问，狱内侦查部门认为已构成犯罪，需要移送人民检察院审查起诉的案件，必须同时具备以下四个条件：

1. 又犯罪事实、情节清楚。经过对讯问对象的讯问和证据的搜集，犯罪的时间、地点、手段、过程情节和犯罪动机目的、后果等都已全部查清，符合犯罪构成的条件。

2. 证据确实、充分。有关犯罪事实的全部证据材料都已搜集到手并经过查对核实，仔细鉴别，确实无误。主要犯罪事实与证据，证据与证据之间没有矛盾，经得起起诉程序和审判程序的检验。

3. 犯罪性质和罪名认定正确。在犯罪事实清楚、证据确实充分的基础上，分清又犯罪嫌疑人的责任，准确认定其犯罪性质，并根据我国《刑法》规定正确认定罪名。

4. 法律手续完备。要求案件的全部法律手续必须齐全，所有材料都符合法定程序的要求，如立案报告、结案报告、证据材料、讯问笔录、供词、起诉意见书等材料，都应按诉讼程序的要求，认真审查无误后进行整理。

以上侦查讯问终结的四个条件，互相联系，是密不可分的整体，缺一不可。侦查讯问终结的案件必须同时具备这四个条件，才能结案。

为了做到具备上述四个条件，保证办案质量，在侦查终结前，侦查办案人员应对案件的审理情况，进行一次全面的检查。发现遗漏和不足之处，应尽快纠正。发现个别情节有重大出入时，要立即进行复查。必要时可对又犯罪嫌疑人进行一次系统地讯问，问明其对犯罪行为有否补充或申诉的问题，并认真做好相应的工作，上述工作进行后没有发现问题，便可起草《侦查讯问终结报告》（或称结案报告），由承办案件的讯问人员签名，连同案卷材料经狱侦部门负责人审查后，呈报监狱机关负责人审核批准。

《侦查讯问终结报告》，是讯问人员在案件达到讯问终结的条件之后，就案件的工作情况和请示结案处理时所制作的一种在监狱机关内部使用的文书。一般情况下，报告由以下四部分内容组成：①又犯罪嫌疑人的基本情况；②是否采取了强制措施及其理由；③经过讯问查明的犯罪事实和证据；④法律依据和处理意见。

（二）侦查讯问终结案件的处理

依据《刑事诉讼法》及相关法规的有关规定，侦查讯问终结的案件处理可概括为对又犯罪嫌疑人的处理、对扣押物品的处理、对案件材料的处理等三项活动。

1. 对又犯罪嫌疑人的处理。侦查讯问终结时，案件中的又犯罪嫌疑人处理情况有两种。一种是依法追究刑事责任，另一种是依法不追究刑事责任。对于前者，提出起诉意见；对于后者，则提出撤销案件意见。

（1）提出起诉意见。承办案件的讯问人员收到监狱领导审核批准的《侦查讯问终结报告》后，对依法应当追究刑事责任的又犯罪嫌疑人，应当提出起诉意见，并制作《起诉意见书》。《起诉意见书》包括四部分内容：又犯罪嫌疑人的个人基本情况；又犯罪嫌疑人所犯罪行的具体事实；移送起诉的理由和法律根据；附注部分，这一部分主要写明又犯罪嫌疑人目前关押的处所，附送的卷宗材料以及赃物、证物和违禁品等情况。

（2）移送当地人民检察院审查决定。《起诉意见书》制作完毕后，经监狱领导批准，连同案卷材料及全部证据一并移送当地人民检察院审查决定。

（3）撤销案件。撤销案件是指对监狱立案侦查、讯问的案件因故加以撤除、注销的侦查终结活动。案件一经撤销，刑事诉讼程序即告终止。

撤销案件主要是根据我国《刑事诉讼法》第161条的规定，经侦查、讯问取得充分的证据后作出的决定。

撤销案件应制作《呈请撤销案件报告书》，其内容由四部分组成：第一部分是又犯罪嫌疑人的基本情况；第二部分是立案的理由和根据；第三部分是原认定的犯罪事实；第四部分是查明的符合撤销案件条件的事实和证据。

《呈请撤销案件报告书》经监狱领导批准后，应制作《撤销案件通知书》。已对又犯罪嫌疑人采取关押、讯问等措施的，应通知本人；已移送人民检察院的，应书面通知人民检察院。

（4）移交狱内有关部门处理。对经讯问后认定虽有违法事实，但不符合移送起诉条件的案件，或人民检察院决定不起诉的案件，或人民法院判决不构成又犯罪的案件，经监狱领导同意后，狱内侦查部门应将其移交狱内有关部门处理。

对检察机关退回补充侦查的案件，监狱应按《刑事诉讼法》第171条第2款的规定办理。对检察机关不起诉的决定，监狱认为有错误的时候，应按《刑事诉讼法》第175条办理：公安机关认为不起诉的决定有错误的时候，可以要求复议，如果意见不被接受，可以向上一级人民检察院提请复核。

2. 对扣押物品的处理。侦查讯问终结时，对侦查过程中扣押的物品要进行全面的彻底清理，根据不同情况，分别做出妥善处理。

（1）对罪证物品的处理。对移送起诉案件中确定为犯罪嫌疑人罪证的物品，一般应连同案卷一并移送同级人民检察院。移交时，侦查人员要填写《随案移交物品清单》，一式两份。由移送和接受双方经办人共同签名、加盖公章，注明交接日期。清单正页随案移交人民检察院，副页存入侦查卷内备查。清单中要注明物体的来源。不便移动的罪证，可拍成照片附卷，在移交清单上要注明实物存放地点或处理情况。武器、弹药、易燃、易爆、剧毒、放射性物品和"毒品"等物证，向检察院移送原物照片，并加以说明，同时将实物妥善保管，待结案后分别送交主管部门处理或按规定销毁。对违禁品或者不宜长期保存的物品，依照国家有关规定处理。

由监狱机关直接处理的案件，其赃款、赃物及其他证据，除应发还失主的及时发还外，其余的依法予以没收、上缴财政部门处理或交相关部门处理或销毁。

（2）对与案件无关物品的处理。确与案件无关的物品，应如数退还犯罪嫌疑人或其家属，或其他调取单位、个人，并办好相应退还手续存档备查。不宜退还的物品，如录音、录像、碟片、照片等，经批准后，或送相关部门处理，或由监狱机关销毁。由监狱机关销毁的，销毁前应办好有关手续。如填写《销毁扣押物品清单》，注明销毁物品的名称、数量、特征、来源及销毁理由、批准人、监销人、经手人等。在监销人在场监销的情况下销毁。销毁后监销人、经手人签名，将《销毁扣押物品清单》存侦查卷。送相关部门处理的，要填写《扣押物品移交清单》一式两份，由交接双方单位经办人签名、盖公章，各执一份，各自存档备查。

3. 对案件材料的处理。侦查讯问终结时，不管是移送检察院起诉的案件，还是应当撤销的案件，案件材料都要进行认真的整理，并按国家档案管理的统一要求装订成诉讼卷、侦查卷、保密卷。

（1）诉讼卷。诉讼卷是移送起诉的依据，归入其内的材料，必须全部是依照法定程序形成的案件材料。卷内材料可分为六部分：

第一部分：卷首材料。

第二部分：强制措施材料。

第三部分：讯问材料。

第四部分：证据材料。

第五部分：侦查终结材料。

第六部分：其他相关材料。

卷宗材料排列次序一般是：诉讼卷宗封面；卷宗文件目录；卷内人员名单；被告免冠照片；呈请关押禁闭批示表；搜查证、搜查记录、扣押物品清单和处理扣押物品清单；审讯笔录（按时间顺序或问题排列）、又犯罪嫌疑人亲笔供词（按时间顺序排列）；各种必须归案的证据材料、又犯罪嫌疑人自首情况的报告、记录及证明材料；起诉意见书或销案通知书；技术鉴定和法医检验证明材料；又犯罪嫌疑人身份及现实表现材料。

（2）侦查卷。侦查卷收入诉讼文书副本和没有诉讼意义而有备查和总结侦查工作经验的内部工作请示、报告、计划、清单等材料。卷内材料排列次序为：侦查卷宗封面；卷内文件目录；呈请逮捕、拘留、搜查的请示报告及领导批示；呈请提请批准延长羁押期限报告书；搜查证、搜查记录、扣押物品清单和处理扣押物品清单；处理案件财物和扣押物品的请示、批示、清单；讯问、询问、调查计划、讨论案件记录；侦查讯问终结报告；撤销案件报告、撤销案件通知书；犯罪嫌疑人死亡报告、法医检验证明；与案件有关的来往公函、电报；起诉书副本、判决书副本；有保存价值的其他材料。

（3）保密卷。保密卷收入秘密侦查材料。立卷人和审核人应在文件目录上签名，以示负责。侦查卷、保密卷由监狱机关专门部门保管。

能力训练

【训练项目一】 司法问话训练

一、训练目的

理解和掌握侦查讯问的技巧和艺术，培养观察能力、思维能力和想象力。

二、训练说明

请认真阅读下面给出的案例，结合案例分析回答：

1. 警察根据观察到的哪些迹象决定走近刘老头，对他进行盘问？

2. 这个具有 7 问的言语链中都用了哪几种问话方法，具体指出哪个方法是哪句提问语言。

三、训练内容

案例：流窜犯刘老头，在北京站倒车。外表看去，他是一个纯纯朴朴的农民样子，不显山不露水。中午时分，他饿了，于是到站区食品店买了一整只扒鸡蹲在马路边啃起来。北京站的一位值勤警察走近了他：

问：请出示一下你的身份证。（他忙不迭地把油手在褂子上蹭了蹭，掏出身份证递上去）

问：探亲去啊？（警察漫不经心地问）

答：啊。（刘老头顺坡下驴）

问：探谁啊？（警察却穷追不舍）

答：一个姨儿。（刘老头赶紧想）

问：住哪儿？

答：住内蒙。

问：她病了吗？

答：没病。

问：没病，不过节不过年的，你去干吗？

答：我，我想她啦。（刘老头有点招架不住了）

问：带点什么土特产去啊？

答：没……没带啥。（越往下答，那话越不好圆了）

刘老头理所当然地被请进了站前派出所。经审问，他交待了自己的罪行。他是一个偷过四辆手扶拖拉机，一百多只羊和大量其他财物，总价值达数万元的老盗窃犯。

【训练项目二】 侦查讯问方法

一、训练目的

理解和掌握侦查讯问的方法和策略，并能在实际工作中加以运用。

二、训练说明

请认真阅读下面给出的案例，分析每个案例具体运用了哪些侦查讯问方法。

三、训练内容

案例一： 犯罪嫌疑人傅×，大学文化，高级工程师，系政府机关退职人员。1990年元月至10月期间，以开办某大型养殖场、有大量基建项目发包为名，诈骗三十余家建筑单位工程质保金156万元。接到报案后，我们首先查清了两个问题：其一，养殖场及其基建项目根本不存在；其二，156万元质保金被傅×等人大肆挥霍、挪用。在此基础上讯问了犯罪嫌疑人傅×：

……

问：傅×，你因涉嫌诈骗，必须依法接受讯问。

答：我愿意接受讯问，但没有诈骗。

问：某养殖场经哪个部门批准成立？在哪个部门登记注册？

答：经×部门批准成立，在×工商局注册。

问：纯属虚构。（出示有关部门的证明材料）

答：养殖场没立项、没注册。我错了。

问：在这种情况下，就收取质保金，这是什么行为？

答：是违法行为。

问：工程质保金是为了保证工程质量而收取的专用金，你却用于支付住酒店、娱乐、餐饮的开支，这是什么行为？（出示查账凭证）

答：我犯法了。

问：综上所述，你虚构事实，收取别人的工程质保金，并挥霍、浪费、挪用工程质保金，已构成诈骗罪嫌疑。（属于诈骗犯罪行为）

答：我认罪。

在这次讯问中，审讯人员没有迂回，没有掩饰，由表及里，由浅入深，达到了预期目的，在仅百余字的笔录中，傅×虽有狡辩抵赖，但还是供认了自己的犯罪事实。

案例二： 1997年元月西安某城市信用社报案：该社储户张×与贷款户杨×共同诈骗该社300万元贷款。1996年元月份，张×将400万元以1年定期形式存入该社，同时张×又以此款作为抵押担保，从该社给他的朋友杨×贷款300万元。1年到期后，张×拿着400万元的存单前来支取本息，该社则以杨×贷款后失踪为由，根据抵押承诺不予支取。张×则称这些事他根本不知道，也没有写过什么承诺。当银行工作人员拿出承诺后，张×则称不是他的笔迹，他不予认可。该行便以张、杨二人合谋诈骗贷款为由向警方报了案。

受理案件后，警方首先对承诺书的笔迹作了司法鉴定，结果非张某所为。但经分析认为不能以此排除张×的作案可能。如果此案构成诈骗，则是一场精心预谋、共同策划的高智能型犯罪。在此情况下，立案侦查显然证据不足，况且事情均发生在1年以前。比较适宜的途径就是通过询问有关当事人打开缺口。面对有充分思想准备的张×，正面接触，让其谈出事实真相，几乎是不可能的，而且还极易使其产生对抗心理，激化情绪。从表面现象看，300万元贷款虽然是因为400万元的存款作抵押而贷出去的，但400万元存款并没有错，而且还受法律保护，不应追究。审讯人员运用一定的讯问方法，从这看似正常的400万元存款上打开了缺口：

问：张×，依法受理公民、法人的控告，这是公安机关应尽的义务。而配合公安机关的调查，这是公民应尽的义务，你要认真合作。

答：我明白。

问：在目前经济不景气的情况下，你拥有400万元巨款真了不起。

答：这是我做生意挣来的。

问：做什么生意？

答：什么生意赚钱，我就做什么生意。

问：从你的简历看，你一直在金融机构工作，没有做生意的经验。这笔巨款挣得太容易了吧？

（低头不语）

问：（政策攻心）只有讲清了400万元的来龙去脉，才有可能彻底解脱你自己。

答：我交待，希望政府宽大处理。去年元月份，借工作之便，我私存了单位 500 万元公款……

问：为了尽快挽回损失，减轻你的罪责，你要继续如实交待问题。

答：我本想神不知鬼不觉地收一笔利息，但又想既然冒险，就要获取更高的利益，便与杨×商定，让邮局门前替人代笔的那些人写了个承诺，然后我借故身体不适，让代笔人交给一个亲戚，与杨×一起去银行办理了贷款手续。贷款到手后，我们几个私分了……

案例三：宋×、屈×、胡×三人以给某纺织厂供应皮棉为由，诈骗该厂货款 100 万元后携款潜逃，经多方努力，三人被抓捕归案，归案时每人手上戴一枚绿宝石戒指。在对三人的基本概况进行讯问后，得知：宋×，42 岁，长期流窜全国各地，投机钻营，倒买倒卖，有丰富的社会经验；屈×，31 岁，大学文化，在政府机关工作 3 年后，随宋×下海闯荡 5 年多；胡×，38 岁，市郊棉农，对皮棉方面的业务比较熟悉。如何驳倒犯罪嫌疑人的狡辩，让他们如实交待犯罪过程，分清各自的罪责，追回被骗款项呢？根据初审情况，我们分析研究，宋×老奸巨猾，应是该案的主谋；屈×，可能是又好面子，又爱卖弄小聪明的"军师"；胡×，则比较老实，但却非常讲"义气"。三人中难攻者宋×，易攻者屈×。而该案正是从屈×身上打开了缺口。

问：屈×，你们三人手上的戒指特别相似。

答：是的，我们一起买的。哦！（表情突变，自尊心受到了刺激）

问：你没有宋×有钱，难道还没有胡×有钱吗？你看胡×的戒指都比你的大。

答：唉！（自尊心受到了更大的刺激）

问：（政策攻心）

答：我们三人收到这笔巨款后，宋×提出每人买一枚戒指避避邪气，但他给自己买了一枚最大最好的，却给我买了一枚最小最便宜的。他说这是论功行赏，我心里特别生气，但却……我如实交待……

【训练项目三】　讯问、制作讯问笔录

一、训练目的

理解和掌握侦查讯问笔录的规范要求，并能在实际工作中加以运用。

二、训练说明

3 人一组，确定一人为讯问人员，一人记录，一人为被讯问人。

三、训练内容

选择一起盗窃犯罪案件，拟制讯问或审问提纲，进行讯问、制作笔录练习。

复习与思考

1. 什么是讯问？侦查讯问的工作目的是什么？

2. 侦查讯问应遵循哪些原则？

3. 侦查讯问要从哪些方面做好准备工作？

4. 侦查讯问应注重哪些策略？

5. 侦查讯问前，应从哪些方面研究案件材料？

6. 研究掌握又犯罪嫌疑人心理有哪些方法？

7. 应怎样选择侦查讯问的突破口？

8. 在不同情形下，应怎样对又犯罪嫌疑人进行第一次侦查讯问？

9. 在不同情形下，应怎样对又犯罪嫌疑人进行第二次侦查讯问？

工作任务十

几类狱内案件的侦查工作

学习目标 《《《

知识目标：了解和掌握狱内脱逃、组织越狱、杀人、盗窃案件的侦查的步骤、方法及工作程序。

能力目标：能运用所学的知识对狱内脱逃、组织越狱、杀人、盗窃案件进行处置与侦查。

工作目的

通过对立案的狱内脱逃、组织越狱、杀人、盗窃案件的侦查，查明案件的性质、查明犯罪事实、搜集犯罪证据、查缉犯罪嫌疑人。同时，通过侦查破案、研究狱内犯罪活动的规律和特点，总结经验教训，查找工作中的漏洞，加强防范控制，有效处置和制止案件的发生。

工作内容

一、脱逃案件的侦查

脱逃案件，是指依法被关押的罪犯在服刑期间为逃避监管和改造，预谋脱逃或者以各种形式和方式逃离监管场所警戒区域的犯罪案件。脱逃是狱内发案最多的一种犯罪类型，也是罪犯逃避惩罚的首选犯罪形式。脱逃案件是监狱防范的重点，狱侦部门应将脱逃犯罪活动消灭在预谋阶段。

二、组织越狱案件的侦查

组织越狱案件，是指在押罪犯组织、策划、指挥其他罪犯集体逃跑，或者积极参加集体逃跑的又犯罪案件。组织越狱案件是狱内重特大案件的一种，其危害和影响很大，历来是监狱机关预防和打击的重点。

三、杀人案件的侦查

狱内杀人案件，是指在押罪犯使用各种方法非法故意剥夺他人生命的案件。案件一经发生，监狱机关要组织优秀的侦查力量，运用最先进的技术设备，及时侦破。

四、盗窃案件的侦查

狱内盗窃案件，是指在押罪犯以非法占有为目的，秘密窃取公私财物数量较大或者多次盗窃的案件。盗窃在狱内刑事犯罪中是发案率较高的一种，对于盗窃犯罪应严加防范。对于已经发生的盗窃案件，必须积极侦查，及时破案。

工作程序

一、脱逃案件侦查方法及工作程序

脱逃触犯了《刑法》第 316 条，是监狱内发案率较高的一种案件。被关押罪犯的脱逃行为，严重践踏国家法律的尊严，直接破坏监管秩序，影响监狱的正常工作和在押罪犯思想情绪的稳定，而且罪犯一旦逃脱，则直接威胁国家和人民生命财产的安全，破坏社会治安秩序。因此，脱逃案件是监狱机关预防和打击的重点，也是监狱的一项长期、艰苦和经常性的工作。其基本工作程序如图 10 - 1 所示。

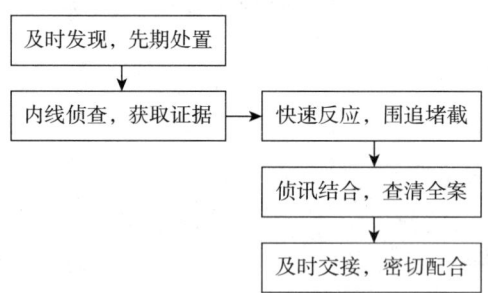

图 10 - 1 脱逃案件侦查工作程序

（一）及时发现，先期处置

及时发现脱逃案件的线索，是将脱逃制止在预谋阶段的必要条件，也是侦破脱逃案件的前提。狱内侦查部门要注意发现脱逃前的预谋活动，对获取的罪犯脱逃线索和情况，应当进行深入细致的调查核实，对于有犯罪事实需要追究刑事责任的应该及时立案侦查，阻止案情发展，造成严重后果。

1. 脱逃事件处置的工作要领。及时发现，迅速报警，快速出警，控制事态；快速出击、紧急布防；查明脱逃服刑人员的人数、姓名、具体时间、原因、方式、体貌特征和去向，并采取追捕措施；留有必要警力控制和稳定其余在押服刑人员，以防事态扩大或出现新的不测；对在抓捕过程中拒捕、有暴力危险且不听警告的脱逃人员，可强力阻止；认真制作《罪犯脱逃报告表》和《脱逃罪犯捕回报告表》等法律文书，并及时上报。

2. 脱逃事件处置的工作标准。确定脱逃行为已被及时有效阻止，事态已被控制；脱逃犯罪分子已被制服抓获，并已采取强制措施；确定受伤者已及时得到救治；确定脱逃事件发生的主要原因已经查明，并已采取相应防范措施；确定无潜在的诱发因素或重新激化矛盾的不稳定因素；确保其他服刑人员的思想稳定。

3. 脱逃事件处置应注意的问题。要注意早发现、早报警、早行动，力争将脱逃事件控制在最短时间、最小范围内；注意做好对其他在押犯的稳定安全警戒工作，以防事态扩大；对在狱外劳动场所脱逃、不能当场抓获制止的，带班警察应当迅速就近或向上级请求协助，同时做好劳动现场其他服刑人员的安全警戒和防范工作；对现场进行搜查、现场调查勘查等，及时提取有关犯罪证据；注意总结成功经验和存在的问题，认真汲取教训，及时采取有效整改和防范措施，并对检举揭发、提供线索或包庇隐瞒的服刑人员做出奖罚；要注意做好事故处理记录；对发现的重大隐患要填写报告并立即报送监狱领导和狱侦部门。

（二）内线侦查，获取证据

在脱逃案件处于预谋阶段时，应根据已掌握的案件材料，积极采取有效措施，控制重点嫌疑人的活动，防止事态发展。必要时，可以建立耳目，开展内线侦查，以获取具体、准确的犯罪活动情报，弄清预谋脱逃的时间、地点、手段、路线等情况，获取犯罪证据。

（三）快速反应，围追堵截

对脱逃案件，应该按照准备好的预案或者根据情况分析罪犯脱逃的目的、脱逃的原因、脱逃的方向来制定缉捕方案，确定缉捕的范围、地点及缉捕的方式、方法，进行追缉堵截。

追缉堵截时，每个参加堵卡的人员都要熟悉脱逃罪犯的性别、年龄、面貌、体态等形象特征，了解脱逃罪犯的犯罪经历、社会活动能力、交际能力、谋生技能以及罪犯的家庭情况、经济条件、家属、亲友、同学、战友、同伙的关系以及来往情况，尽可能卡住罪犯的去路、截断其退路，尽快将脱逃罪犯抓捕归案。

（四）侦讯结合，查清全案

对于罪犯已经脱逃的案件，在追捕的同时，要加强监狱内部的调查控制工作，从与脱逃罪犯关系密切、经常接触的其他罪犯、同组罪犯中了解情况，以获取追捕线索；

要做好脱逃罪犯亲属、社会关系和知情人的控制、教育和争取工作，动员他们检举揭发或说服脱逃罪犯投案自首。对于已经捕获的脱逃罪犯，应该加强审讯。通过审讯，要查清所有的脱逃成员，查清其预谋过程、脱逃的动机和目的、脱逃的方向和落脚点等，把整个案件的事实彻底查清。

（五）及时交接，密切配合

《监狱法》第42条规定："监狱发现在押罪犯脱逃，应当即时将其抓获，不能即时抓获的，应当立即通知公安机关，由公安机关负责追捕，监狱密切配合。"在押罪犯脱逃后，经监狱机关采取追缉堵截等措施，仍未能发现脱逃罪犯行迹，不能及时捕获的，应该立即将脱逃罪犯的详细情况移送公安机关，由公安机关负责追捕。监狱机关应当积极配合，以利捕获脱逃罪犯。

 知识链接

脱逃案件的特点

1. 多有预谋、准备过程

脱逃案件的罪犯为了成功脱逃出狱，从产生脱逃动机到实施脱逃行为，他们一般要对监狱内外的环境进行了解和熟悉，并为脱逃制造必要的条件。合伙脱逃还有秘密策划过程。常见的预谋策划活动主要有：熟悉监狱周围的地形地物；打听交通情况，计划逃跑的方法、路线、去向；了解当地社会风情；观察监狱的警戒措施；窥测监狱人民警察和武装警戒人员的活动规律；秘密筹备现金、衣物；准备脱逃所需要的工具等。

2. 动机复杂、手段多种多样

在押罪犯脱逃的动机比较复杂，具体来说，有主观、客观两方面的因素。从主观上分析，有的是对失去自由感到痛苦；有的是犯罪恶习比较深、不思悔改；有的是罪重刑期长、丧失改造信心、对前途悲观绝望；有的留恋犯罪生涯、好逸恶劳；有的是不认罪、不服判决；有的是为报复原告、检举人、办案人等。从客观上分析，有的是遭受其他罪犯的排斥打击；有的受他人的教唆、引诱；有的是受到亲属的冷遇或纵容；有的是受到监狱外的同伙勾引；有的是家中发生重大灾害或事故；有的是管教方法不当等。

在押罪犯的脱逃手段是多种多样的。有的罪犯翻越围墙、破坏电网逃跑，有的锯断监舍、禁闭室窗户栏杆逃跑，有的挖地道、在墙上挖洞、钻暖气沟、下水道逃跑，有的利用外出劳动的机会逃跑，有的装病在看病期间伺机逃跑，有的冒充监狱人民警察或工人欺骗门卫、警戒人员逃跑，有的偷开汽车、钻在汽车底盘下、藏匿于运输车辆的货箱内逃跑，有的在调遣、押解途中伺机逃跑，有的在监狱发生事故或自然灾害

时趁乱逃跑，还有的甚至内外勾结制造条件逃跑或者强行逃跑等。

3. 选择脱逃时间

由于罪犯处于特殊的环境，其人身自由受到很大的限制，单独活动的机会较少，并且受到其他罪犯的监督。因此，罪犯脱逃的时间大部分都是经过精心策划、选择的。一般来说，他们会考虑以下因素：结合所在监区、分监区从事的工种，居住活动的区域，出、收工的路线等环境条件选择最有利的时间。据有关资料统计表明，每年的夏季、秋季，是罪犯脱逃的高峰期。这段时间，树木、庄稼茂密，易于隐蔽；农业单位正是收获季节，工作繁忙，管理上有一定的难度，客观上便于罪犯脱逃。而在每天的上班、中午交接班、晚上下班或收工时，罪犯容易逃脱。另外，天气的变化，如暴风雨、沙尘暴天气，罪犯也容易逃脱。

4. 犯罪成员情况复杂

脱逃案件的犯罪成员情况比较复杂。从年龄上看，青少年罪犯较多；从入狱时间上看，入监以后1年内容易发生脱逃，因为刚入监时对监狱环境、武装警戒规律以及其他防范措施不熟悉，不敢轻举妄动，而经过一段时间的了解，有的罪犯就开始脱逃；从刑期上看，5年以上刑期至无期徒刑的罪犯较多，因为他们的主观恶性较大，丧失改造信心或者不惧怕加重刑罚，而短刑期罪犯一般不会轻易脱逃；从罪犯类别上看，物欲型、暴力型、性欲型以及有脱逃经历的罪犯较多；性别上看，男性脱逃多于女性；从改造表现上看，不认罪服法、抗拒改造或短期内"表现好"的罪犯易发生脱逃。

二、组织越狱案件侦查方法及工作程序

组织越狱触犯了《刑法》第317条，是狱内重大案件的一种，是一种集体抗拒监管改造的行为，损害了法律的威严，严重影响了监狱机关正常的监管改造、生产、教育、生活秩序，给社会治安造成严重威胁，是监狱机关预防和打击的重点。其基本工作程序如图10-2所示。

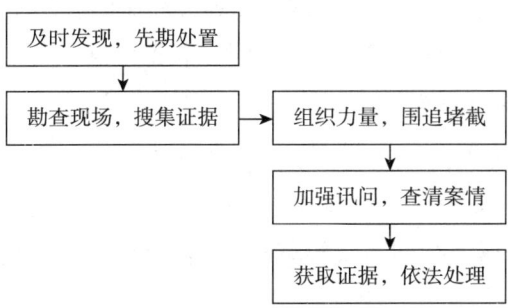

图 10 - 2　组织越狱案件侦查工作程序

（一）及时发现，先期处置

1. 组织越狱事件处置的工作要领。及时发现，迅速报警，快速出警，控制事态；

迅速反应，紧急布防，查明查获组织越狱首要分子和密谋脱逃服刑人员的人数、姓名、脱逃方案方式、脱逃团伙人员体貌特征和去向，采取必要应急措施；加强警力，控制和稳定其余在押服刑人员，以防事态扩大或出现新的不测；对在抓捕过程中拒捕、有暴力危险且不听警告的越狱人员，可采取强力阻止措施；认真制作《罪犯脱逃报告表》和《脱逃罪犯捕回报告表》等法律文书，并及时上报。

2. 组织越狱事件处置的工作标准。确定组织越狱犯罪行为已被及时发现、有效阻止，事态已被控制；确定组织越狱犯罪分子首犯已被查获，并已及时采取强制措施；如果有伤亡的，确定受伤者已及时得到救治；确定组织越狱事件发生的主要原因已经查明，并采取相应防范措施；确定无潜在的诱发因素或重新激化矛盾的不稳定因素；确保其他在押服刑人员的思想稳定。

3. 组织越狱事件处置应注意的问题。要注意做到早发现、早报告、早行动，查获首犯，瓦解组织，力争将组织越狱事件消灭于萌芽状态；要注意加强对其他在押犯的思想稳定教育工作；加强安全警戒工作，以防事态扩大；如果在狱外劳动场所发生集体越狱、不能当场阻止抓获的，带班警察应当迅速就近或向上级请求援助，同时布置警力做好劳动现场其他服刑人员的安全警戒和防范工作，严防意外；要及时进行搜查、现场调查勘查等，提取有关犯罪证据，严防串供或转移、隐匿、毁灭罪证；注意总结经验教训，及时采取有效整改和防范措施，并对检举揭发、提供线索或包庇隐瞒的服刑人员做出奖罚；要注意做好组织越狱犯罪事件处理记录并报告上级。

（二）勘查现场，搜集证据

1. 组织越狱案件发生后，应及时对犯罪现场进行勘验检查，发现、搜集又犯罪人准备的物资、作案工具、实施脱逃越狱行为所形成的各种犯罪痕迹，以及罪犯之间密谋、联络的物证、书证。

2. 通过调查知情罪犯或者通过耳目，搜集脱逃罪犯拉拢成员、煽动和教唆其他罪犯、密谋策划以及探听监狱人民警察值班情况等言词证据。

3. 如果抓获部分脱逃罪犯，可以通过审讯，获得口供。

（三）组织力量，围追堵截

组织越狱案件一旦发生，监狱机关要迅速做出反应：

1. 加强监狱内部的侦查、控制、调查工作。

2. 组织力量进行追捕，特别是要很好地利用"预案"，将越狱逃跑的罪犯控制在特定区域。

3. 做好罪犯亲属和社会关系的控制、争取、教育工作，动员他们检举揭发和说服在逃罪犯投案自首。

（四）加强讯问，查清案情

对组织越狱案件中抓捕回来的罪犯进行隔离审讯，尽快弄清全部犯罪事实和案件中的其他人员，查明脱逃的目的、落脚点、在社会上的犯罪情况以及与其他在逃罪犯的联系情况。对于与组织越狱案件成员关系密切、接触较频繁的在押罪犯，也要进行认真地审查，防止漏网和留下隐患。

（五）获取证据，依法处理

在侦查组织越狱案件的过程中，要采取各种有效的措施和方法获取犯罪证据。案情彻底查清后，应依照《刑法》的规定，对所有参与人员区分情况，做出处理。

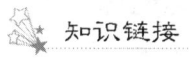 知识链接

组织越狱案件的特点

1. 精心策划，预谋充分

组织越狱案件是多人共同犯罪案件，事前都有通谋、物色同伙，周密策划脱逃的时机，精心选择逃跑的路线，秘密准备逃跑的经费、衣物、工具，了解当地的地理环境和交通情况，研究逃避追捕的策略、手段等预谋活动。

2. 犯罪成员多数恶习深，抗拒改造

组织越狱案件的犯罪成员有的恶习比较深，不愿悔改；有的罪重刑期长，丧失了改造信心，有的企图脱逃出狱报复原告人、举报人、办案人；有的对判决不服、不认罪服法等。这些在押罪犯抗拒监管改造心理严重，往往采用挑拨、欺骗等手段，拉拢聚集其他罪犯，组织越狱。

3. 案件一旦发生，有现场可供勘查

组织越狱案件不论越狱未遂或已遂，是部分成员越狱还是全部成员越狱，都有现场可供勘查。组织越狱罪犯在实施越狱逃跑行为时，不论采取什么手段，都要在现场留下犯罪痕迹、物证，在逃跑路线上留下足迹，只要经过现场勘查，就可以获得犯罪证据。如果组织越狱案件处于预谋阶段，发现线索后，应该查明基本问题，阻止案件由预谋阶段发展到实施阶段，防止罪犯组织越狱得逞。

三、杀人案件侦查方法及工作程序

杀人触犯了《刑法》第232条，杀人案件尽管在狱内案件中所占比例不高，但危害极大，影响恶劣，后果严重，直接威胁监狱人民警察和其他公民的生命安全，严重破坏了正常的监管改造秩序，是监狱机关防范和打击的重点。其基本工作程序如图10－3所示。

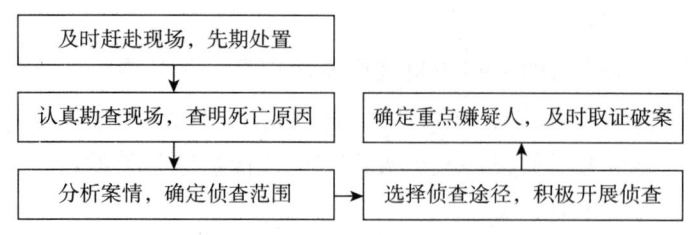

图 10 – 3 杀人案件侦查工作程序

（一）及时赶赴现场，先期处置

1. 杀人事件处置的工作要领。及时赶赴现场，迅速报警；快速组织力量，对杀人现场形成包围阵势；尽力保障被害人人身安全；迅速稳住犯罪分子，开展政策攻心，进行规劝对话，分化瓦解其反抗意志，促其缴械投降，防止事态恶化、扩大；对执迷不悟、有过激行为、负隅顽抗者，应严厉警告，强行阻止；迅速查明事发主要原因，总结经验教训，采取必要防范措施；彻底排查有无潜在的诱发因素或重新激化矛盾的不稳定因素，消除一切隐患；认真填写值班日志和事故处理记录。

2. 杀人事件处置的工作标准。确定行凶行为已被及时有效阻止，事态已被控制；确定凶犯已被制服抓获；被害人已经被安全解救，受伤者已及时得到医治；确定凶杀事件发生的主要原因已经查明，并采取相应防范确定无潜在的诱发因素或重新激化矛盾的不安全不稳定因素；确定其他服刑人员思想稳定。

3. 杀人事件处置的应注意事项。要注意确保被害人与其他服刑人员人身安全；要妥善做好事件中伤亡人员的救治；要注意对凶杀现场及时进行搜查、调查、勘查等，提取有关犯罪证据；要注意查明和分析事件发生的原因，及时总结经验教训，采取相应安全防范措施；注意做好值班日志和事故处理记录；对发现的重大隐患要填写报告并立即报送监狱领导和狱侦部门。

（二）认真勘查现场，查明死亡原因

杀人案件现场勘查应以尸体为中心，围绕发现尸体的地点、杀人地点、移尸地点、血迹的分布、遗留的痕迹和物品、周围的环境以及又犯罪分子进出现场的路线进行全面勘验检查。

查明死亡原因，是正确判定事件性质的前提。案件侦查中所说的死亡原因，是指引起死亡的具体的、直接的原因。属于机械性窒息死亡，应查明是缢死、勒死、溺死，还是扼死、闷死；属于机械性损伤致死，则应判明，使用何种致伤工具、何种致伤方式，是由于人体生命重要器官遭到严重破坏引起死亡，还是由于损害人体心脏、大血管引起的急性大失血死亡，抑或是其他原因引起死亡等。确定死亡原因，主要根据尸体外表检验和尸体解剖检验所获得的资料，同时结合现场特点和死者个人情况进行分析判断。为了确定死亡原因，须由法医专业人员进行法医鉴定。

勘查杀人现场，主要应访问报案人、发现人、知情人等，现场调查访问时，主要查清最初发现尸体的时间、地点和现场的原始情况；被害人的自然情况、平时表现、临死前的表现；发案前后是否有人听到呼救声音和发现其他可疑情况；又犯罪分子的体貌特征，逃离现场的时间、路线、方向等情况。

（三）分析案情，确定侦查范围

分析判断案情，正确确定侦查范围，是侦破杀人案件的主要环节。

1. 杀人时间的分析。杀人时间，多数案件就是被害人死亡的时间，少数案件犯罪人杀人时间与被害人死亡时间有一定距离。杀人时间是侦查中确定杀人嫌疑犯的重要条件之一。杀人时间，可以根据尸体检验和现场调查的情况来确定。

2. 杀人地点的分析。杀人地点，是指犯罪人实施杀人犯罪的主体现场。杀人地点的分析，主要判断是原始杀人地点，还是移尸地点。如果是原始杀人地点，则要分析现场所处的位置、现场周围环境与作案人和被害人之间的联系，以及犯罪人选择该地点的原因，缩小侦查的范围。如果是移尸地点，则要查明杀人的具体地点。

3. 杀人手段的分析。杀人手段是杀人工具、药物，杀人所使用的计谋和杀人具体方法的总称，它是与犯罪的目的动机紧密联系的。杀人手段可以反映出罪犯与被害人之间的某种关系，两者在犯罪现场各自所处的状态，同时还可反映出罪犯的智力、体力状况、职业特点和社会经验，为确定侦查范围提供依据。

犯罪人所使用的凶器，主要依据尸体的伤痕特点进行判断。如系机械性损伤致人死亡，可根据伤痕的长短、宽窄、深浅、创口的形状、创口是否规则、平滑等，判断是钝器伤还是锐器伤，是何种何类工具损伤。如犯罪人采用扼颈、勒颈、捂嘴等机械性窒息方法杀人，根据死者颈部、面部伤痕特征和呼吸系统症状即可判明，通过检验索沟，可判明扼杀工具是何种绳索。如果犯罪人使用药物杀人，则应判明药物的种类、使用药物杀人的方法。

4. 杀人过程的分析。杀人过程，是指杀人罪犯在现场的全部活动及其先后顺序。其主要包括罪犯进入现场的部位和方式，与死者接近、周旋的方式，罪犯行凶杀人的活动顺序，罪犯处置尸体、逃离现场的手段和方法。判断罪犯在现场的活动过程，有助于全面、准确地发现和收取与犯罪有关的痕迹、物品，判断杀人的目的、动机，分析罪犯与被害人之间的关系，缩小侦查范围。

犯罪人在杀人现场上的活动过程，应以现场上反映出来的各种现象为依据进行综合判断。如根据犯罪人进出现场的痕迹、现场环境、现场遗留物、现场上的攀谈、挟持和搏斗的痕迹，可判断罪犯进入现场，与被害人接近、周旋和行凶的过程；根据死者身上伤痕的轻重，致命伤的数量、分布、形成顺序，生前伤与死后伤的特点，判明杀人的具体过程。

（四）选择侦查途径，积极开展侦查

通过对杀人案件的分析判断，确定了侦查方向，就要划定侦查范围，选择侦查途径，积极开展侦查。狱内杀人案件由于范围较小，罪犯劳动、休息、生活地点是相对固定的，因此，侦查途径应该着重从以下几个方面来进行选择：

1. 从嫌疑人的体貌特征和被害人损伤特征入手开展侦查。

2. 从作案的方法和手段入手开展侦查。

3. 从现场遗留的痕迹、物品入手开展侦查。

4. 从赃款、赃物入手发现杀人线索。

5. 从排查作案时间入手开展侦查。

6. 从调查因果关系入手开展侦查。

7. 从审查其他罪犯入手发现杀人线索。

8. 从查对犯罪情报资料入手发现杀人线索。

（五）确定重点嫌疑人，及时取证破案

狱内杀人案件，在勘查现场、分析案情、选择侦查途径的基础上，通过摸底排队，对与案件有牵连的可疑人、可疑事进行充分的调查和研究，最后要排除与案件无关的人，确定哪个人或哪些人是案件的重点嫌疑对象。通常确定案件的重大又犯罪嫌疑人的依据主要是时间、因素、证据三个要件。由于这三个要件是互相关联而不是孤立的，因此在确定重点嫌疑人时，要将这三者紧密联系起来，进行全面的分析与判断。一般情况下，凡具备下列条件之一者，就应考虑确定为杀人案件重点嫌疑人：

1. 具备作案时间，又具备因果关系，暂时没有取得有关证据的人。

2. 具备因果关系，具备部分间接证据，暂时还没有查清作案时间的人。

3. 具备某些间接证据，而作案时间和因果关系暂时还未查清的人。

4. 具有重大预谋杀人活动迹象的人。

确定重大又犯罪嫌疑人后，要结合案件和重点嫌疑人的具体情况，运用必要的侦查谋略、措施和手段，查清以下犯罪事实：

1. 杀人的时间、地点、手段。

2. 被害人致死的原因。

3. 犯罪嫌疑人与被害人的利害关系。

4. 杀人凶器的来源和下落。

5. 杀人的预谋和实施过程。

6. 杀人的动机和目的。

7. 是否是共同犯罪以及共同犯罪中各个犯罪嫌疑人的地位、作用。

8. 犯罪嫌疑人是否有其他犯罪行为等。

在基本查证属实后，要做好整个案件证据材料的审查工作，使各方面的有关证据材料能前后一致，互相印证，去伪存真，有理有据，充分完备，使案件证据体系达到证据确实、充分的标准，符合定案证据规格。充分运用技术鉴定手段，对发现的痕迹和其他物证进行技术鉴定，为迅速破案提供依据。

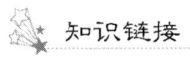 知识链接

<h1 style="text-align:center">杀人案件的特点</h1>

1. 杀人手段的多样性

狱内罪犯实施杀人犯罪的手段多种多样。有的利用其从事的劳动工种之便，秘密制作杀人凶器或者就地取材进行杀人；有的利用各种锐器、钝器杀人；有的使用电击、爆炸手段杀人；有的偷窃或抢夺、抢劫监狱人民警察的武器杀人等。

2. 有尸体可供勘验检查

杀人案件的现场中；罪犯不论采用什么手段实施杀人后，受狱内条件的限制，很难毁尸灭迹，所以多数现场留有被害者的尸体、尸块或受伤未死的被害人。这是狱内杀人案件的显著特点。通过现场勘查和法医对尸体的检验，可以确定案件的性质，杀人的时间、地点，致死的原因以及作案手段等。而受伤未死的被害人可以直接提供罪犯的有关情况。

3. 又犯罪分子与被害人之间一般有某种联系

无论又犯罪人出于什么动机和目的、采用什么方法和手段杀人，他们和被害人之间大多数都存在着一定的联系。有的是逃避惩罚而杀人；有的是对受到的法律惩罚不满而杀人；有的仇恨积极改造的罪犯或为了灭口杀害检举人；有的仇视社会，抗拒改造而杀人；有的罪犯在相互交往中自尊心受到严重伤害突发恶念而杀人；有的对监狱人民警察批评、处分不满，产生报复心理而杀人；等等。这种联系有的比较明显，有的不太明显；有的是直接的，有的是间接的。但这种联系是排查犯罪分子的重要根据。所以，在侦破案件的过程中，一定要深入调查，把与被害人有一定联系的罪犯列为又犯罪嫌疑人。

4. 杀人前多有预谋准备过程

除了少部分突发性杀人案件外，又犯罪分子在作案前都有一段时间的预谋、策划和周密准备的过程，企图既能使杀人的目的得以实现，又不暴露自己，以逃脱法律的制裁。在预谋、策划和准备中，主要是观察被害人的工作、生活规律，选择杀人凶器、杀人时间、杀人地点、杀人时机以及逃避打击的措施等。这些预谋活动会不可避免地被人察觉或者发现。

5. 现场可供利用的侦查线索和物证较多

杀人案件现场特征明显，又犯罪分子在现场作案的时间也比较长，由于被害人的反抗和搏斗，现场可能有血迹、毛发以及搏斗的痕迹，还可能有血手印、血足迹、纽扣、衣服碎片或杀人工具；杀人后，罪犯还可能破坏现场，隐匿、销毁作案工具，掩埋被害人的尸体，企图掩盖犯罪事实。这样，在现场就会留下较多的痕迹物证，可供

勘验检查。

四、盗窃案件侦查方法及工作程序

盗窃行为触犯了《刑法》第264条，是狱内发案率较高的一类案件，不仅直接侵犯公私财产，而且严重扰乱正常的监管秩序。因此，监狱机关应该加强对盗窃案件的预防和侦查工作。其基本工作程序如图10-4所示。

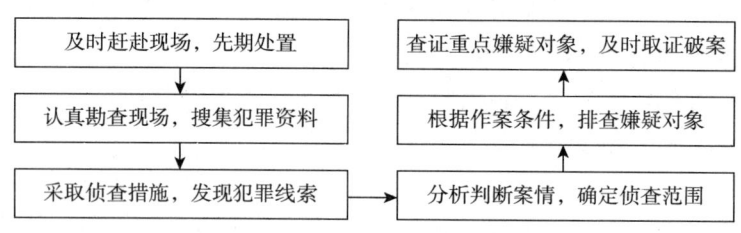

图10-4 盗窃案件侦查工作程序

（一）及时赶赴现场，先期处置

1. 盗窃事件处置的工作要领。及时赶赴现场，迅速报警；快速组织力量，对现场进行有效的保护；采取各种不同形式，向有关人员了解或发现案件的情况，了解谁是案件的知情人，以及案件发生或发现的经过情况等，同时要注意听取现场周围的人对于案件以及犯罪人情况的种种议论、猜测和反映；对于在保护现场过程中发现的现场目击者以及案件的其他知情人，要逐人登记；对于发现的重大又犯罪嫌疑人，要布置专人进行秘密监视；迅速查明事发主要原因，总结经验教训，采取必要防范措施；彻底排查有无潜在的不安全因素，消除一切隐患；认真填写值班日志和事故处理记录。

2. 盗窃事件处置的工作标准。确定盗窃行为已被及时有效阻止；确定犯罪分子已被制服抓获；确定现场得到妥善保护；确定盗窃事件发生的主要原因已经查明，并采取相应防范措施；确定无潜在的不安全因素；其他服刑人员思想稳定。

3. 盗窃事件处置的应注意事项。要妥善保护现场，注意保全证据；对于被监视和现场抓获的又犯罪嫌疑人要提高警惕，防止其行凶、自杀或毁灭证据；保护现场的人员，在负责勘查现场的侦查人员到达现场后，要将了解和掌握的有关发生或发现案件的经过和保护现场的情况，主动、如实地报告给到场的现场勘查人员；严密注意现场周围围观人群的动态，谨防犯罪分子混迹其中进行捣乱、破坏，甚至进行行凶报复。要注意对盗窃现场及时进行现场调查勘查等，提取有关犯罪证据；要注意查明和分析事件发生的原因，及时总结经验教训，采取相应安全防范措施；注意做好值班日志和事故处理记录；对发现的重大安全隐患要填写报告并立即报送监狱领导和狱侦部门。

（二）认真勘查现场，搜集犯罪资料

对盗窃案件的现场进行勘查，是侦破盗窃案件的首要环节。犯罪人在实施盗窃犯罪的过程中，常常会在现场留下与犯罪有关的痕迹物品，其人身形象也会在犯罪人实施犯罪的各个环节中有所暴露。在实地勘验中，侦查人员应重点注意对犯罪人进出现场的进出口及犯罪的中心部位进行认真细致的勘验，发现、搜集与案件有关的痕迹物品，必要时还应对现场的外围进行搜索，发现和搜集更多的犯罪痕迹。在实地勘验的同时，侦查人员应及时对事主、财物保管人员以及现场周围的有关群众进行深入细致的调查访问，重点查清几方面的情况：①被盗财物的情况（如被盗财物的种类、数量、特征，财物被盗的经过情况等）。②被盗现场的有关情况。③事主、财物保管人员的活动规律情况。④案发前后出现的可疑迹象等。

盗窃现场储存着盗窃犯罪嫌疑人的信息，既有物质方面的犯罪信息，如现场门窗、箱柜被撬坏，撬压破坏痕迹储存着作案人所用何种工具的信息，工具储存着作案人职业、技能的信息；也有观念方面的犯罪信息，如事主、知情人对被盗经过的陈述，现场周围的人在发案前后耳闻目睹的疑人疑事等。侦查人员在勘查盗窃案现场时，必须努力获取盗窃案现场的犯罪物质信息和观念方面的犯罪信息，以便采取有针对性的侦查措施开展侦查。

（三）采取侦查措施，发现犯罪线索

根据现场勘查获取的资料和对案件情况的分析判断，侦查人员应针对具体盗窃案件的情况，采取有效的侦查措施和侦查手段，开展侦查工作。

1. 控制赃物。有赃物可查是盗窃案件的一个重要特点。现场勘查时，应贯彻"边勘查、边研究、边采取措施"的原则。狱内盗窃案件发生后，应立即利用清监、卫生检查等名义及时检查在押罪犯的人身、监舍和学习、生产劳动场所，布置耳目，控制有关在押罪犯的活动。加强门卫检查、加强围墙的监视控制，避免赃物被转移。如果发现赃物被转移出监管场所，应当与当地公安机关及有关部门及时取得联系，及时发现、追缴赃物。

2. 开展调查，发现犯罪线索。根据刻画的犯罪人条件，在确定的侦查范围内，通过对犯罪动机、犯罪时间、犯罪手段、犯罪人数、知情条件、现场遗留物和犯罪工具以及反常情况的调查，发现犯罪线索。调查工作的实施应重点突出，全面细致，对发现的嫌疑线索，要及时进行查证。

3. 实施守候，抓获现行犯罪人。对连续发生的盗窃案件，侦查人员可根据犯罪人作案的规律特点，对犯罪人可能再次实施盗窃犯罪的场所进行守候和严密控制，一旦犯罪人再次实施犯罪时，便将其缉获。

（四）分析判断案情，确定侦查范围

狱内侦查人员应在现场勘查和现场调查访问的基础上，分析判断案情，确定侦查方向和范围。分析判断案情可以从以下几个方面进行：

1. 分析判断作案时间。盗窃时间，是指作案人进入现场实施盗窃行为所经历的时间段。盗窃时间是侦查中摸底排队时发现与确定嫌疑人的重要依据。分析判断盗窃时间的主要依据是：①被盗财物是何时存放的，何时发现还在，何时发现被盗；②事主在被盗前是何时离开现场的，离开时门窗、箱柜是否上锁，离开的时间有多长；③现场遗留的与盗窃犯罪活动有关痕迹的新鲜程度、干燥硬化程度如何，有无能反映盗窃活动时遗留的天气自然痕迹的变化特征；④现场所处的具体地理环境和周围人的工作、生活规律如何，过往人员何时较多，何时最少，犯罪嫌疑人在何时下手行窃最不易被人发现，以推断什么时间发生被盗的可能性最大；⑤门卫和值班巡逻人员是否离开岗位，何时离开岗位，离开岗位的时间有多长；⑥事主和周围人何时听到现场发出可疑声响，或何时看见可疑迹象、可疑人。

对于以上依据要综合评断，互相印证，以便把盗窃时间段有根据地压缩到最短而又最真实、可靠的限度之内。

2. 对盗窃工具、手段、方法的分析判断。盗窃的工具、手段、方法，是指盗窃犯实施盗窃犯罪时所使用的工具和表现出来的行为方式。盗窃的手段方法可以反映出作案人是偶犯还是惯犯，对现场情况是否熟悉、使用何种工具盗窃、职业特点，是本地人还是外来人作案；可以为查找犯罪嫌疑人提供线索和方向，有助于缩小侦查范围。盗窃现场的状况、破坏痕迹储存着盗窃工具、手段、方法的信息，分析判断盗窃工具、手段、方法的主要依据就是现场的状况和破坏痕迹特征，主要有：①犯罪嫌疑人采用何种方法进入现场；②进出口反映出来的种种现象，特别是破坏障碍物时留下的破坏工具痕迹和遗留在现场的犯罪工具；③保存财物的箱柜在发案后所呈现的状态与特征；④盗窃犯在破坏障碍物时使用了何种工具，工具的种类、特征、性能和来源如何，是属于何种职业的工具；⑤盗窃的手法是否熟练；⑥现场是否有伪装。

3. 对盗窃作案人数的分析判断。作案的人数是侦查中排查嫌疑对象时必须考虑的一个重要条件。如果判明是单人作案，在排查嫌疑对象时则不必考虑结伙这个条件。分析作案人数有助于确定、寻找犯罪嫌疑人。分析判断的依据是：①根据作案人遗留在现场上的脚印、手印进行判断；②根据盗窃财物的体积、数量、重量，结合运赃的方法进行分析判断；③根据事主和其他知情群众提供的情况进行分析判断。

4. 分析判断作案人的人身形象和其他个人特点。对作案人人身形象和其他个人特点的分析判断，即对作案人的"画像"。作案人的条件，是侦查人员开展调查摸底、发现和确定嫌疑人的依据。分析盗窃犯的人身形象主要包括其身高、体态、步态、有无残疾、是否左撇子、年龄、性别、体能等。其他个人特点的分析主要包括其所具备的特殊技能、知识水平、嗜好、社会地位等。分析判断的主要依据是：①根据犯罪人在实施盗窃过程中遗留的痕迹物品，分析判断犯罪人的人身形象。②根据被盗物品的重量、体积、物品的存放部位以及障碍物的高低，判断犯罪人的体能情况。③根据被盗物品的种类、用途，分析犯罪人的嗜好、特长及专业知识。④根据犯罪人使用工具的技能及使用物品的情况，分析犯罪人可能从事的职业。

5. 分析判断案件性质。分析判断案件性质主要分析判断案件是否内盗、外盗、内外勾结作案、监守自盗。侦查方向的确定是由盗窃案件的具体性质决定的。只有明确方向，才能确定侦查范围。

（1）内盗案件的一般特点：熟悉被盗物品的保管情况，了解出入现场的路线；盗窃目标准确、没有多余的行为；作案时机选择恰当；熟悉现场环境、了解工作人员的活动规律；外部人员不易进入并且能够排除预伏作案的可能；用原配钥匙或者事先配制的钥匙进行作案；案发后，内部人员表现异常；现场遗留的破坏痕迹外人不可能造成等。

（2）外盗案件的一般特点：以破门、撬锁、翻墙、挖洞等破坏性手段进入现场；盗窃目标不特定，现场凌乱；现场遗留的痕迹物证非内部人员所有等。

（3）内外勾结作案的一般特点：现场有内部人员作案的特点但没有内部人员留下的痕迹；内部人员没有作案时间；内部人员有作案嫌疑但没有赃物可以证明等。内外勾结盗窃的判断比较复杂，应当结合现场勘查和调查访问的情况进行综合判断。

（4）监守自盗案件的一般特点：现场有内盗现象但又有异常表现；现场各种犯罪痕迹的分布与犯罪活动的一般规律不符合，有伪造迹象；事主陈述漏洞较多或者前后矛盾等。

通过对案件性质进行分析，可以初步判断案件属于上述的哪一种情形或者作出有几种可能性的推断，并根据推断开展工作，逐步缩小侦查范围。

（五）根据作案条件，排查嫌疑对象

根据现场勘查和分析判断案情所确定的侦查范围，开展摸底排队工作，排查又犯罪嫌疑人的依据如下：

1. 具备作案动机。

2. 具备作案时间和接触现场条件。

3. 经济来源可疑。

4. 持有类似现场遗留物品或作案工具，案发后该物品、工具下落不明。

5. 案发后表现反常或者突然逃跑等。

对具有上述情况的在押罪犯，要及时逐人进行排查，以确定又犯罪嫌疑人。

（六）查证重点嫌疑对象，及时取证破案

对确定的犯罪嫌疑人，经过审查，发现具备多种作案条件的，应当确定为重点嫌疑对象，并通过以下几种方法对其进行查证：

1. 查证案由、改造表现以及有关情报资料，进行查证分析。

2. 组织在押罪犯对现场遗留物、作案工具进行辨认。

3. 通过清监、搜查的方法发现、控制赃物。

4. 对有条件销赃的可疑人员进行监控。

5. 通过在押罪犯检举揭发。

6. 有的案件可以运用耳目，打入内部进行秘密控制，发现赃物，获取罪证。

7. 对现场提取的手印、足迹、破坏痕迹等痕迹物证进行鉴定。

对重点又犯罪嫌疑人，只要主要事实清楚，就应该抓住时机进行审讯取证工作，及时破案。

在犯罪事实上，要查清盗窃犯罪的次数，每次作案的时间、地点、手段、预谋和实施经过，获取财物的品种、数量；是否有同伙及同伙的情况、同伙的犯罪次数、每个人的罪责；盗窃工具的来源、有无销赃、窝赃的同伙；被盗物品的下落等。

在犯罪证据上要做到：被盗物品，要找到失主，取得证明材料，包括被盗经过、数量、规格、质量、品种等；对无法查获的赃款赃物，要有确凿的证明材料证明其下落，如被毁掉，应尽可能找到遗迹，取得旁证；对查获的犯罪工具，要鉴定与现场遗留的痕迹或案情是否吻合等。

在审讯过程中，对又犯罪嫌疑人交代的作案手段、方法等，进行充分的研究，力求发现过去同类案件中作案手法相同或者类似的案件。对于符合并案条件的进行并案侦查，深挖余罪。

 知识链接

盗窃案件的特点

1. 多有窥测预谋活动

又犯罪分子为了达到秘密窃取的目的，在实施盗窃之前，一般都要暗中选择目标，利用劳动、学习或者其他机会熟悉现场的环境，观察地形和选择来去路线，窥测现场周围人员的生活、工作规律。在此基础上，准备作案工具，确定作案手段，策划转移和销赃的方法，寻找作案时机，为实施犯罪行为做好各种准备。又犯罪分子的窥测预谋活动，往往有所暴露。这就为案发后的摸底排队、调查取证提供了线索。

2. 现场多留有工具痕迹和其他犯罪痕迹

又犯罪分子在实施盗窃行为时，必然接触、破坏现场设施，而在这些设施的相应部位就有可能留下工具痕迹、手印、足迹等；有的还可能在现场及附近遗留、抛弃某些物品或者作案工具。根据现场遗留物和痕迹情况，可以分析判断案情，确定侦查方向和范围，也可以作为揭露犯罪、证实犯罪的证据。

3. 惯犯、累犯作案较多，且多采用习惯性手法

狱内盗窃案件，特别是团伙盗窃案件，又犯罪分子多为原盗窃犯中的惯犯、累犯。他们在长期的盗窃犯罪生涯中总结出一套适合自己特点的、成功率较高的作案手法，并且经过反复强化，使这种作案手法成为习惯定型。入监后，在实施盗窃行为时，虽有可能通过变换手法来逃避侦查，但长期形成的习惯手法在作案时仍会本能地、不同

程度地体现出来。因此，惯犯、累犯的作案手段的习惯性特点，为采取侦查措施提供了依据。

4. 有赃物可查

有赃物可查，是盗窃案件比较突出的特点。赃物把又犯罪人和犯罪案件紧密联系在一起，既可以为查获又犯罪嫌疑人提供线索，又是认定犯罪的有力证据。案发前，有些罪犯常常表现出对某些财物的需求；案发后，又常常表现出对某些财物的拥有和满足。而且案发后，又犯罪分子既想出手获利又怕暴露，常常将财物转移，或者藏匿于某处等待销赃时机。然而，无论嫌疑人采取什么手段处理赃物，总要与周围的关系接触，这就有可能在周围群众或其他罪犯中暴露出一些蛛丝马迹。只要积极侦查，通过采取控制赃物、调查摸底、搜查等措施，行动迅速，就可以查获赃物，进而证实犯罪。

5. 团伙作案、内外勾结作案较多

狱内盗窃案件，作案成员之间有很大的依附性。由于罪犯在狱内所从事的工种、技术不同，而休息、生活的场所相对固定，一个人作案有一定的困难，有些盗窃行为，没有必要的分工就无法完成，所以，往往结成盗窃团伙，进行分工合作。在作案后的转移赃物、销售赃物的环节中，又常常内外勾结，让狱外同伙为其销赃。

能力训练

【训练项目一】 脱逃案件处置与侦查

一、训练目的

理解和掌握脱逃案件的处置与侦查的步骤和规范要求，并能在实际工作中加以运用。

二、训练说明

请认真阅读下面给出的案例，结合案例提出相应的处置方略。

三、训练内容

案例： 1996 年 10 月 7 日凌晨，某山区监狱×大队×中队武某、杨某、张某、李某、温某 5 名服刑人员在各自的监舍里佯装入睡，焦急地等待着时间过去。2 点 15～30 分，5 名服刑人员按事先预谋的时间、地点，先后集中于中队"小煲房"内。2 点 40 分，他们按照早已密谋好的顺序和分工，由服刑人员张某第一个钻入他们用 5 个多月的时间挖出的一条从"小煲房"内通往狱外的地道，在将为了防止暴露而特意在地道出口处预留的约 40 厘米厚的泥土挖穿后，5 人先后爬出地道，最后用木板铲上煤泥将

地道入口覆盖，爬出地道后又用杂草将出口伪装好，然后按事先约定的地点，集中于大队菜地，一起向后龙山茶园方向逃窜。

当5人逃到茶园拐弯处时，温某认为5个人在一起逃跑目标太大，便独自一人下山逃到流经四大队的河边，过河后沿河边公路往北逃窜。而其他4名服刑人员因与会开车的温某走散，无法实施他们原来商定的"过河到公路上劫车逃跑"的方案，只好下山后改为沿河边东岸向北逃窜。

【训练项目二】杀人案件处置与侦查

一、训练目的

理解和掌握杀人案件的处置侦查的步骤和规范要求，并能在实际工作中加以运用。

二、训练说明

请认真阅读下面给出的案例，结合案例分析侦查人员到达存在尸体的现场之后，必须判明哪些问题。

三、训练内容

案例：某年元月1日凌晨天刚亮时，某县某村村民董某去村中水井打水时，发现井绳不见了，遂回家取来抓钩与其他几名村民一同打捞。结果，捞出一具女尸，经辨认为本村村民张某，当即报案。

经勘查，该井位于村东，为村民共用饮水井。井口用4块青条石砌成，长72厘米，宽67厘米，水深178厘米，井壁光滑。除打捞人员的足迹外，在井口南侧条石棱沿附着的软泥土上发现面积为10×5厘米的条绒布纹压痕，在井台土坡上发现一解放鞋印，全长27厘米。死者张某身长155厘米，衣着整齐。尸僵遍布全身各个关节，尸斑位于背、臀部、呈淡红色，指压稍有减色。两腋下、腹部等部位均有明显的"鸡皮疙瘩"。额部右侧、右眉弓上方2.5厘米处有面积为6.5×1.5厘米的钝器挫裂创，深达骨膜，创口内有少量泥沙。双眼球结合膜和睑结合膜有小出血点。右肩峰有面积为3×2.5厘米的皮下出血，呈青紫色。经解剖检验，发现其头部创角右上方有面积为4×3.5厘米的皮下出血，剥离头皮下组织发现额骨右侧有面积为6.5×5.5厘米的类圆形骨折，稍呈凹陷，周围有5处延伸骨折，最长达15厘米。头皮挫裂部位，有一稍呈弧形、边缘不整齐的2.5厘米长纵行条状骨折。胃内有糊状红薯食物约300毫升，有酸味。阴道分泌物中无精虫。肝、肾及井水中均有硅藻存在。

经现场访问得知，死者的丈夫董某在离家600华里以外的某市工作。平时，死者与其婆母和一个3岁男孩一起生活。12月31日天刚黑时，其婆母因身体有病在自己屋中睡下，深夜时被孙子的哭声惊醒，便去死者屋外，摸到门口，发现门上了锁，便问孙子哭啥，孙子答道："找妈妈"，并说不知妈妈到什么地方开会去了。她哄骗孩子说："你上床睡觉吧！奶奶在门口等着你妈。"等孙子睡着后，她到村里常开会的几个地方找了一遍，后又把整个村子都找遍了，也没有找见。身体实在支持不住，她便回家睡了。不知过了多久，她又被孙子的哭声惊醒，便穿好衣服走到死者住的屋子前面，见两扇门虚掩着，锁挂在门上，她推门进去，抱着孩子回到自己屋里，让他和他的 12 岁的叔叔睡在一起，又到村里、集上、死者娘家等处寻找，直到天亮。

【训练项目三】 盗窃案件处置与侦查

一、训练目的

理解和掌握盗窃案件的处置与侦查的步骤和规范要求，并能在实际工作中加以运用。

二、训练说明

请认真阅读下面给出的案例，结合案例归纳内盗案件的主要侦查措施和要领。

三、训练内容

案例：1989 年 3 月 13 日上午 8 时许，某银行被盗现金 11.37 余万元。该县公安局接到报案后立即赶赴盗窃现场。

现场位于县城某区东路。该行系一独院。院内有南北两座楼。南楼二层设有金库和警卫值班室，北楼为营业大楼。

中心现场金库的西侧是警卫值班室，东侧是门卫值班室，从门卫向里至金库后面为警卫室。金库第一道门为单扇包铁木质门，上有暗锁 1 把。第二道门为双扇铁门，上有暗锁 2 把，号码锁 1 把。靠东墙的木质架子上放有小面额成捆人民币，西南角放有一单桌，桌面上放有散币。

现场技术人员在勘查现场中发现，金库门没有撬压痕迹，门锁及金库墙壁、窗户护栏都完好无损。而金库内 2 个装有现金的枉付款箱锁吊被撬。由于犯罪分子戴手套作案，发案后进入现场的人较多，现场遭到破坏。勘查中没有提取到任何有价值的指纹、足迹和其他物证。

现案队的侦查人员同时进行了现场调查访问工作。从中得知：金库于 1987 年 7 月从北楼搬至南楼。3 把锁中有 2 把是原来的旧锁，另一把是 1988 年 9 月更换的新锁。而唯一的一把号码锁已由原先的 3 组号码改为 1 组号码，且现在一直弃置不用。案发时 3 把锁上的钥匙分别由出纳员姜某、副股长王某保管。3 月 11 日（星期六）下午 5 点 30 分，王某同出纳员姜某、刘某、张某，把现金入库后各自回家，13 日上午发现现金被盗。银行有 2 名警卫，负责晚 6 点至早 8 点的金库保卫。警卫室连接金库门的上端没有发现报警器断路失灵。但守库警卫每晚 11 时许才将报警器打开，早晨起床后关闭报警器。

根据现场勘查和调查访问的情况分析：该案系内盗案件或内外勾结作案的可能性较大。从作案人的犯罪手段、方法、选择的时间、目标等情况看，犯罪人对现场情况较熟悉，具有金库两层门的钥匙。并且了解警卫值班规律，报警器开启和关闭的时间，同时熟悉金库里收付箱内存放现金的大致数目。

基于上述分析结论，专案组制定了以银行内部为重点，以金库钥匙为主线的侦查方案。具体做法是：其一，向该银行全体职工公布部分案情，目的在于发动群众，广泛获取线索，得到广大群众的支持和帮助。同时刺激犯罪人，促使其暴露可疑点。其二，对全行干部、职工，特别是 3 月 11 日下午 6 点至 13 日上午 8 点这段时间内来往银行的人员，及时调查访问，定时定点定位。进行摸底排队，尽可能缩小侦查范围，确定重点嫌疑人。其三，对掌管钥匙的人及周围有密切来往的人要进行重点调查。摸清他们的经济状况，平时表现，案发前后有无异常表现，对钥匙的保管情况、是否曾经丢失钥匙及丢失的时间，钥匙本身有无锉痕等。其四，对与银行有业务联系、经常出入银行的人、警卫、银行近年开除、解聘、调离出去的人员进行全面排查。其五，布置耳目，培养专案特情。

由于上述侦查方案针对性强，措施得力，作案人（该银行锅炉工）孙某感到精神压力很大，常常唉声叹气，异常关心侦查进展情况。侦查人员又从侧面了解到孙某正处在欠债阶段，又具备作案时间，他和出纳员刘某、姜某都很熟悉，经常打牌喝酒，有接触钥匙的机会，并且孙某有较熟练的配制钥匙的技术。在进一步的调查中又了解到孙某在案发后一个月内先后还上 2.8 万元的债款，在侦查员采用内紧外松的侦查策略阶段孙某又于 8 月中旬在县城耗费 2 万余元建住房一套，而且购置了台球架、开办了游艺厅。

上述种种迹象表明，孙某有极大的可能就是本案的盗窃犯。专案组决定以审查孙某经济来源为由，与其发生正面接触。审查中，孙某谎称所用款项是向 8 个亲朋好友高息借到的。外调组随即逐个核实，一一揭穿了他的谎言。最后终于迫使其交待了盗窃银行的全部过程，并从孙某家的沙发内起获被其挥霍后剩余的 7 万余元赃款。

复习与思考

1. 脱逃案件的侦查方法及工作程序是什么？
2. 越狱案件的侦查方法及工作程序是什么？
3. 杀人案件的侦查方法及工作程序是什么？
4. 盗窃案件的侦查方法及工作程序是什么？

附 录 一

《狱内侦查工作规定》

《狱内侦查工作规定》

司发通〔1997〕115 号

第一章 总则

第一条 为防范和打击狱内罪犯的犯罪活动，维护监狱的安全与稳定，依照中华人民共和国《刑法》、《刑事诉讼法》、《监狱法》等法律的有关规定，结合监狱狱内侦查工作的实际情况，制定本规定。

第二条 狱内侦查工作是监狱工作的重要组成部分，是监狱对在押罪犯重新犯罪活动进行防范和打击的一项专门工作，是保卫国家和人民生命财产安全、维护正常监管秩序、保障监狱安全的重要措施。

第三条 狱内侦查工作的主要任务，是在监狱党委和行政首长领导下，依靠全体监狱人民警察，运用隐蔽斗争与公开监管控制相结合的手段，开展调查研究，了解、掌握罪犯思想动态和行为动向，及时发现敌情线索；严密防范、控制罪犯中可能发生的暴狱、行凶、脱逃、纵火等各种预谋犯罪活动；查清犯罪嫌疑线索，侦查破获罪犯中已发生的各类案件；对重新犯罪嫌疑分子进行预审、结案；对侦查终结的案件依法移送人民检察院审查决定；依法深挖在押罪犯未交代的余罪及其他犯罪线索，及时转递给有关司法机关。

第四条 狱内侦查工作应当贯彻"预防为主、防破结合，及时发现、迅速破案"的方针。

第五条 监狱进行狱内侦查工作必须严格遵守国家的有关法律和法规，坚持实事求是，重证据，重调查研究，不轻信口供，严禁逼、供、信。

第六条 狱内侦查的主要对象是正在服刑改造的在押罪犯。对在押罪犯与监狱内部或狱外人员勾结犯罪的案件，主犯是监狱在押罪犯的，侦破工作以监狱为主，必要时，请当地公安机关协助；主犯是监狱内部或狱外人员的，监狱应配合当地公安机关侦破。对在押犯判决时没有被发现的罪行，由监狱将有关案卷材料移送人民检察院处理。对监狱在押罪犯与境内外敌对势力勾联的案件，监狱应配合国家安全机关进行侦查。

第七条 狱内发生的各类案件由监狱负责侦破，特大案件和涉及两个以上监狱的重大案件，由省（自治区、直辖市）监狱管理局负责指导和协调侦破，涉外案件和跨省（自治区、直辖市）的案件，由部监狱管理局负责指导和协调侦破。

第八条 加强狱内侦查工作的各项基础业务建设，建立健全狱内侦查工作的各项制度；建立危险分子、狱内耳目和案件侦查等专门档案资料，狱情的收集和管理工作应当逐步实现规范化和科学化。

第九条 监狱应当提供和不断改善开展狱内侦查工作所必需的装备和器材，逐步装备现代化技术侦查手段、监控设施和防暴器材，努力提高狱内侦查工作的现代化水平。

第十条 狱内侦查工作经费的来源是：财政拨款中的专项补助；在罪犯劳动补偿中安排一部分。狱内侦查经费应单列科目，专款专用，主要用于狱内侦查装备的配备，狱内耳目经费以及对防范和打击狱内又犯罪活动，侦破案件有功人员的奖励。

第十一条 狱内侦查工作应接受人民检察院的法律监督；狱内侦查工作中遇到有关重大疑难技术问题，应当主动取得有关部门的协助。

第二章 犯情调研

第十二条 调查研究是狱内侦查工作的基础，是发现罪犯中各种破坏活动的基本方法之一，要经常化、制度化，并根据情况的变化及时调整调查和防范的重点。

第十三条 调查和防范的主要对象和部位是：

（一）有预谋逃跑、暴乱、凶杀、闹监、重大破坏或者其它犯罪嫌疑的；

（二）重要案犯、团伙犯罪的主犯和惯犯、累犯；

（三）经常纠集一起，行动诡秘，或有从事危害国家安全犯罪活动嫌疑的；

（四）与监狱内部或社会人员有勾结犯罪嫌疑的；

（五）生产上屡出事故，有破坏嫌疑的；

（六）与境内、外敌对势力或其他犯罪分子有联系的可疑分子；

（七）要害部位或零星分散劳动岗位；

（八）监狱认为应当列入调查和防范的其他罪犯或部位。

第十四条 调查的方法，应当依据调查对象和具体情况灵活掌握，采用一般与重点相结合，公开与秘密相结合，内部调查与外部调查相结合等方法进行。对调查的材料，应认真分析，对需要进一步查证的线索，应采取适当的方式或手段深入调查。

第十五条 监狱应当建立定期分析研究犯情动态和敌情动向的制度，分监区应当每周一次，监区半月一次，监狱每月一次，省（自治区、直辖市）监狱管理局每季度一次。遇有重要敌情，应随时研究，并根据敌情变化，及时采取相应的对策。

第十六条 对监狱的要害部位和重要场所，应加强控制和保卫。对在要害部位劳动的罪犯，除重点审查外，还应布建耳目加以控制，发现不安全因素，应立即做出妥善处理。对罪犯活动的公共场所，以及分散劳动点，除公开严格管理外，应布置隐蔽力量或采用技术侦查手段进行监控。在重大节日或活动期间，应加强各项监控措施。

第三章　耳目建设

第十七条 狱内耳目是监狱从在押罪犯中建立和使用的秘密力量，是在干警的直接管理下搜集、掌握罪犯思想动态和重新犯罪活动线索，获取罪证，侦查破案的专门手段之一，是狱内侦查工作的一项重要业务建设。

第十八条 狱内耳目分两种：

（一）专案耳目，用于侦破已发生的和预谋的各类案件，监视、控制和了解侦查对象的活动情况、犯罪意图和犯罪事实，为破案提供证据或搜集犯罪线索。

（二）控制耳目，主要用于罪犯中的落后层和不思悔改的累犯、惯犯及其他危险分子中，还用于监狱的要害部位，罪犯活动的公共场所，搜集情报，掌握敌情，发现线索。

"耳目"是监狱内部使用的专用名词，不得向耳目本人宣布。

第十九条 狱内耳目应根据工作的需要与可能，坚持积极稳妥和隐蔽精干的原则，有领导、有计划地物色和建立。专案耳目的物建和使用，应根据专案侦查的需要，严格审慎地进行。控制耳目的布建，应统一规划，合理布局，形成网络；其数量一般可占在押犯人数的百分之三至五。

在未成年罪犯中不得物建和使用耳目。

第二十条 狱内耳目的条件是：①能发现敌情，或者能够接近侦查对象；②有一定活动能力和观察识别能力；③基本认罪，能为我所用，能保守秘密。

第二十一条 对狱内耳目的建立和使用必须严格保守秘密，坚持个别吸收、单线领导、专人联系。耳目之间不得发生横向联系，不得用耳目领导耳目或耳目发展耳目。

第二十二条 对狱内耳目一律使用代号、编号。使用耳目报告的情况，应注意方式方法，保护情报来源。在案件审理中，禁止使用耳目与案犯对质。如果耳目身份暴露，应当及时采取有效的保护措施。

第二十三条 耳目的物色、建立按照统一的计划，由负责耳目工作的干警提出对象，填写《狱内耳目建立、使用审批表》（式样附后）上报。耳目经狱侦科审核后，报请监狱分管领导审批。

第二十四条 狱内耳目的撤销，由建立、使用耳目的单位填写《撤销狱内耳目报告表》（式样附后），报监狱分管领导批准。

第二十五条 领导、使用狱内耳目是一项政策性、策略性、专业性很强的工作，应指定有一定政策水平和业务能力的干警负责。应密切掌握耳目的思想动态，经常进行针对性教育。对耳目布置任务要具体、明确，讲究策略。与耳目的接头地点、情报传递的方式，都应预先研究确定，并严守秘密。禁止利用耳目进行诱供、骗供。对耳目反映的情况应当采取适当的方式及时查证核实，严防受骗上当。

女耳目由女人民警察领导使用。

第二十六条 对狱内耳目必须宣布严格的纪律：

（一）服从命令，严守秘密，不得向任何人暴露为我工作的身份和意图；

（二）如实反映情况，不得伪造、谎报事实情况，不得挟嫌诬陷；

（三）因特殊需要，可参与一些经领导批准的活动，但不得参与作案和引诱、教唆他人犯罪；

（四）遵守监规，不得欺凌其他罪犯。

第二十七条 对耳目的表现应通过接头汇报、侧面调查、复线内查、情报印证、审讯对证、技术监控等方式，经常地进行考核。对工作有显著成绩的应给予表扬、记功以及其它奖励，或者依法提请减刑、假释；对不起作用或不适合做耳目的，应予以撤销；对违法乱纪或有重新犯罪活动的，应视情节轻重，分别给予警告、记过或依法惩处。

对耳目的奖惩一律不公开进行。

第二十八条 在狱内案件的诉讼过程中，应注意掩护耳目的身份。耳目一般不出庭作证，但可向法院提供可以做出公开解释的必要的证言。必须耳目出庭作证时，应经监狱分管领导批准，做好耳目本人的思想工作，以检举人或坦白、自首的同案人身份出庭，并教育耳目严守秘密。

第二十九条 对狱内耳目应逐人建立档案。档案内容包括建立、撤销耳目的审批手续，对耳目使用、考核记录，奖惩决定，耳目反映情况的处理结果，耳目工作成绩、过失记载等。

狱内耳目档案，由监狱的狱侦（狱政）科集中管理，专人负责，严格保密。

第四章 案件侦查

第三十条 狱内案件侦查，是监狱在同狱内重新犯罪活动的斗争中，以具体案件和具体对象为目标，采取侦查手段、技术手段和必要的措施，依法进行的专门调查工作。

第三十一条 狱内案件的立案应符合立案标准，严格执行审批手续。凡是符合立案标准的案件，都应立案侦查，不得采取"不破不立"的错误做法。

第三十二条 狱内侦查工作部门应当集中力量侦破危害国家安全、暴狱、凶杀、组织脱逃、纵火、投毒、重大盗窃等大案，也应认真破获一般案件，努力提高破案率。

第三十三条 在侦查重、特大案件中，监狱分管领导应亲自参与，组织力量，专案专办。应当抓住有利时机，迅速破案。一时破获不了的，应布置经常性的侦查和控制措施。对可能在政治、经济上造成重大影响和损失的案件，应力争破获在预谋或未遂阶段。

第三十四条 在侦查破案中，应当充分运用刑事科学技术手段，获取犯罪证据。对需要进行技术鉴定的证据，应当聘请有关部门的专家予以鉴定。

第三十五条 在侦查狱内案件中，对有证据证明有重新犯罪嫌疑的罪犯，应当立即采取措施，对案犯进行隔离审查，对重要案犯应单独关押，并立即实施预审工作。应当通过预审工作进一步核查案情，搜集证据，查清犯罪事实。预审工作应讲究讯问的策略和方法，做好笔录。

第三十六条 审理狱内案件中，对案犯单独关押的期限一般不超过二个月，案情复杂、期限届满不能终结的重大疑难案件，可以经省（自治区、直辖市）监狱管理局批准延长一个月。届时仍不能结案的，应采取其他措施。应当避免久侦不破，禁止以押代侦。

第三十七条 监狱侦查终结的案件，应当做到犯罪事实清楚，证据确凿、充分，并写出起诉意见书，连同案卷材料、证据一并移送人民检察院处理。

案件侦查终结时，应对侦查中扣押的全部物品进行清理，按规定分别予以处理。

第三十八条 狱内一般案件和重大案件的立案、结案或销案由监狱分管领导批准；特大案件立案、结案或销案由省（自治区、直辖市）监狱管理局分管领导批准。特大案件和部分有规定的重大案件，应报司法部监狱管理局备案。

第五章　组织机构和工作制度

第三十九条 各省（自治区、直辖市）监狱管理局和监狱领导应有专人分管狱内侦查工作，并设立狱内侦查工作专门机构，配备适量的狱内侦查干警。

第四十条 狱内侦查干警的基本条件：立场坚定，政治思想好；作风正派，秉公执法；机智勇敢，吃苦耐劳；钻研业务，爱岗敬业；身体健康，心理素质良好；具有一定实践经验、专业技能和文化水平。

狱内侦查干警必须严格遵守《人民警察法》和《监狱法》，熟悉国家有关法律、法规和政策，掌握狱内侦查工作的各项专业知识和技能，注重理论与实践相结合，努力提高自身的政治素质和业务素质。

第四十一条 监狱应保持专职狱内侦查干警的相对稳定，确需调动的，应征求省（自治区、直辖市）监狱管理局有关业务部门的意见。

第四十二条 省（自治区、直辖市）监狱管理局和监狱应当采取多种形式，对狱内侦查干警进行政策、法律和业务培训。

第四十三条 对积极预防犯罪或参与侦破重特大案件的有功人员，应给予奖励和表彰，并可以按照《人民警察警衔条例》的有关规定，提前晋升警衔。

对违法乱纪或玩忽职守，贻误战机，造成严重后果的干警，应视情节给予行政处分。

第四十四条 加强请示报告制度。监狱发生特大、重大案件或发现重大敌情应立即报告省（自治区、直辖市）监狱管理局；省（自治区、直辖市）监狱管理局应按有关规定迅速报告部监狱管理局。不准以任何理由避重就轻或隐瞒不报。

附 录 二

《狱内刑事案件立案标准》

《狱内刑事案件立案标准》

〔司法部第 64 号令〕

第一条 为了及时打击狱内在押罪犯的又犯罪活动，确保监狱的安全稳定，根据中华人民共和国《刑法》、《刑事诉讼法》、《监狱法》的有关规定，针对狱内又犯罪活动的特点，制定本标准。

第二条 监狱发现罪犯有下列犯罪情形的，应当立案侦查：

（一）煽动分裂国家、破坏国家统一的（煽动分裂国家案）。

（二）以造谣、诽谤或其他方式煽动颠覆国家政权、推翻社会主义制度的（煽动颠覆国家政权案）。

（三）故意放火破坏监狱监管设施、生产设施、生活设施，危害监狱安全的（放火案）。

（四）爆炸破坏监狱监管设施、生产设施、生活设施，危害监狱安全的（爆炸案）。

（五）投毒破坏生活设施，危害监狱安全的（投毒案）。

（六）非法制作、储存或藏匿枪支的（非法制造、储存枪支案）。

（七）以各种手段窃取枪支、弹药、爆炸物的（盗窃枪支、弹药、爆炸物案）。

（八）抢夺枪支、弹药、爆炸物的（抢夺枪支、弹药、爆炸物案）。

（九）故意非法剥夺他人生命的（故意杀人案）。

（十）过失致人死亡的（过失致人死亡案）。

（十一）故意伤害他人身体的（故意伤害案）。

（十二）过失伤害他人致人重伤的（过失致人重伤案）。

（十三）以暴力、胁迫或者其他手段强奸妇女的（强奸案）。

（十四）奸淫不满 14 周岁幼女的（奸淫幼女案）。

（十五）以暴力、胁迫或者其他方法强制猥亵妇女或者侮辱妇女的（强制猥亵、侮辱妇女案）。

（十六）煽动民族分裂、民族歧视，情节严重的（煽动民族仇恨、民族歧视案）。

（十七）盗窃公私财物，数额在 500 元至 2000 元以上的；盗窃数额不足 500 元至 2000 元，但一年内盗窃三次以上的（盗窃案）。

（十八）诈骗公私财物，数额在 500 元至 2000 元以上的（诈骗案）。

（十九）抢夺公私财物，数额在 500 元至 2000 元以上的（抢夺案）。

（二十）敲诈勒索他人财物，数额在 500 元至 2000 元以上的（敲诈勒索案）。

（二十一）由于泄愤报复或者其他个人目的，毁坏机器设备、残害耕畜或者以其他方法破坏生产经营的（破坏生产经营案）。

（二十二）聚众斗殴，情节严重的。聚众斗殴，致人重伤、死亡的，依照故意伤害罪、故意杀人罪论处（聚众斗殴案）。

（二十三）有下列破坏监管秩序行为之一，情节严重的：①殴打监管人员的；②组织其他被监管人员破坏监管秩序的；③聚众闹事，扰乱正常监管秩序的；④殴打、体罚或者指使他人殴打、体罚其他被监管人的（破坏监管秩序案）。

（二十四）狱内在押罪犯以各种方式逃离监狱警戒区域的（脱逃案）。

（二十五）罪犯使用各种暴力手段，聚众逃跑的（暴动越狱案）。

（二十六）罪犯组织、策划、指挥其他罪犯集体逃跑的，或者积极参加集体逃跑的（组织越狱案）。

（二十七）罪犯在服刑期间明知是毒品而非法销售或者以贩卖为目的而非法收买毒品的（贩卖毒品案）。

（二十八）非法持有鸦片 200 克以上、海洛因或者甲基苯丙胺 10 克以上或者其他毒品数量较大的（非法持有毒品案）。

（二十九）为牟取不正当利益，向监狱警察赠送财物，价值人民币 2000 元以上的（行贿案）。

（三十）以语言、文字、动作或者其它手段，向他人传授实施犯罪的具体经验、技能的（传授犯罪方法案）。

（三十一）其他需要立案侦查的案件。

第三条 情节、后果严重的下列案件，列为重大案件：

（一）组织从事危害国家安全活动的犯罪集团，情节严重的。

（二）放火、决水、爆炸、投毒或以其他危险方法危害监狱安全，造成人员伤亡或者直接经济损失 5000 元至 30000 元的。

（三）非法制造、储存枪支、弹药、爆炸物的。

（四）故意杀人致死或致重伤的。

（五）故意伤害他人致死的。

（六）强奸妇女既遂，或者奸淫幼女的。

（七）以挟持人质等暴力手段脱逃，造成人员重伤的。

（八）煽动民族仇恨、民族歧视，情节特别严重的。

（九）盗窃、诈骗、抢夺、敲诈勒索，数额在 5000 元至 30000 元的。

（十）十人以上聚众斗殴或者聚众斗殴致三名以上罪犯重伤的。

（十一）破坏监管秩序，情节恶劣、后果严重的。

（十二）罪犯三人以上集体脱逃的。

（十三）尚未减刑的死缓犯、无期徒刑犯脱逃的；剩余执行刑期 15 年以上的罪犯脱逃的；其他被列为重要案犯的罪犯脱逃的。

（十四）暴动越狱的。

（十五）贩卖鸦片 200 克以上不满 1000 克、海洛因或者甲基苯丙胺 10 克以上不满 50 克或者其他毒品数量较大的。

（十六）非法持有鸦片 1000 克以上、海洛因或甲基苯丙胺 50 克以上或者其他毒品数量较大的。

（十七）省、自治区、直辖市司法厅（局）认为需要列为重大案件的。

第四条 情节恶劣、后果特别严重的下列案件，列为特别重大案件：

（一）组织从事危害国家安全活动的犯罪集团，或进行其他危害国家安全的犯罪活动，影响恶劣，情节特别严重的。

（二）案件中一次杀死二名以上罪犯，或者重伤四名以上罪犯，或者杀害监狱警察、武装警察、工人及其家属的。

（三）暴动越狱，造成死亡一人以上，或者重伤三人以上的，或者影响恶劣的。

（四）盗窃、抢夺、抢劫枪支弹药的。

（五）放火、爆炸、投毒，致死二人以上或者造成直接经济损失 30000 元以上的。

（六）盗窃、诈骗、抢夺、敲诈勒索、故意毁坏公私财物，数额在 30000 元以上的。

（七）强奸妇女，致人重伤、死亡或者其他严重后果的，或者轮奸妇女的。

（八）挟持人质，造成人质死亡的。

（九）贩卖鸦片 1000 克以上、海洛因或者甲基苯丙胺 50 克以上或者其它毒品数量大的。

（十）司法部认为需要列为特别重大案件的。

第五条 本规定中的公私财物价值数额、直接经济损失数额以及毒品数量，可在规定的数额、数量幅度内，执行本省（自治区、直辖市）高级人民法院确定的标准。

第六条 本标准由司法部解释。

第七条 本标准自发布之日起施行。司法部于 1987 年发布的《司法部关于狱内案件立案标准的规定（试行）》同日废止。

参考文献

1. 高良科、史殿国：《狱内侦查学》，警官教育出版社 1998 年版。

2. 严劲涛主编：《狱内侦查学》，金城出版社 2003 年版。

3. 傅国良：《案件侦查教程》群众出版社 2001 年版。

4. 王泰主编：《狱内侦查学》，群众出版社 2004 年版。

5. 任惠华主编：《刑事案件侦查》，法律出版社 2000 年版。

6. 张弢主编：《刑事侦查程序研究》，中国人民大学出版社 2000 年版。

7. 徐立根主编：《侦查学》，中国人民大学出版社 2002 年版。

8. 孟宪文：《刑事侦查学》，中国人民公安大学出版社 2004 年版。

9. 吕云平：《犯罪现场勘查教程》，群众出版社 2001 年版。

10. 于凤玲、马忠红主编：《刑事侦查情报学》，中国人民公安大学出版社 1998 年版。

11. 鲁礼堂、林少菊主编：《犯罪情报工作》，中国人民公安大学出版社 1996 年版。

12. 陈刚：《犯罪情报分析》，中国人民公安大学出版社 2007 年版。

13. 郝宏奎主编：《犯罪现场勘查》，中国人民公安大学出版社 2006 年版。

14. 胡关禄主编：《侦查讯问学》，警官教育出版社 1998 年版。

15. 黄绍华、孙平主编：《监狱现场管理实训教程》，中国政法大学出版社 2006 年版。

16. 周水清：《审讯策略与取证技巧》，中国人民公安大学出版社 1999 年版。

17. 教程编写组编著：《刑事侦察学案例教程》，法律出版社 1996 年版。

18. 王怀旭主编：《侦查讯问学》，中国人民公安大学出版社 2004 年版。

19. 王亮：《讯问语言学　讯问语言的理论与实践》，汕头大学出版社 2014 年版。

20. 王志华主编：《犯罪情报学教程》，警官教育出版社 1995 年版。

21. 王丰年：《犯罪情报学教程》，群众出版社 2000 年版。

22. 陈伟雄主编：《监所执法工作实例选编》（上册），广州出版社 2004 年版。

23. 熊一新等：《公安业务基础知识》，群众出版社 2001 年版。